本书由陕西师范大学出版基金资助出版

陕西师范大学国家重点学科建设项目

张懋镕　主编

中国古代青铜器整理与研究

人兽母题纹饰卷

卢　昉　著

科　学　出　版　社

北　京

图书在版编目（CIP）数据

中国古代青铜器整理与研究. 人兽母题纹饰卷 / 张懋镕主编；卢昉著.
—北京：科学出版社，2016. 11
陕西师范大学国家重点学科建设项目

ISBN 978-7-03-050744-0

Ⅰ. ①中…　Ⅱ. ①张…　②卢…　Ⅲ. ①青铜器（考古）-研究-中国
Ⅳ. ①K876. 414

中国版本图书馆CIP数据核字（2016）第284363号

责任编辑：李　茜 / 责任校对：张凤琴

责任印制：吴兆东 / 封面设计：北京美光制版有限公司

科学出版社出版
北京东黄城根北街 16 号
邮政编码：100717
http://www.sciencep.com
北京建宏印刷有限公司 印刷
科学出版社发行　各地新华书店经销

*

2016年11月第　一　版　　开本：787 × 1092　1/16
2024年 1 月第三次印刷　　印张：16　1/4
字数：385 000

定价：189.00元

（如有印装质量问题，我社负责调换）

多卷本《中国古代青铜器整理与研究》编写缘起

经过十几年的准备工作，多卷本的《中国古代青铜器整理与研究》即将出版。回顾往事，真是百感交集。

30年前，我的处女作《释“东”及与“东”有关之字》发表，从那时候起，青铜器的学习与研究注定成为我一生的追求。

29年前，我开始师从李学勤先生研习古文字。中国古文字有很多分支，如甲骨文、金文、战国文字、简牍帛书文字。先生告诉我：“你在陕西，陕西有很多青铜器，你就做金文研究吧。”在先生的指导下，我受到严格的学术训练，这令我终生受益。我的硕士学位论文是《周原出土西周有铭青铜器综合研究》。所谓综合研究，就是从青铜器、古文字、历史文献三方面来研究。从此综合研究成为我研究青铜器遵循的准则与方法。

1989年，西北大学文博学院成立新的专业——博物馆专业，大概考虑到我本科学的是考古，于是把我从文献专业调到博物馆专业。除了继续讲古文字，又开了一门新课“青铜器鉴定”。自此之后，我开始系统研习青铜器，包括没有铭文的青铜器。

在长期的教学与研究工作中，我渐渐对中国古代青铜器有了新的认识。

概而言之，中国古代青铜器的研究，自两宋以来，已有一千多年的历史，取得了丰硕的成果。尤其是近百年来的研究，在青铜器的分期、分区系、分国别、分器类诸方面卓有成效，为世人所瞩目。

回顾历史，也毋庸讳言，我认为就青铜器基础性工作而言，其资料的整理还远远不够。且提一个最基本也是最简单的问题：迄今为止究竟有多少件中国古代青铜容器？（尚且没有涉及兵器、工具、车马器、钱币、铜镜等）几万还是十几万，恐怕连一个非常粗略的估计都没有，专家也说不清楚。家底不清，研究对象模糊，研究很难继续深入。由于中国古代青铜器资料十分庞杂，其收集、整理并非易事，所以这一部分的工作非常重要。说到研究，比如青铜器的定名，鼎、鬲、簋等各类器物的分类研究，它们之间的相互关系，各类纹饰的分类研究，纹饰和器物之间的相互关系，各个阶段铭文的特点，器物、纹饰、铭文三者之间的互动关系以及对断代的作用等等，其研究或不够系统，或不够深入，有些方面甚至是空白。

20多年来，我一直在进行这方面的研究工作，写了《西周方座簋研究》《两周青铜盨研究》《西周青铜器断代两系说刍议》《试论中国古代青铜器器类之间的关系》《青铜器自名现象的另类价值》等文章，希望从器类、断代、地域、定名等多个角度和层面对青铜器进行探索。

同时我也十分关注国内外青铜器研究专家的成果，他们的论著是我案头的必备书籍，我经常地反复阅读，受益无穷。

在研究中，我深感个人力量的有限。从1999年招收青铜器方向研究生起，就逐渐形成了一个构想：如果研究生本人没有更好的研究题目，我就请他来作青铜器中的某一部分，整理、研究某一类青铜器，或某一类纹饰，或某一时段的铭文，等等。经过十多年的积累，已经完成了20多篇硕士和博士学位论文。其中分器类的整理与研究完成多半，某一地区、某一时段的铜器的整理与研究正在进行，纹饰与铭文的分类、分时段研究也做了一部分。这些为多卷本《中国古代青铜器整理与研究》的编撰奠定了基础。同时，我注意到其他先生也在指导研究生做类似的学位论文，对我们也很有启发与帮助。

前几年，在编写《青铜器论文索引》的过程中，与北京线装书局的刘聪建先生多有接触。他听了我的上述介绍后，很感兴趣，遂与我商定，在原有研究生论文的基础上，由我主编，各专题作者分别著述，形成一套多卷本《中国古代青铜器整理与研究》。但由于种种原因，在线装书局只出了三卷。如今，在科学出版社的大力支持下，计划得以重新实现，拟在今后的若干年里，陆续完成和出版20卷以上的著作。

写作多卷本《中国古代青铜器整理与研究》的目的拟在全面、系统整理青铜器资料，充分吸取古今中外研究成果的基础上，对青铜器的形制、纹饰、铭文、组合关系等方面作全方位考察和研究，并试图总结出关于中国古代青铜器产生、发展、消亡的基本途径、规律、特点及其原因。这是一个遥远的目标，但我们有信心一步一步地走近它。

由于这套多卷本《中国古代青铜器整理与研究》的作者都是毕业不久的研究生，眼界有限、文字青涩也在所难免。我的指导也很有限，很多问题我也不懂或知之甚少。当时作学位论文时，我希望他们放大胆子去写，因此他们的观点与我也不尽一致。但无论如何，在阅读他们的学位论文时，在与他们的反复讨论、交流中，我也有很多的收获，这是最令人快乐的事情。我将阅读后的感想写出来，作为序言放在书前，就是希望继续与大家讨论，将《中国古代青铜器整理与研究》延续下去。而随着一本本书稿的出版，这一批年轻的作者也正在走向成熟，这或许是比书稿的出版更有意义的事情。

最后要感谢参加我的研究生学位论文答辩以及审阅论文的诸位先生，并希望今后继续得到你们的批评与帮助。感谢陕西师范大学暨历史文化学院给予的大力支持，感谢科学出版社李茜编辑的辛勤工作，让我们十几年来的梦想终于得以实现。

乙未年立冬后二日张懋镕写于

陕西师范大学中国青铜文化研究中心

试论纹饰对青铜器定名的意义

（代序）

张懋镕

对于青铜器研究来说，纹饰的研究非常重要。1994年，李学勤先生在为朱凤瀚先生的《古代中国青铜器》所作序言中倡导要加强美术史层面的研究。他说："其间美术史这一层面，国内的工作应该说较为薄弱，有必要注入更多力量，开辟新的局面。"[①]朱凤瀚先生在《古代中国青铜器》一书中，将纹饰研究工作归纳为三个方面：第一，在青铜器断代上发挥重要作用，这是中国学者做得最多也是最有成就的方面。第二，从艺术和工艺史角度探讨纹饰的艺术成就和工艺水平。第三，从宗教、神话以及社会史的角度论述纹饰的内涵，即当时人们的意识形态及社会政治制度。朱先生认为关于第二、第三方面的研究相对比较薄弱[②]。2009年，朱凤瀚先生的新作《中国青铜器综论》出版，可以说是《古代中国青铜器》的增订本。全书页码翻了一倍，但具体到纹饰一章，只增加了16个页码，从一个侧面反映了纹饰研究进展不大，依然落后于形制和铭文的研究[③]。

当然，近十年来，关于纹饰的研究还是有进展的。表现在两个方面，一是有不少美术史专业出身的人在研究青铜器。这些论著，大量使用青铜器纹饰资料，然后从艺术角度来观察分析[④]。二是文物考古专业的研究人员和硕博士生撰写的论文，有的是在文中专辟一章来论述，有的则专以某一时代、某一地区、某一类纹饰作为研究对象[⑤]。可以说纹饰的研究遵从考古学的研究方法，正在细致、深入地向前发展。大量硕博士

---

① 李学勤：《古代中国青铜器·序》，《古代中国青铜器》，南开大学出版社，1995年，1页。

② 朱凤瀚：《古代中国青铜器》，南开大学出版社，1995年，380～451页。

③ 朱凤瀚：《中国青铜器综论》，上海古籍出版社，2009年，534～621页。

④ 杨远：《透物见人：夏商周青铜器的装饰艺术研究》，科学出版社，2015年。莫阳：《战国中山王墓研究——一种艺术史的视角》，中央美术学院博士论文，2015年。

⑤ 岳洪彬：《殷墟青铜器纹饰研究》，《三代考古》（二），2006年，科学出版社。唐际根：《关于中国青铜器纹饰的含义问题》，《三代考古》（四），科学出版社，2011年。苏辉：《中原地区商西周青铜器夔纹研究》，清华大学2010年博士学位论文。张德良：《西周青铜器窃曲纹研究》，清华大学2010年博士学位论文。

研究生的加入，有望开辟青铜器纹饰研究新的局面。

十年前，卢昉博士的硕士学位论文杀青，是当时少有的研究青铜器纹饰的学位论文①。不久，她进入西安美院，从事美术学的教育工作，可谓如鱼得水。我也曾在西安美院做过演讲，担任美院的硕博士论文答辩的委员，多少有些感受。过去，做文物考古工作的学者，很少从艺术的角度去审视青铜器，即使有，也往往是粗线条的，较少艺术的眼光，难有独到的见解。艺术工作者在分析青铜器时则往往出现常识性错误，譬如误判年代，对青铜器的发展脉络和特点把握不准，也不大熟悉相关成果，所以研究很难深入。我们有对夏商周青铜艺术的宏观研究，也有对某一件青铜器的个案研究，但缺乏对某一类、某一地区青铜器的造型、纹饰作艺术方面的研究，从而导致宏观研究较为空洞，个案研究则很零碎。常见描述性文字，缺乏理论概括。比如某一类纹饰（涡纹）为什么要装饰在一些特定的器物上，纹饰的选择如何改变器物的造型等问题，很少有研究者涉及。窃以为一个好的青铜器研究者，应该具有历史文献学、古文字学、考古学、美术学四个方面的素养。卢昉博士早先毕业于西北大学考古专业（本科），继而在西大考古专业攻读硕士学位，研习青铜器，后来又在美术学院攻读文学（具体为美术学）博士学位，现在又在美术学院任教，对历史文献学、古文字学、考古学、美术学四个方面都有所涉猎，所以我对她的这部书稿寄予希望。

我对美术学知之甚少，无法像卢昉博士那样纵论艺术。记得朱凤瀚先生在“青铜器纹饰”一章中，有一小节是专门谈纹饰与器物造型的关系。他认为具体表现在两个方面：第一，使用什么样的纹饰，要从器物的造型特点来考虑，使纹饰与造型相协调，从而增加器物的美感。第二，对于动物造型的足、鋬、耳、捉手等部位，要装饰与之相适应的纹饰，达到造型与纹饰的完美统一。我的这篇序言要谈的是如何通过纹饰与装饰风格来推定青铜器的名称和功能，将容易混淆的器类区分开来。关于这个问题，以往的研究尚少，本文将提出众多例子来论证。

一、盂与无耳簋

在青铜器类中，以盛食器的相互混淆现象最为常见，因为盛食器的基本构造比较接近，差别不大。例如盂与无耳簋都是盛食器，功能相近，形制也有一定的相似之处，有时存在混淆的现象，而纹饰则有助于我们将二者加以区分。下面略举几例。

有一件商代晚期的传世器葡簋（《商周》06202）②（图1），常常被称作盂。形制像无耳的铜簋，从口沿以下腹部逐渐内收，不像盂的腹壁近于直壁，腹又那么深，

① 卢昉：《商周青铜器人兽母题纹饰研究》，西北大学硕士学位论文，2006年。

② 吴镇烽：《商周青铜器铭文暨图像集成》，上海古籍出版社，2012年。本文简称《商周》。

而且通高只有22.5厘米，与一般的簋的大小相仿，如何称得上盂？陈梦家先生早就说过："簋、盂之别恐在大小，盂通常较大。"①从纹饰看，葡簋也更接近铜簋。葡簋颈部饰带状兽面纹，腹部没有纹饰，这一点像簋而不像盂。商代晚期的盂腹部很深，有很大的空间，通常装饰有花纹。葡簋圈足饰云雷纹，与九簋（《商周》03401）、未册簋（《商周》03628）、丩鱼簋（《商周》03715）的纹饰与装饰风格一样，而盂的圈足是不装饰云雷纹的，大概是因为簋的圈足小，适合装饰云雷纹这样简单的纹饰，而盂的圈足大，理应装饰兽面纹之类复杂的纹饰。形制与葡盂相似的簋还有𡚬簋（《商周》03428）（图2）、𤔲簋（《商周》03440）（图3）、卫簋（《商周》03458）（图4）、刹簋（《商周》03552）（图5）、尹舟簋（《商周》03639）（图6）等。既然这些器物都被定名为簋，也反证葡盂应改名叫葡簋才对。

图1 葡簋

图2 𡚬簋

图3 𤔲簋

图4 卫簋

图5 刹簋

图6 尹舟簋

与葡盂相似的例子还有燕侯旅簋（《商周》06207）（图7），因其铭文"燕侯作旅盂"而定其为盂。此器连盖通高仅18厘米，如果减去盖高，大致在12厘米左右，如此小型的器物是不能称作盂的。只要将它与另一件燕侯饙盂（《商周》06209）（图8）作比较，情况就一目了然。后者通高24.5、口径33.8厘米，重6.45千克，只有如此体量的器物才能称作盂。这也有利于说明燕侯旅盂应是簋而不是盂。新近出版的《商周续编》著录一件燕侯簋（0322）②（图9），通高12、口径19.5厘米，与燕侯盂（《商

① 陈梦家：《西周铜器断代》，中华书局，2004年。

② 吴镇烽：《商周青铜器铭文暨图像集成续编》，上海古籍出版社，2016年。本文简称《商周续编》。

周》06207）大小差不多，也属于无耳簋，同样装饰兽面纹。此器被称作簋而非盂，可见类似燕侯旅盂这样的器物应是簋而不是盂。

图7　燕侯旅簋

图8　燕侯饙盂

图9　燕侯簋

二、盂与盂形簋

盂形簋是簋的一个亚种，是盂和簋相互影响产生的新品种，也有附耳，所以盂形簋很像盂，人们往往将二者混淆。盂形簋与盂的区别除了表现在器的大小之外（如前所言盂形簋小而盂大），重要的差别之一在花纹装饰上。

先归纳一下盂形簋的纹饰种类与装饰特点。盂形簋体量比较小，腹部比较浅，从观赏的角度而言，颈部是最重要的位置，自然也是纹饰布局的位置。所以我们看到，盂形簋的纹饰主要装饰在颈部，有一条带状纹饰，而腹部与圈足很少装饰花纹。另外我们已经说过，盂形簋是簋的一个亚种，与簋关系密切，盂形簋兴盛的时期在西周中期，此时的簋装饰崇尚简约，往往在口沿下布局带状纹饰，至于腹部有没有装饰，并不重要，盂形簋自然受到簋的影响①。盂形簋的腹部通常没有纹饰或纹饰简洁。即使有也主要是瓦楞纹，像叔宾父簋（《商周》04462）（图10）那样装饰兽面纹的盂形簋，也只有一件。这一点与一般的簋的装饰风格很相似。

图10　叔宾父簋

盂的腹部则多有花纹，常见有垂叶纹、大环带纹，而这几种纹饰恰恰不见于盂形簋上。究其原因，是盂的腹部宽大，适合装饰垂叶纹、大环带纹这样需要较大空间的纹饰。

综上所述，盂与盂形簋的装饰风格有别，换言之，什么样的纹饰装饰在什么样的

① 张懋镕：《试论中国古代青铜器器类之间的关系》，《古文字与青铜器论集》第二辑，科学出版社，2006年，137页。张懋镕：《论盂形簋》，《叩问三代文明——中国出土文献与上古史国际学术研讨会论文集》，中国社会科学出版社，2014年。

器物上是有讲究的。了解这一点有利于区分什么是盂，什么是簋。

叔簋（《商周》04128）（图11），或称之为叔盂。其器腹壁较直，颈部两侧有一对附耳，与盂的形态一致。但它的通高只有15.5厘米，与盂的体量相去甚远。叔簋颈部所饰分尾鸟纹并不见于盂上，而多见于簋上，如伯㦰簋（《商周》04226）（图12）、伯百父簋（《商周》04778）、伯梡簋（《商周》05078）、命簋（《商周》05082）（图13）等，所以叔簋应是簋而不是盂。

图11 叔簋

图12 伯㦰簋

图13 命簋

滋簋（《商周》04697）（图14），与叔簋一样，是一种盂形簋。或称之为滋盂。其铭曰："滋作盂簋"，称盂的同时又称簋，难免让我们的研究者为难了。其实自名"盂簋"正好说明这种盂形簋是盂与簋相生的产物，既有盂的部分特点，也有簋的部分特点[①]。它通高24.5、口径23厘米，体量还是接近簋而与盂差别较大。有趣的是滋簋口沿下饰两道弦纹，这种装饰未见于盂上。与滋簋装饰风格相同的还有一件所谓伯索史盂（《商周》06224）（图15），颈部饰两道弦纹，但是这一件伯索史盂也不是盂而是簋。伯索史簋通高19.7厘米，与一般的簋相仿，也证明它不可能是盂，而是一件盂形簋。

图14 滋簋

图15 伯索史簋

三、豆与豆形簋

顾名思义，豆形簋形制如豆。其腹较浅，圈足高，上部如豆的柄部，有的在柄部中间有一圈突起的箍棱，与豆几乎没有什么差别。这是豆形簋易与豆混淆的一个重要

① 张懋镕：《试论中国古代青铜器器类之间的关系》，《古文字与青铜器论集》第二辑，科学出版社，2006年，135～138页。

原因。为此，我们曾经专门著文讨论过豆与豆形簋的差别[①]。绝大部分豆形簋口沿宽侈，腹壁自上而下内收，与豆不同。豆形簋都不高，在13～18厘米，而同时期豆的通高大部分在13厘米以下。豆形簋口径在17～24厘米，而同时期豆的口径没有达到15厘米的。豆形簋的腹深在7厘米以上，而同时期豆的腹深多在4～5厘米。

除了形制的不同，豆与豆形簋在纹饰和装饰风格上也有所差别。豆形簋装饰有瓦楞纹，譬如2006年陕西扶风五郡村窖藏出土的伯涓父簋（《商周》04358）（图16）；装饰长尾凤鸟纹，譬如父辛簋（《综览》小型盂94）（图17）；还有装饰顾龙纹以及兽头，譬如姜林母簋（《商周》04376）（图18）。以上三种纹饰频繁地出现在其他形态的簋上，但不见于同时期的铜豆上。商周时期铜豆上最常见的涡纹也同样不见于豆形簋上。这两点有力地说明豆形簋与簋关系密切，而与豆比较疏远。

图16　伯涓父簋

图17　父辛簋

图18　姜林母簋

1977年山东沂水县刘家店子墓葬出土的公豆（图19），因为自名为“簋”，所以发掘简报就理所当然地将它视为簋（《商周》06104）[②]，其实它是一件豆。公豆通高35.4、口径24厘米，体量颇大，符合春秋时期的豆的形制通则，簋是没有这么大尺寸的[③]。除了形制，从装饰方面也可以看出这件公豆与簋的差别。值得注意的是，公豆有盖，盖上有八瓣镂空莲花形捉手。这种装饰从未见于铜簋，而在豆类器上常见，如1932年山东曲阜林前村出土的厚氏元铺（《商周》06154-56）（图20）、宋公司铺（《商周》06157）（图21）、宋公固铺（《商周续编》0531-32）（图22）。附带说明一点，学术界的主流意见认为铺属豆类，是豆的一个分支，而不是簠[④]。铺是圆器，

① 张懋镕：《关于青铜器定名的几点思考——从伯涓父簋的定名谈起》，《古文字与青铜器论集》第三辑，科学出版社，2010年，139～145页。

② 山东省文物考古研究所、沂水县文物管理站：《山东沂水县刘家店子春秋墓发掘简报》，《文物》1984年第9期，4页。

③ 一件传世的祖丁簋，陈梦家在《美帝国主义劫掠的我国殷周铜器集录》（科学出版社，1962年）中记载其通高35.7、口径22.8厘米，但是从图像（A193）来看口径明明大于通高，所以很怀疑其记载的准确性。

④ 李学勤：《青铜器中的簠与铺》，《中国古代文明研究》，华东师范大学出版社，2005年。张懋镕：《试论中国古代青铜器器类之间的关系》，《古文字与青铜器论集》第二辑，科学出版社，2006年，134页。

簠是方器，二者绝不混淆。从豆与铺的盖上都装饰镂空莲花形捉手这一点来看，也可以说明两者的密切关系，而与簠没有什么牵连，簠上是没有这种装饰的。

图19　公豆

图20　厚氏元铺

图21　宋公司铺

图22　宋公固铺

四、盂　与　盆

盂与盆也是容易混淆的两类器物。我们曾经写过两篇文章来说明两者的相同和相异之点，以及区分的方法[①]。将同一时期的盂与盆比较，两者在纹饰以及装饰风格方面还是有很大的区分。盂与盆颈部所饰纹饰的差别不大，主要表现在腹部。如前所述，因为盂的腹部较深，腹壁较直，所以适合装饰垂叶纹，用足够的空间来展示其下垂的态势，如伯盂（《商周》06222）（图23）、1969年陕西蓝田泄湖镇出土的永盂（《商周》06230）（图24）。也可以装饰庞大的顾龙纹，如1955年辽宁喀左马厂沟窖藏出土的燕侯盂（《商周》06209）（图25）。而盆的腹部较浅，腹部斜收，像一个倒梯形，无法装饰垂叶纹这样上下垂直的纹饰，所以看不到有装饰垂叶纹的盆，也没有庞大的顾龙纹。正是由于形制上的这种局限，很多盆选择素面的腹部，如中市父盆（《商周》06258-59）（图26）、1976年陕西扶风庄白窖藏出土的微瘐盆（《商周》06252-53）（图27）、曾太保庆盆（《商周》06256）（图28）、虢叔盆（《商周》06210）（图29）。中市父是年代最早的自名为盆的青铜盆，盆一开始就选择素面的腹部，为盆的装饰定下基调，显示了盆与盂的差别。微瘐盆和虢叔盆的体量都较大，通高分别为25.3、18.8厘米，口径分别为40、34.7厘米，重量分别为5.996、4.98千克，主人都是大贵族，他们也选择素面的腹部，说明这种选择更多是基于器形的需要而不是级别的差异。

---

① 张懋镕：《青铜盆小议》，《古文字与青铜器论集》第二辑，科学出版社，2006年，128～132页；《再议青铜盆——从新发现的中市父盆谈起》，《古文字与青铜器论集》第三辑，科学出版社，2010年，164～169页。

图23　伯盂

图24　永盂

图25　燕侯盂

图26　中市父盆

图27　微疾盆

图28　曾太保庆盆

图29　虢叔盆

虢叔盆（《商周》06210）因其自名盂而被称为盂，其实它的形制与盂没有什么相似之处，反倒与盆十分接近。侈口，束颈，折肩，敛腹，小平底，肩两侧双耳作半环状，这都是盆的基本特征。肩部所饰斜角目云纹，常见于簋类器上（无论是体量还是功用，盆与簋更相似一些），而不见于盂上。与虢叔盂相仿的例子还有善夫吉父盆（《商周》06223）（图30）、吴季大盆（《商周续编》0534）（图31），此二器也因自名为盂而被称作盂，但同样与盂在形态上没有什么相似之处。善夫吉父盆肩部所饰重环纹，常见于簋类器上而不见于盂上，所以善夫吉父盂应称为盆。善夫吉父盆通

图30　善夫吉父盆

图31　吴季大盆

高20、口径35.1厘米，重7.6千克，体量与虢叔盆接近。附带说明一点，虢叔盆、善夫吉父盆都是盆类中较大者，就体量而言，不同于一般的盆而接近于盂，所以被冠以“盂”的自名。

有人固执于自名原则，对于虢叔盂、善夫吉父盂、吴季大盂等所具备的盆形器特点视而不见，这恐怕不是考古学研究应遵循的准绳。其实与虢叔盂、善夫吉父盂、吴季大盂形态一样的行氏伯爲盆（《商周续编》0539）（图32）就自名为盆。还有一件吴叔襄鼎，其铭曰：“唯吴叔襄自作宝盂。”（《商周续编》0171）（图33）明明是鼎，却自名为盂，难道我们也一味地跟着自名称其为盂吗？此鼎之所以自名为盂，只是源于其腹部形态像盂而已。明白了其中的原委，我们就可以不拘泥于所谓自名原则了。在尊重自名的前提下，更要用考古学类型学的分析方法来界定器类。

图32　行氏伯爲盆

图33　吴叔襄鼎

图34　婁君盆

婁君盆（《商周》06226）（图34），通常被称作盂。敛颈，折肩，腹部斜收，平底较小，无圈足，这些形制特点，均符合盆的特征，而与盂相去甚远。虽然铭文自名为饙盂，其实是盆，只不过它是盆中体量较大者，通高12.8、宽33.2厘米，与盂有一些相似之处。颈、腹饰蟠虺纹，这种纹饰也不见于盂上，所以从纹饰的角度，也能判断婁君盂是盆而不是盂。

《商周续编》著录一件比盂（《商周续编》0533）（图35），私人收藏，此前未曾见过。其铭曰：“比易（锡）金于公，用作宝彝。”铭文没有提到这件器是不是盂，《商周续编》定其名为盂，大概是看到此器有附耳，与盂极像。这件器形制罕见，像盆，因为它是束颈折肩、收腹平底，符合盆的基本要求；又像盂，因为它有附耳，迄今未见西周青铜盆有附耳者。不过，我们还是认为它不是盂而是盆。从形制看，它是盆，至于有附耳，应是受到盂的影响。很重要的一点是这件器上的纹饰特别，肩部饰一周菱形纹，这种纹饰以及装饰风格，不曾出现在青铜盂上，恰恰出现在盆上。譬如天马—曲村M7176和M7164分别出土一件菱形纹盆[①]（图36），除了颈部设有衔环耳外，形制、纹饰都和比盆非常相似，都是束颈，折肩，斜收腹，底部较小，肩部饰一周菱形纹。年代与比盆一样，在西周中期。

图35　比盂

图36　菱形纹盆

图37　比簋

与比盆铭文相同的还有一件比簋（《商周》04537）（图37），其铭曰："比易（锡）金于公，用作宝彝。"不仅内容一样，字形书体也无二致，故知为同人之器。这两件器的字形书体与同时期的晋国铭文相近，锈色也有晋南青铜器的特点，很可能出土于晋南地区。目前看到的青铜盆以晋南地区出土为多，这也为比盆的定名增加了胜算。

不过有一点很有意思，到了西周晚期，盆与盂的纹饰以及装饰风格有趋近的表现，这是青铜器器类之间相互影响的结果。譬如伯盂（《商周》06206）（图38），颈部饰顾龙纹，圈足饰目雷纹，其装饰部位和纹饰特点与盆没有什么区别，不同的是形制与体量。伯盂有附耳，腹壁圜收程度不大，这些都是盂的特征。伯盂通高28.7、口径42.8厘米，重12.2千克，比盆要大得多。所以伯盂是盂而不是盆。与伯盂情况相似的还有作父丁盂（《商周》06219）（图39），体量也很大，通高29、口径42厘米，只是纹饰与同时期盆相似，颈部饰窃曲纹，圈足饰斜角目雷纹。显然，对它们的鉴别，就只能看大小，而不能看纹饰了。

图38　伯盂

图39　作父丁盂

① 邹衡：《天马—曲村（1980～1989）》，科学出版社，2000年。

五、盂　与　鉴

盂既是食器，也是水器，而鉴是水器，所以盂与鉴也有相互混淆的例子，这从自名现象中可以看出。只不过当青铜鉴在春秋中期兴起时，青铜盂正走向衰落，所以两者相处的机会和时日不多，混淆的例子自然少之又少。

1994年山东海阳嘴子前村春秋墓出土听鉴（《商周》06215）（图40），因其铭文曰："听所献为下寝盂"，故论者都名其为盂。然而观其形制，敞口，宽平沿，颈部收缩，腹部较深，下腹收敛，平底无圈足，颈部双耳扁平，这都是铜鉴的特征。纹饰与装饰风格也与盂迥然不同，从口沿下到下腹部，装饰四道双头龙纹。有纹饰的铜鉴大多是这样装饰的，譬如智君子鉴（《商周》15052-53）（图41）、吴王夫差鉴（《商周》15059-63）（图42）。如果不是因其自名为盂，相信没有人会将其归为盂类，所以不能盲目地相信自名。可见，听盂应更名为听鉴。

图40　听鉴

图41　智君子鉴

图42　吴王夫差鉴

六、尊缶与浴缶

在春秋战国时期，南方盛行缶器。一种是盥洗用的缶器，自名浴缶，一种是盛酒用的缶器，自名尊缶。两者功能不同，形制也有差异，通常尊缶高大，通高超过腹径许多；浴缶宽侈，通高与腹径基本相当。有趣的是两者的纹饰也有区别。浴缶上常常装饰涡纹，因为涡纹与水器有关。张婷有一篇论文，指出涡纹多装饰在盘等水器上①。这说明过去将涡纹指认为火纹，是没有多少依据的说法。作为酒器的尊缶则极少装饰涡纹。要证明这一点，看看同一器主拥有的浴缶与尊缶的差异性就一目了然。譬如作为同人之器的倗浴缶（《商周》14053-54）（图43）盖面与腹部装饰涡纹，而倗尊缶装饰蟠虺纹，未见涡纹（《商周》14055-56）（图44）；彭射浴缶盖面与腹部装饰涡纹（《商周》14058）（图45），而彭射尊缶通体素面（《商周》14057）（图46）；蔡侯盥缶盖面与腹部装饰涡纹（《商周》14063）（图47），而蔡侯尊缶装饰兽纹，未见涡纹（《商周》14065）（图48）；曾侯乙浴缶盖面与腹部装饰涡纹（《商周》14072）（图49），曾侯乙尊缶装饰蟠螭纹和垂叶纹（《商周》14071）（图50）。

① 张婷：《浅析商周青铜器上的圆涡纹》，《四川文物》2006年第5期，69页。

只有极少数尊缶如曾侯乙尊缶、昭王之即尊缶装饰涡纹（《商周续编》0909）（图51）。同人之器的浴缶和尊缶装饰不同的纹饰，有力地证明纹饰与器型之间存在着一种对应关系。

图43　倗浴缶

图44　倗尊缶

图45　彭射浴缶

图46　彭射尊缶

图47　蔡侯盥缶

图48　蔡侯尊缶

图49　曾侯乙浴缶

图50　曾侯乙尊缶

图51　昭王之即尊缶

研究尊缶与浴缶装饰风格的不同，其意义在于：有效地区分什么是尊缶、浴缶，什么不是尊缶、浴缶。譬如若儿缶（《商周》14088）（图52），也有论著称其为罍，但形制、纹饰都和浴缶近，所以应该是一件浴缶，而不是罍。宽儿缶有两件，铭文相同，曰："苏公之孙宽儿择其吉金，自作行缶。"（《商周》14091-92）但是形制与纹饰各有差异。宽儿缶甲通高37厘米（图53），宽儿缶乙通高34厘米，宽儿缶甲饰蟠虺纹，未见涡纹，宽儿缶乙盖沿与腹部饰涡纹（图54）。鉴于无论尊缶还是浴缶，如果出土一对，那么两件缶的大小基本一样，所以说大小不一样的这两件宽儿缶的功能也不一样，宽儿缶甲可能是尊缶，宽儿缶乙是浴缶。相近的例子还有黄子娄缶两件（《商周续编》0906-07）。黄子娄缶甲的铭文是：“黄子娄择其吉金，以作其妻叔芈母宾缶。”这是一件浴缶（图55），所以盖面和上腹部饰圆饼纹，这种圆饼纹应是涡纹的变种。黄子娄缶乙的铭文是：“黄子娄择其吉金，以作其妻其口母飤缶”，这显然不是一件浴缶（图56），所以盖面和上腹部的重圈纹与圆饼纹有差别，以显示其功能的特殊性。

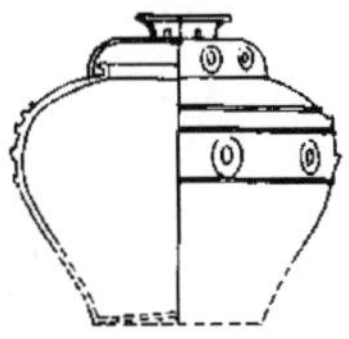
图52　若儿缶

图53　宽儿缶甲

图54　宽儿缶乙

图55　黄子娄缶甲

图56　黄子娄缶乙

七、方彝盖与方罍盖

方彝盖与方罍盖有一些相似之处，有时也难免混淆。《商周》著录一件趋方彝盖（13536），盖作四阿屋顶形，顶部有纽，纽的形态与盖相同，盖下沿饰两道弦纹，其中有涡纹（图57）。就形制而言，趋方彝盖与一般方彝的盖形近，也和方罍的盖形近。《三代》《攈古》《愙斋》《周金》《小校》以为是尊的盖，《商周》以为是方彝的盖，《夏商周》定为罍的盖[①]。当以《夏商周》所定为是。陈佩芬先生没有作解释，我们想谈一点看法。第一，绝大部分方彝的盖的四角及中线都有扉棱，但是在趋方彝盖上没有。第二，一般来说方彝上的纹饰有兽面纹、夔纹、鸟纹、龙纹、鸱鸮纹、虎纹、象纹、蝉纹、弦纹、连珠纹、三角目纹等，绝大部分方彝上不装饰涡纹，但是趋方彝盖上的主要纹饰是涡纹。与方彝相反，大部分罍上装饰涡纹，相当一部分罍的盖上装饰涡纹，与趋方彝盖相同。盖上装饰涡纹的方罍有史方罍（《商周》13728）（图58）、亚[illegible]方罍（《商周》13738）、敕[illegible]方罍（《商周》13763-64）（图59）、史方罍（《商周》13780）、冈方罍（《商周》13808）（图60）、冈方罍（《商周续编》0897）等器。第三，几乎所有方彝上的铭文拓片呈方形、长方形或

① 陈佩芬：《夏商周青铜器研究》编号280，上海古籍出版社，2004年。

不规则形，但是趋方罍盖上铭文拓片作梯形（图61）。趋方罍盖的形制与纹饰都与《夏商周》278著录的冉方罍盖十分相似，所以它应是方罍的盖而不是方彝的盖。如果将趋方罍盖与齐生鲁方彝盖（《商周》13543）（图62）、作册吴方彝盖（《商周》13545）（图63）作比较，就很清楚，后两者装饰有扉棱，但不见涡纹。所以说，所谓趋方彝盖应定名为趋方罍盖。

图57　趋方彝盖

图58　史方罍

图59　敔[illegible]方罍

图60　冈方罍

图61　趋方罍盖铭文

图62　齐生鲁方彝盖

图63　作册吴方彝盖

八、敦　与　鼎

1950年，河南洛阳市西宫出土一件铜器，盖、器同铭，各一字：“轨”，被称为“轨敦”[①]。也有学者读“轨”为“簋”，命其名为“轨簋”，认为这不是敦而是簋。根据谷朝旭的统计，类似“轨”敦的器物有15批次，30件，包括新近著录的一件“公敦”（《商周续编》0520）（图64），与“轨敦”（《商周》06051）（图65）的形态非常接近。迄今为止，学术界对这类器的命名看法不一，马承源先生将其归入敦类，称其为弇口扁圆体环耳三足式敦[②],高明先生也将其归入敦类，称其形似联裆鼎，是南方形式的敦受到了北方器形影响的产物[③]。朱凤瀚先生将其归入鼎类，称为联裆鬲鼎[④]。

① 杜廼松：《记洛阳西宫出土的几件铜器》，《文物》1965年第11期，47～49页。

② 马承源：《中国青铜器》，上海古籍出版社，1988年，152～156页。

③ 高明：《中原地区东周时代青铜礼器研究》（中），《考古与文物》1981年第3期。

④ 朱凤瀚：《中国青铜器综论》，上海古籍出版社，2009年，103～105页。

图64　公敦

图65　轨敦

谷朝旭认为从形制上看，“公敦”和“轨敦”的特点是足较粗，与腹底呈联裆式，这一点与鼎近而与敦远。从功用上看，有12件的器底有烟炱痕迹，16件的腹内残留肉类食物，这与鼎盛放肉类食物的功用相符，而铜敦的主要功用为盛放黍稷。从墓葬出土青铜器的组合来看，这类器形制、纹饰相同，大小相次，是一套列鼎，而铜敦中未见有列敦现象。同时谷朝旭也从装饰风格上指出，这类器上的绹索纹、团花纹等，多见于鼎，而在敦上少见。这类器上的铺首衔环耳在鼎上常见①。

谷朝旭的论证很有说服力。本文要强调的一点是这类器上的铺首衔环耳不见于敦类器上。在春秋战国时期，铺首衔环耳常见于鼎上，而很少见于簋上，原因在于敦是簋的派生物，与簋有更深的亲缘关系，所以敦承绪了更多簋的特质，不用铺首衔环耳来装饰。所以“公敦”和“轨敦”应称为“公鼎”和“轨鼎”。

九、结　语

综上所述，青铜器纹饰的研究，不仅有利于青铜器的分期断代，对于区分不同的器类，正确地加以命名，也具有一定的意义。如果连簋与盂、簋与豆、盂与鉴、鼎与敦的界限也不能区分，又如何把握这些器物的性质和功用。在鉴别器类时，要坚持考古学的类型分析的原则，要关注器物的自名，但不要盲目地相信自名现象。当然本文的写作是一种尝试，有些想法也有待验证，提出来希望得到大家的批评指正。

附注：本文系国家社科基金项目《夏商周青铜礼器的兴衰及其原因》（立项号：15BKG007）的阶段性研究成果。

① 谷朝旭：《“轨”敦非敦》，待刊。

目　　录

第一章　绪　　言

“人兽母题”纹饰，是在中国古代图像中反复出现的一种主题，包括“人兽同体”和“人兽异体”两种形态，旨在表现人、兽之间或对抗，或合作，或护佑，或亲昵，或压制，或合一的某种关系。在古代中国，“人兽母题”是一条极具历时性和共时性的文脉遗绪。它源深流长，朴拙奥义，跨时空维度，显精神境相，内藉先贤智光，外蕴时代精神，看似怪诞陆离，实则暗合主体认知和外在环境的相谐统一，图式整合早期先民与自然环境的相处之“道”，包含文本及图像精神维度，对应自然本体论与精神意象生成之源，折射“天人合一”及“心物不二”造物思维，展露中国初始宇宙观及艺术哲学。从濮阳西水坡“龙虎摆塑”到良渚玉琮“神人兽面”，从“三山”岩画到半坡人面鱼纹盆，无一不显现先民对生命宇宙、生存环境的朴素认知与物化观照。尤其是进入青铜时代后，“人兽母题”更是诡谲瑰丽、引人注目。虽年代缥缈，声采靡追，诸多内涵已难考证，所幸观念因素得以承继且逐渐凝练为审美风尚，故尝试溯源剖析，探寻奥义。由于“母题”和“人兽母题”含义广泛，为免歧义，先对其概念梳理阐释。

第一节　“母题”的概念

“母题”源于英文“motif”的音译，《21世纪大英汉词典》有以下几种解释：①（文艺作品的）主题，中心思想，中心人物，中心事件，中心情景等。②主格调，特色。③主旨，动机。④（服装设计、图案画、室内装饰的）基调，基本图案，基本色彩。⑤（汽车等上面的）商标饰物。⑥［音乐］动机，乐旨。⑦（衣服的）花边。《文学批评术语词典》将“母题”的含义归为五类：①词源的本来含义。②在德文中相当于英语的“主题”。③对不同作品表现出的主题或题材的一致性或延续性概括。④文学作品中反复出现的某些因素。⑤作品中表现主题或情节的较小单位或最小单位[①]。享誉世界的德国思想家、文学家约翰·沃尔夫冈·冯·歌德（Johann Wolfgang von Goethe，1749-1832）认为，“母题”是一种人类精神现象，这种现象曾不断重复，并将继续重复下去[②]。俄罗斯著名民间文艺家弗拉基米尔·雅可夫列维奇·普罗

① 王先稀、王又平：《文学批评术语词典》，上海文艺出版社，1999年，196、197页。

② ［美］乌尔希图·韦斯坦因著、刘象且译：《比较文学与文学理论》，辽宁人民出版社，1987年，138页。

普（Vladimir Propp，1895-1970）在其1928年问世的著作《故事形态学》中说，母题是“任何叙述中最小的而且不可再分割的单元”[①]。美国民俗学家斯蒂·汤普森（Stith Thompson，1885-1970）耗费数十年心血所著的《世界民间故事分类学》一书对母题作了详细界定：“母题”是指民间故事、神话、叙事诗等叙事体裁民间文学作品中反复出现的最小叙事单元。汤普森认为，作为叙事故事中最小的组成部分，“母题”要想在传统中持续存在，必须具备旺盛生命力和特殊力量。汤氏将世界各地民间故事进行梳理、排列和分类，并在此基础上将叙事母题大体分为三类。第一类是特定角色母题，包括天神、神兽、巫婆、妖魔、神仙等灵物，以及特殊的、带有符号性的角色，如残忍的后母、憨厚的农夫。第二类是特殊情节母题。这类母题故事通常包括独特习俗、特殊信仰、带有魔法的宝物等。第三类是单一故事母题。这一类母题数目最多，它们可以独立存在，且包括绝大部分母题故事[②]。

综上所述，西方学界对“母题”的认识主要有三种：第一种认为“母题”是文学作品的主题或主题的一部分，即作品主旨。第二种观点具有折中性，将“母题”界定为一种背景或广义概念。第三种观点认为“母题”是叙事故事中的最小组成部分，它具有独特文化力量，在传统中长久延续。

我国学者同样对“母题”有所研探。朱自清先生在《中国歌谣》中指出：“有许多歌谣是大同小异的。大同的地方是他们的本旨，在文学的术语上叫做‘母题’；小异的地方是随时添上的枝叶细节。”[③]郭沫若先生在《雄鸡集·燎原的星火》里写道：“这里的许多故事尽可以发展成为小说、戏剧……就是音乐、舞蹈、建筑也会从这里得到不少雄壮的母题吧。”[④]李达三先生在《比较文学研究之新方向》中将“母题”阐释为：“一个主题、人物、故事情节或字句样式，其一再出现于某文学作品，成为利于统一整个作品的有意义线索，也可能是一个意象或‘原型’，由于其一再出现，使整个作品有一脉络，而加强美学吸引力；也可能成为作品里代表某种含义的符号。”[⑤]

乐黛云女士主编的《中西比较文学教程》说：“主题学研究中的母题，指的是文学作品中反复出现的人类的基本行为、精神现象，以及人类关于周围世界的概念，诸如生、死、离、爱、时间、空间、季节、海洋、山脉、黑夜，等等。”[⑥]

吴光正先生在《中国古代小说的原型与母题·导论》中肯定了斯蒂·汤普森的看

---

① 〔俄〕弗拉基米尔·雅可夫列维奇·普罗普著、贾放译：《故事形态学》，中华书局，2006年，98页。

② 〔美〕斯蒂·汤普森著、郑海等译：《世界民间故事分类学》，上海文艺出版社，1991年，499页。

③ 朱自清：《中国歌谣》，作家出版社，1957年，117页。

④ 郭沫若：《雄鸡集》，北京出版社，1960年，126页。

⑤ 李达三：《比较文学研究之新方向》，台北联经出版事业公司，1984年增订，391页。

⑥ 乐黛云主编：《中西比较文学教程》，高等教育出版社，1988年，189页。

法，指出：“母题是指民间故事、神话、叙事诗等叙事体裁的民间文学作品中反复出现的最小叙事单元。”[①]

曹柯平博士在其论文《中国洪水后人类再生神话类型学研究》中认为，真正的“母题”应是民间文学研究中被概括、抽象的故事成分组群。斯蒂·汤普森等编制的“母题索引”应定义为“民间文学一般的情节单元，或故事元素索引”或许更为妥帖，出于尊重学术史上的约定俗成，可称为“母题元素索引”[②]。

陈建宪博士也在论文《论中国洪水故事圈——关于568篇异文的结构分析》中对“母题”进行了界定。他强调了“异文”的重要性，提出“母题”界定必须在民间叙事拥有大量异文的前提下进行；“母题”包含历史与逻辑双重属性。“既是具体异文文本信息系统中的有机组成部分，又是特定人类群体在历史中反复使用的叙事构件，是研究者在民间故事众多异文中抽象出的、带有共性的叙事元素。”[③]

王宪昭先生根据民族神话特点，在《中国民族神话母题研究》一书中将“母题”定义为：“叙事过程中最自然的基本元素，可作为特定单位或标准对神话故事进行定量或定性分析，在文学乃至文化关系方面，能在多种渠道传承中独立存在，能在后世其他文体中重复或复制，能在不同叙事结构中流动并可通过不同排列组合构成新的链接，表达一定的主题或其他意义。”[④]

此外，叶培新硕士在其论文《中国神话人兽婚母题研究》[⑤]中也对“母题”的概念进行了较为翔实的梳理与归纳。杨琼艳硕士在《彝族“支嘎阿鲁”史诗诞生母题研究》中对现有“母题”研究成果进行了搜集和分类，指出：“母题研究是一种把文本性研究和活态性研究相结合的研究方法。这一研究方法多被应用于史诗的研究中。”[⑥]

18世纪以来，中外学术界对“母题”众说纷纭，各家均从不同角度阐发其基本属性，即“母题”是文学作品中反复出现的人类的精神现象和基本行为。一方面具历史传承性和普同性，另一方面有吸附性和亲和力，同时被赋予具象性和客观性[⑦]。

青铜器上的“母题”与民间文学、比较文学中的“母题”概念相比，存在一定差异。由于本书研究对象是“商周青铜纹饰”这个大框架中的“人兽母题”，它们通过

---

① 吴光正：《中国古代小说的原型与母题·导论》，社会科学文献出版社，2002年，9、10页。

② 曹柯平：《中国洪水后人类再生神话类型学研究》，扬州大学博士论文，2003年，17页。

③ 陈建宪：《论中国洪水故事圈——关于568篇异文的结构分析》，华中师范大学博士论文，2005年，11页。

④ 王宪昭：《中国各民族人类起源神话母题概览》，民族出版社，2009年，19页。

⑤ 叶培新：《中国神话人兽婚母题研究》，中南民族大学硕士论文，2012年，12页。

⑥ 杨琼艳：《彝族“支嘎阿鲁”史诗诞生母题研究》，贵州民族大学硕士论文，2016年，8～11页。

⑦ 王立：《中国文学中的主题与母题》，《浙江学刊》2000年第4期，87～91页。

青铜物化载体得以承传，在不同时空被重复复制，达致某种文化内涵，故而本书研探的内容还包涵“人兽母题”的文化机制、审美内涵及其对后世图像设计的美学影响，在认同学术史对“母题”所指惯例的基础上，尝试对其方法加以科学运用，以达至研究目的。

第二节 “人兽母题”的概念

通常情况下，“母题”虽被视为文学语汇，然笔者认为，或可将文学范畴扩展至图像显现。本书所论的“母题”蕴藉典型的文化内涵，在历史承传中可作为基本单位长期独立存在，一方面保持原有含义的相对稳定，另一方面又能在其他载体中被重新构筑。其本质上“表现了一个人类共同体（氏族、民族、国家乃至全人类）的集体意识，其中一些‘母题’由于悠久的历史性和高度的典型性而常成为该群体的文化标识”①。因此，研探青铜器“人兽母题”纹饰，不仅有助于从历史维度洞察该母题图像的生发、演进及嬗变轨迹；还可通过考境溯源，解析人文环境与地缘文化引起的心理差异及因缘关系，进而厘清文脉，整合历史上相同“母题”的区域认同与沿袭路径。

图1-1 河南安阳殷墟出土商代晚期后母戊（曾称司母戊）鼎鼎耳
（中国国家博物馆官网）

商周“人兽母题”青铜器包含人兽互动、人兽一体、人兽同器三种形态。其中“人兽一体”乃人兽混合之势，呈现半人半兽的外部形态，其余两种皆为人兽异体，表现人与动物之间的某种关系。无论人兽一体还是人兽异体，均不局限我国境内，其他地缘文化，如日本、朝鲜、印度、越南、墨西哥、希腊等国的考古资料、神话传说，民俗工艺中均有发现。本书所论“人兽母题”纹饰，是指在纹饰图像文脉中反复出现的某种主题，该主题或人兽同体，或人兽异体，或紧密结合，或彼此分离，旨在表现“人”“兽”之间或对抗，或亲昵，或合作的某种关系（图1-1）。

尽管在我国古代神话传说和典籍著

① 孙正国：《建构神话学方法论体系的可贵探索——〈神话解读〉》，《民俗研究》2002年第3期，168～176页。

作中，很难找到动物食人的相关描述，对“人兽母题”纹样的解释记载也未见到。然而，“人兽母题”的文脉却源深流长，朴拙奥义，跨时空维度，显精神境相，内藉先人智光，外展时代精神，看似怪诞陆离，实则暗合主体认识与客体自然的相融统一，其图式整合先民与宇宙自然相处之“道”。从河南濮阳西水坡龙虎摆塑①到黑龙江沿岸“人兽母题”岩画②，从河南安阳、湖南宁乡等地出土商周“人兽母题”青铜器到汉墓中的《勇士驭虎》画像石，所有这些都说明，中国“人兽母题”图像是历时千年、纵横万里的重要文化现象。尤其是在商周众多青铜器中，那些引人注目的“人兽母题”青铜器虽为凤毛麟角，但由于造型独特，构图精巧，内涵丰富，寓意神秘，引起学界广泛关注，国内外多位专家学者曾对此进行过深入研究，并提出诸多卓见。在此，笔者展开简要阐述。

一、研究历史回顾与现状分析

20世纪70年代以来，“人兽母题”成为商周青铜器中极为引人注目的装饰纹样，如著名青铜器虎食人卣、龙虎尊、妇好钺等，其象征意义和文化功能众说纷纭，不断有学者就相关问题提出看法。目前，研究着眼点主要在人、兽关系及“人”的身份上，较流行的观点有以下六种：

一是以李学勤先生为代表的“神人合一说”。李先生认为虎食人卣展示的是人类自我与具有神性的“虎”的统一。“从上面引用的虎食人、龙食人各例看，人形只有两种一种身首完全，一种只表示首部。其面上表情均为肃穆，并没有恐惧或欣喜的状貌。……虎食人或龙食人意味着人与神性的龙、虎的合一，这不失为一种可能的解释。”③李松先生和贺西林先生在《中国古代青铜器艺术》一书中支持了此观点，并指出“虎食人卣无论在材质上和取材、艺术表现上都有比较鲜明的地域特点，而又在总体风格上与中原地区的鸟兽尊体现着共同的时代特色”④。

二是以马承源先生和何新先生为代表的“驱凶避邪说”。马先生认为“人”是鬼魅，“人兽母题”则意在驱邪辟凶⑤。与此相近的观点是何新先生的“虎食鬼魅”⑥。何先生认为“兽”表示由虎方——徐、巴国图腾演变而成的虎食荼，“虎所食人者，

---

① 濮阳西水坡遗址考古队：《1988年河南濮阳西水坡遗址发掘简报》，《考古》1989年第12期，1058页。

② 董万岑：《黑龙江流域岩画艺术》，《故宫学术季刊》第13卷，4页。

③ 李学勤：《试论虎食人卣》，《南方民族考古》1987年第1辑，37～44页。

④ 李松、贺西林：《中国古代青铜器艺术》，陕西人民出版社，2002年，54页。

⑤ 马承源：《商周青铜器纹饰》，文物出版社，1984年，178页。

⑥ 何新：《诸神的起源》，生活·读书·新知三联书店，1985年，166页。

虽具人形，但形象狞厉，周身绘有怪纹——应该是鬼魅的象征”。

三是以美国学者张光直先生为代表的“萨满通灵说”。张先生认为，“人兽母题”中的“人”是在原始社会拥有较高社会地位、做法通天巫师，虎是他的“助手”，他并非被虎吞噬，而是两者配合完成某种宗教仪式，两者关系密切及互相依赖①。

持这种观点的学者认为“人兽母题”是商周巫觋中某些动物与鬼神相通的物化喻体。在商周神话美术中见的人与动物关系中，动物往往可以沟通凡间与鬼神世界。“人兽母题”表现的就是巫师与其动物“助理”的合作场景②。张先生指出，这种表示的“人兽母题”从新石器时代的良渚文化一直到青铜时代都是中国古代艺术里一个连续出现的母题③。

张明华先生在《可能被误读了的先秦龙、虎食人纹》一文中对张光直先生的观点表示赞同，同时补充指出“龙虎食人”展现的是“神圣、隆重的宗教仪式和过程”④。陈声波先生在《良渚文化“神徽”与商代美术中的人兽母题》一文中阐明，“良渚文化玉礼器上雕刻的‘神徽’表现的是中国古代艺术里面一个赓续出现的重要母题，即巫师借助于动物伙伴以达到通天目的的人兽母题。在良渚文化之后商代美术中也出现了较多的人兽母题，表现了商代文明对于良渚文化宗教巫术的继承与发展”⑤。王小盾先生在《中国早期思想与符号研究——关于四神的起源及其体系形成》中说，虎食人卣被众多神异符号装饰起来，绝不是自然的虎，而是虎神。所噬之人，由于身上有兽面纹和蛇纹，神态又很安详，故而他（她）不是俘虏，不是奴隶，不是受惩戒的人，而是上通神灵的人。两件虎食人卣表现了人通过虎腹而升天的图景，是虎图腾的遗俗和人虎互化观念的产物⑥。

四是以美国学者巫鸿先生为代表的“威吓说”。巫先生认为虎食人卣中的“人”是奴隶或囚犯，此类铜器想传达的是先民的献祭仪式。他认为，“人兽母题”青铜器是“人祭”（伐祭）图像。这里的“人”代表制作主体的“敌对方”，即战俘、囚犯

---

① 〔美〕张光直：《濮阳三蹻与中国古代美术上的人兽母题》，《文物》1988年第11期，36~39页。

② 〔美〕张光直：《商周青铜器上的动物纹样》，《考古与文物》1981年第2期，16~20页。

③ 〔美〕张光直：《濮阳三蹻与中国古代美术上的人兽母题》，《文物》1988年第11期，36~39页。

④ 张明华：《可能被误读了的先秦龙、虎食人纹》，《中国文物报》2004年11月12日，53~58页。

⑤ 陈声波：《良渚文化“神徽”与商代美术中的人兽母题》，《南京艺术学院学报》（美术与设计版），2005年第3期，71页。

⑥ 王小盾：《中国早期思想与符号研究——关于四神的起源及其体系形成》（上），上海人民出版社，2008年，352页。

或奴隶或囚犯。而食人的“怪兽”则象征奴隶主祭祀的神灵，或奴隶主的祖先[①]。商周以降，青铜器已化身为王权象征，被统治者视为权力的物化载体[②]。商周统治者用“人兽母题”这种恐怖狰狞的青铜器，以此表现王权的势位至尊，不容置疑，同时显示其对政权、地位及财富的占有。统治者在这些带有某种血腥残酷意味青铜器造型纹饰中，寄托了全部的威严、意志、荣贵、幻想和希望。

五是以商周青铜容器、车器、兵器“人兽母题”为研究对象的徐良高先生主张的“彰显军威说”。徐先生认为，商周时期的华夏族对“人兽母题”的崇拜，是对游牧先祖图腾崇拜的承续，猛兽（虎）的凶猛进取、威武不屈、宁肯战死、不愿病终的精神是早期华夏族崇拜它的根本原因。“人兽母题”中的“人”是铸器者的敌方——羌人，人首表示俘虏的首级，而虎纹同军队有密切关系，整个构图表示器物的持有者克敌制胜的巫术“人兽母题”的意义在于威吓震慑敌人，其含义乃原始宗教中战争“致厄术”和祭祖祈胜的表现形式[③]。20世纪90年代后期，徐先生再次对“人兽母题”之威势作了探讨，其中也包括对“人兽母题”含义的分析[④]。高西省先生基于西周“人兽母题”青铜器展开研探，指出：“这类题材（指商周‘人兽母题’青铜器，笔者注，下同）的使用范围分别为商代青铜礼器和西周青铜车马器，商代车器及西周青铜礼器上则不见，而礼器和车器的用途有根本区别。虽然商代青铜礼器及西周车器、兵器同样使用这类题材，但其纹饰含义有区别，其人物族属也有区别，车軏上为羌人，而盾牌上为周人。……人兽母题的宗教含义到西周已明显发生变化，即由完全的宗教含义转变为一种较为单一的军队威猛的象征，是炫耀战功的一种方式。西周车軏及车辖上的附件，但作为战车上的特殊附件与西周人兽母题兵器有相近的功能。”[⑤]

六是“交媾说”。代表人物有俞伟超、刘敦愿等先生。诸先生认为，青铜器“虎食人卣”是“交媾”或“哺乳”的表现[⑥]。刘敦愿先生在肯定“兽”为东方夷国图

---

① 〔美〕巫鸿：《一组早期的玉石雕刻》，《美术研究》1979年第1期，64～70页。

② 谢崇安：《人兽母题与神权政治——先秦艺术与中国文明起源研究之二》，《广西民族学院学报》（哲学社会科学版）1998年第3期，91页。

③ 徐良高：《商周青铜器人兽母题纹饰考释》，《考古》1991年第5期，404、442～447页。

④ 徐良高：《从商周人像艺术看中国古代无偶像崇拜传统》，《考古求知集》，中国社会科学出版社，1997年，101～103页。

⑤ 高西省：《论西周时期“人兽母题”青铜器》，《中原文物》2002年第1期，54页。

⑥ 俞伟超在《“神面卣”上的人格化“天帝”图像》一文中指出人虎卣中的虎为虎方国的祖神，人为“其身九屈”的神人，人虎相依表现的是人虎交配之状。《古代文明研究通讯》2000年第4期，5页；又收吴锐等编的《古史考》第八卷《神守社稷守》，海南出版社，2003年，243～248页；刘敦愿在《云梦泽与商周之际的民族迁徙》一文中指出商周铜器上人虎组合纹样中人虎依偎的造型具有交媾或哺乳等多种可能性。《江汉考古》1985年第2期，53、54页；此外，持人虎交媾之说的还有林河：《“虎食人卣”是“人虎交欢”的误读》，《寻根》2001年第2期，44～47页；另见《中国巫傩史》，花城出版社，2001年，165、166页。

腾——虎神前提下，对“人兽母题”也给出了解释。刘先生认为，“人兽母题”中的“兽”应为“虎”，可能是虎方的器物。“商周时期的铜器纹样，不外几何形体的与动物母题的两大类别，这些纹样都应有特定的含义，单独铸成人面的、人形的，或半人半动物形象的，为数极为稀罕；而人与动物组合在一起，只有上述虎与人这一种，这是很值得重视的。商代铜器上的族徽，往往用象形文字做表示，但上述铜器上的虎纹特别突出，可能有族徽的作用，如果是这样的话，也许只是虎方的创举。”[①]他还认为：“由于（指‘人兽母题’青铜纹饰，笔者注）时代过于古远，又无文献可供参考，不妨提出种种设想，表示有多种解释之存在而已。”故而将其可能的文化含义概括为四种：第一，虎既是虎方的祖先或保护神，又具有威猛的性格与形象，因而可以用来表示国运的兴旺，武功赫赫，威服百蛮，其中的人头或人形表示被它征服的部落。第二，人形置于虎口之下，可能表示以人牺奉献虎神。第三，铜器纹样中的这种人形，可能表示他们是虎神的子孙，应该受到虎的福佑。第四，“虎吞人卣”可解释作哺乳与交媾[②]。曹砚农先生用西方人类学中原始思维的研究方法，认为商代并不存在着人虎的对立思想，所谓的“虎食人卣”中，人、虎关系和谐亲密，人亦无被吠食之惊恐与挣脱之状，因而推许“乳虎卣”的定名[③]。

七是以日本学者林巳奈夫先生为代表的“升天说”。他在其著作《神与兽的纹样学——中国古代诸神》一书中指出，“人兽母题”青铜器属“复合兽面”，是将两种以上各自起着不同作用的兽面与人面组合在一起，后母戊（曾称为司母戊）鼎、妇好钺，以及虎食人卣、陕西宝鸡茹家庄墓车马坑出土车軏等，即是将虎形神与人形神组合在一起的此类复合兽面[④]。他推测“虎食人卣中的‘虎’不是想把人吃掉，而是获准人升天陪伴‘虎=天帝’左右有德行的祖神”[⑤]。

此外，何驽先生曾指出，虎食人卣是祈求图腾或神兽接受死者，并通过图腾生殖使之转生的象征性徽章[⑥]。王震中先生认为，虎食人卣中的“虎”象征殷商时期的虎方国，

---

① 刘敦愿：《云梦泽与商周之际的民族迁徙》，《江汉考古》1985年第2期，53页。

② 刘敦愿：《云梦泽与商周之际的民族迁徙》，《江汉考古》1985年第2期，54页。

③ 曹砚农：《“虎食人卣”辩》，《中国文物报》2000年11月8日，31页；曹砚农：《甲骨卜辞与“原始思维”——兼答（关于“虎食人卣”的定名）一文》，《中国文物报》2001年9月14日，16页。

④ 〔日〕林巳奈夫著，常耀华、王平、刘晓燕、李环译：《神与兽的纹样学——中国古代诸神》，生活·读书·新知三联书店，2009年，150页。

⑤ 〔日〕林巳奈夫著，常耀华、王平、刘晓燕、李环译：《神与兽的纹样学——中国古代诸神》，生活·读书·新知 三联书店，2009年，153页。

⑥ 何驽：《略谈原始宗教中的转生媒介》，《中国文物报》1989年11月17日，11～14页。

“人”则代表该方国的族人[①]，虎食人卣传达的信息是虎方国的人是由虎演变而来。

至于“人兽母题”青铜器的综合研究方面，施劲松先生在《论带虎食人母题的商周青铜器》一文中，在肯定李学勤先生“神人合一”说的基础上，“李学勤先生曾对带这一母题的一些青铜器做过分析，并认为虎食人或龙食人意味着人与神性的龙、虎的合一，这不失为一种可能的解释”[②]。除研探商周“人兽母题”青铜器的存在状况外，还比较分析了南方与中原地区“人兽母题”青铜器，并指出：“南方出土的虎食人纹铜器普遍早于并有别于中原出土的同类器物。带虎食人纹的青铜器应是起源于南方。换言之，中国青铜器上的虎食人母题最早是在南方青铜礼器上出现的。……中原铜器上的虎食人纹应是接受了南方青铜器的影响。”[③]

谢崇安先生通过对先秦艺术与中国文明起源的一系列研究，对“人兽母题”的界定、“人兽母题”的源流、“人兽母题”的含义与象征、“人兽母题”的艺术功能等问题深入分析，得出一系列结论，他认为：“人兽母题的艺术造型，最先肇始于山东龙山文化，其后由商文化继承发展，盛行于商末周初，其后衰变以至绝迹。……商代虎食人卣诸器的人兽母题事实上都是龙山文化礼玉怪兽食人图像的继承和发展，即是对血祭礼仪的忠实记录。……人兽母题艺术形式的起源发展和衰变，本质上也就是反映了中国文明起源的一个重要的侧面和史实。”[④]

邢文先生在《人、兽母题：史前至汉代陶石金帛所见人、兽母题的分类》中站在文化学角度，“从史前无人的人、兽母题的艺术表现切入，通过陶器、玉石、铜器、漆器、帛画等介质的人、神或人、兽艺术进行分类”，分析“人兽母题”的艺术类型和文化内涵，探寻蕴藉其中的宗教思想和宇宙观意识。他指出：“新石器时代以降，中国古代艺术中人、兽母题的表现是最具有民族特点的艺术与宗教现象。是中国古人对于宇宙及人、神之境深层认识的生动写照……在古代中国，人兽母题是一条极具宗教性、民族性与精神力量的线索，贯穿着作为宇宙论的中国艺术。”[⑤]

汤威先生和张巍先生在《郑州商城“人兽母题”陶片图案复原及相关问题探讨》一文中通过对郑州商城C8T62③：29陶片“人兽母题”的科学复原，认为该陶片“图案内容反映商代祈雨之祭，陶片中的人物形象为专业的祈雨巫师，其蹲踞式的造型是巫

---

① 王震中：《试论商代“虎食人卣”类铜器题材的含义》，《中国古代文明的探索》，云南人民出版社，2005年，394～411页；又收于《纪念商承祚先生诞辰100周年论文集》，文物出版社，2003年，9～13页。

② 施劲松：《论带虎食人母题的商周青铜器》，《考古》1998年第3期，56页。

③ 施劲松：《论带虎食人母题的商周青铜器》，《考古》1998年第3期，60页。

④ 谢崇安：《人兽母题与神权政治——先秦艺术与中国文明起源研究之二》，《广西民族学院学报》（哲学社会科学版）1998年第3期，90～94页。

⑤ 邢文：《人、兽母题：史前至汉代陶石金帛所见人、兽母题的分类》，《民族艺术》2011年第4期，23、24页。

师作法行巫时所跳巫舞的真实写照。而陶片复原图案中的两龙乃是巫师作法施巫的助手或道具，可能是现实祭礼中所作土龙或龙形祭器的客观反映。该陶片有可能是商初成汤祷雨事件的重要物证”①，从侧面论证商周“人兽母题”青铜器的文脉源流及象征意义。

刘远富先生和王悦婧女士在《商周人兽母题青铜器的文化功能试析》里结合学界对“人兽母题”青铜器的已有研究成果，立足图像，运用文化因素分析法，剖析该主题在不同时空的差异性及其社会文化功能，认为：“人兽母题青铜器虽存在地域风格且偶有地域性图案，而器皿的形制和纹饰无论发现于哪里都显著地一致。使用这些器皿的人也许并不分享商族的信仰。而且也许并非以完全同样的方法理解祖先祭祀之事。”②

“横看成岭侧成峰，远近高低各不同”，以上只是学界关于“人兽母题”图像研究成果的主要代表。面对同一事物，站在不同角度去看，得到的结论也会不同。总之，该母题纹饰是我国传统文化中一串闪烁迷人光泽的明珠，其源流嬗变，对揭示商周青铜文化的面貌有一定启示。半个多世纪以来，学界对它的讨论经久不衰，已有不下十种观点，研究已从资料搜罗上升至文化内涵，方法也趋向多学科交叉融合。总体来说，已取得显著成果，遗憾的是，很多问题仍难达成共识。诸如“兽”和“人”分别代表什么？ 两者之间的关系是什么？它们涵盖的图腾信仰、巫觋之风、神权政治、精神内化有当如何体现？这些都有待进一步论证。与此同时，至今尚未见到有关商周“人兽母题”青铜器的专门性研究，对背后牵涉的历史遗绪、文脉追溯、时代特征、观念嬗变、文化内涵等问题亦未全面展开。如商周“人兽母题”纹饰的主体问题，商周“人兽母题”纹饰的属性问题，商周“人兽母题”纹饰的嬗变问题等，均有待找出相对科学合理的答案。这种状况与“人兽母题”在中国文化所处的地位颇不相称，已在一定程度上影响了人们对该母题的认识，使该文化现象的研究工作受阻，这种状况亟待改变。此外，关于商周“人兽母题”纹饰的喻义问题，现有研究多将其定性为某种“文化心理表达”。

笔者认为，商周“人兽母题”纹饰是一种多层次的、复杂的“文化符号”，在解读它并分析其属性时，应重视其多样性与差异性，不宜将某类单一器物的文化内涵视为唯一属性。加之近年又陆续有“人兽母题”青铜器被相继发现，其时代不一，分布广泛。因此，除解析人、兽关系所蕴藉的意识认知外，器物本身的发展演变也值得进一步考察③。

---

① 汤威、张巍：《郑州商城“人兽母题”陶片图案复原及相关问题探讨》，《中国历史文物》2008年第1期，34页。

② 刘远富、王悦婧：《商周人兽母题青铜器的文化功能试析》，《安徽文学》2014年第11期，160页。

③ 施劲松：《论带虎食人母题的商周青铜器》，《考古》1998年第3期，60页。

二、“人兽母题”中“兽”的界定

关于商周“人兽母题”纹饰的文化内涵，以往研究往往未严格区分传说中的神秘怪兽和现实中真实存在的猛兽。需要特别指出的是，本书“人兽母题”中的“兽”，与神话传说中的神秘精怪不同。“人兽母题”中的“兽”源于自然，是生物的仿生、夸张或者抽象（特殊情况下也存在人兽混合形态，但不具有典型性）。如虎食人卣中的虎、龙虎尊中的虎、妇好钺中的虎，以及后母戊（曾称司母戊）鼎上的虎等，均属此类。

虽然“人兽母题”与感生神话、图腾起源神话有类似之处，但仍存在差异。

原始社会晚期，尚处蒙昧阶段，自然条件恶劣，生产力水平低下，主体认识水平有限，许多自然现象无法解释，只能将其归结为“神”的力量。时人对神充满敬畏，他们畏神、敬神、求神、娱神，企望神灵降下福祉，免遭灾祸，更有甚者，希望借助神灵，强大自身，实现主体意愿，完善审美满足，达至主体心性和客观环境的“天人合一”与“心物不二”。具备“通天神力”的巫师往往拥有至高无上的尊荣。通常情况下，他们同时也是部落首领，主持部落祭祀礼仪，代表部落成员和“上界”对话，担任贯通人间与天堂的桥梁和“引魂者”，他们利用神圣威仪的礼器、沟通天地人神，作为青铜器表面的纹饰，自然充当了上达于天的助手和媒介，诸如饕餮、夔龙、凤鸟等，而“人兽母题”显然也代表某种神秘权力。

因此，“人兽母题”图像中的“兽”，要么是展示生物属性的自然界中的“兽”，要么是表现文化属性且具备某种超自然力量的“灵物”。人们对这类动物的崇拜属“灵物崇拜”。所谓灵物崇拜，是指认知主体认为某种源自神话传说或真实存在的“物”具有某种超自然的特殊本领。同时，该“物”还拥有灵性，能领会人的想法意图，满足人的愿望诉求，通过崇拜信奉这种“物”，可使主体实现某种目的或愿望①。由于灵物具有一定神性，人们对它加以崇拜，再加上很多时候“神”和“灵”被合称为“神灵”。故而，很容易把灵物与某些具有人格意志、完全神化的“神”混为一谈。

值得注意的是，商周“人兽母题”青铜器上的“兽”，早期通常幻化为“灵物”出现，随着社会的发展，技术的进步，以及创作主体认知意识的嬗变，逐渐显露出生物状态下的自然属性，两者均和“神”存在一定差异。前者属“灵物崇拜”，后者为“神话崇拜”。灵物崇拜是对“物”的崇拜，而神话崇拜这是对“神”（或者说是人格化了的神）的崇拜。神不仅具有特殊本领和超自然力量，还拥有独立的人格意志，

① 于锦绣、于静：《灵物与灵物崇拜新说》，宗教文化出版社，2006年，343页。

能根据具体情况对人的祈求做出灵活机动的反应。而“灵物”虽同样具有特殊本领与超自然力量，却尚未完全神化，在诸多方面仍呈现出自然生物的特征，虽有一定灵性，却不具备完整的人格意志，对世人的祈求只能做出较为机械的反应①。

商周“人兽母题”图像中的“兽”尽管已经具备某些神性，却并未完全被神格化、更没有被人格化。时人在刻画“兽”的外部形貌时，通常只是将它的自然属性加以呈现，最多稍做一些夸张、变形的艺术加工，赋予它某些人类想象出的超自然能力，整体上仍以自然形态为主，并不具备神话动物的特点。而那些幻想中的神秘怪兽，则属于“神”的范畴，其渊源及形态皆出自神话传说，不管被称作开明兽、英招、驺虞也好，还是叫做马腹、陆吾也罢，都带有浓郁的神话色彩，属神话传说的艺术再现。这些神秘怪兽，大都与我国古代神话传说有关，从《山海经》或《神异记》等古籍中可找出其渊源。仅《山海经》就记载了不少亦虎亦神的神明，如传说中居住在昆仑山北面“豹尾虎齿而善啸，蓬发戴胜”②的西王母（图1-2），把守昆仑山九道门的开明兽（图1-3）。

图1-2　西王母

图1-3　开明兽

……海内昆仑之虚，在西北，帝之下都。昆仑之虚，方八百里，高万仞。上有木禾，长五寻，大五围。而昆仑南渊深三百仞。开明兽身大类虎而九首，皆人面，东向立昆仑上。海内昆仑之虚，有九井，以玉为槛。面有九门，门有开明兽守之，百神之所在。在八隅之岩，赤水之际，非仁羿莫能上冈之岩③。

① 易兰：《中国崇虎习俗初探》，湘潭大学硕士论文，2002年，24页。

② （晋）郭璞注、（清）毕沅校：《山海经 · 西山经》，上海古籍出版社，1989年。

③ （晋）郭璞注、（清）毕沅校：《山海经 · 海内西经》，上海古籍出版社，1989年。

此外，还有管理天帝下都宫殿“状虎而九尾，人面而虎爪”①的陆吾，“西南四百里，曰昆仑之丘，是实惟帝之下都，神陆吾司之。其神状虎身而九尾，人面而虎爪；是神也，司天之九部及帝之囿时”②。管理天帝园圃“马身而人面，虎文而鸟翼”的英招③（图1-4）以及居于昆仑山人面虎身的食人怪兽马腹。

图1-4 英招

> 又西一百二十里，曰蔓渠之山，其上多金玉，其下多竹箭。伊水出焉，而东流注于洛。有兽焉，其名曰马腹，其状如人面虎身，其音如婴儿，是食人④。

尽管这些传说中的怪兽形象在文献及考古资料中时有出现，然笔者认为他们毕竟和自然界中的动物存在差异，与“人兽母题”中被赋予了文化属性的猛兽也不属同一体系，故而不在本书“人兽母题”图像研究之列。

当然，商周“人兽母题”青铜器中的“兽”与“神”也不是截然分开的，两者除了都具有某种（或某些）特殊的或超自然的力量外，那些“兽”还是先民心目中沟通天地人神，上达天庭的媒介与载体，“神”也会役使这些“兽”充当使者，为其服务。

由于“人兽母题”图像范畴深远广博，历史悠久漫长，至今仍在人文艺术领域与精神心理层面辐射影响。创作主体的审美意识和地缘思维又不断通过图像展示历时性的心理连续，且涉及神话传说、民间故事、诗歌寓言等诸多领域，非本书容量及笔者能力所能胜任，故只能踏步终南，截取与图像最为密切的商周青铜器部分进行讨论。笔者主要围绕商周“人兽母题”图像，展开两方面的讨论，一是商周考古资料中“人兽母题”青铜器的嬗变过程，二是该时期“人兽母题”图像的文化情态。至于民间传

① （晋）郭璞注、（清）毕沅校：《山海经·西山经》，上海古籍出版社，1989年。

② （晋）郭璞注、（清）毕沅校：《山海经·西山经》，上海古籍出版社，1989年。

③ （晋）郭璞注、（清）毕沅校：《山海经·西次三经》，上海古籍出版社，1989年。

④ （晋）郭璞注、（清）毕沅校：《山海经·山经·卷五·蔓渠山》，上海古籍出版社，1989年。

说、文学故事、宗教民俗等方面的“人兽母题”材料则不在研究之列。此外，由于夏文化目前尚处探索阶段，且仍未发现明显的“人兽母题”青铜器典型实例，故着重选取商周（包括西周、东周）为时间节点，透过 “人兽母题”纹饰剖析时人的观念意识、造物思想和审美趣尚。

第三节　研究意义及方法

一、研究意义

长期以来，以中国商周青铜艺术为核心要旨的中国古代青铜文化一直在世界青铜艺术史上独占鳌头且受到学界高度重视。中国古代青铜器，既是我国伟大祖先妙思巧智、卓越想象和审美追求的生动体现，同时还是世界文明艺术发展史的重要标志。虽然现今已有的一些考古资料显示，中国青铜器的出现似乎较世界上其他国家或地区稍微晚了一点，但这丝毫动摇不了中国青铜器在世界青铜艺术史上的重要地位，因为时间上的先后顺序并非衡量青铜文明发展程度的唯一标准，青铜器的使用规模、制造工艺、纹饰艺术及类型特征的丰富性与深刻性才是衡量青铜文明发展程度的关键依据。确切地说，目前世界上还没有哪一个国家或者地区的青铜器可以与中国商周青铜器在使用规模、制造工艺、纹饰艺术及类型特征上相媲美[①]。

商周文化在整个中国文明形成发展进程中有着鸿骞凤立的地位与作用，蕴藉华夏民族的原始宇宙观和“心物不二”的精髓依托，长期以来备受学人关注。与此同时，随着考古工作的开展，越来越多青铜器呈现在世人面前，面对这些珍贵而丰富的资料，纹饰理应受到更多关注。遗憾的是，迄今为止，学界对青铜器纹饰的重视程度远不及对遗迹、遗物的重视，在对青铜器的整体研究中，纹饰研究相对比较薄弱。这种情况不仅出现在我国，在艺术史发展进程中，直到18世纪中后期，西方学者才真正意识到图像在历史中的地位，艺术史家把某个时代的艺术风格和其广阔的文化政治背景联系起来，这不仅将视觉艺术放在了历史意识的中心地位，还使之成为解开历史之谜的视觉见证。视觉艺术史实际上就是研究人类在历史情境中的“制像”历史。“图像”和“历史意识”是一个紧密相连的有机体，两者之间相互影响，是目前艺术史学者较为关注的焦点。当艺术成为历史的媒介与载体时，图像母题就不再是一个独立发展的个体，而是一个涵盖着注入其中的所有因素的综合体。故而对图像母题的研究，也应归属在时代背景下，包括对人文思想、社会制度、时人心理结构、社会风貌乃至时代精神等观念因素的综合探查。因为，这些因素是使图像母题产生流变的重要

① 邹朋：《原始崇高美》，贵州大学硕士论文，2015年，6页。

动因，正是由于这些因素的影响及作用，图像母题才得以沿着历史的轨迹不断“嬗变”，只有厘清这些因素与图像母题之间的关系，才有可能总结出图像母题产生变化的内在因素。

人类创造纹饰最早的用意，是其审美的天性使然，也是为了表达心灵对自然的审美认识和意趣。早期青铜器上的纹饰形象和创作这些形象的灵感来源，大多仍与石器时代的陶纹有关，只是这些形象随着王朝的建立、宗教巫术的发展和礼制的强化，在美学风格上发生了质的变化①。中国的商周青铜纹饰，已然突破客观世界的物质缧绁，将主体认知与客观存在相融统一，显露历史文化基因与“心物不二”的独特形态，可谓青铜器的“心灵之窗”，它们或抽象怪诞，或诡谲神秘，或繁丽韵致，或憨朴威肃，或灵动活泼，映射殷商深入骨髓的神权政治；投影西周严整肃然的宗族礼法，牵涉东周浪漫自由的审美风尚。透过青铜纹饰，我们得以拂去岁月尘埃，窥探被黄沙掩埋的观念、思想、精神的变化轨迹。“人兽母题”图像，涉及模糊整合认知论及艺术发散思维，源于宗教文化铺垫，蕴含天体宇宙奥妙，不仅表达先民对神灵的敬畏崇拜，还蕴含朴素的人文心态。笔者以商周青铜器“人兽母题”纹饰为切入点，就是源自作青铜器及其纹饰的重要文化作用。

我们知道，纹饰是观念意识的物化喻体，其嬗变过程体现观念意识，而观念意识已融入造器法则。商周之际，理性思维产生了划时代的突破，青铜纹饰也随之发生剧变。从“人兽母题”所反映的文化内涵看，殷商展现的是“神本论”，西周折射的是“宗法论”，东周观照的则是“人本论”，究其本质，即主体认识的觉醒与个性自由的解放。

在很长一段时期内，青铜器在先民心目中都是“沟通”人神双界的重要工具，作为礼器中的主要代表，起着不可替代的重要作用。因而附着其上的“人兽母题”纹饰必然具有某种历时性和共时性并存的深层文化含义。当一种看似偶然获得的文学语言或艺术形式被一而再、再而三地重复，以至形成某种风格化、模式化的东西，其背后所隐藏的民族心理和思维方式就需要加以认真而深入地探求。尽管形象思维和逻辑思维有着彼此独立的自身规律，但一个民族的科学活动于艺术活动之间又有着千丝万缕的内在联系②。因此，要了解“人兽母题”青铜器纹饰的文化机制与观念因素，必须结合其所处时代的生产方式、信仰方式、生活方式、思维方式等文化因素展开全面、科学、合理的讨论。研究“人兽母题”青铜器，尤其是分析它最为显著的艺术特征，对于深入了解我国先民的审美趣尚具有深远意义。同时，通过对“人兽母题”青铜器的造型纹饰展开分析研究，结合各历史时期的社会情态和人文背景，有利于发掘已然物化于青铜纹饰与造型上的哲学思维及观念嬗变。

---

① 向中华：《青铜的历史》，新世界出版社，2006年，54页。

② 廖群：《中国审美文化史》（先秦卷），山东画报出版社，2000年，9页。

在中国，“人兽母题”纹饰既是历史的观照，也是时代的载体，它无法超越时代制约，也不能摆脱岁月长河中先民流传下来的文化、信仰、宗教、民俗及自然环境的影响，它是历经漫长岁月演化的、由多种因素综合铸就的、凝聚时代特征与精神的符号。它的含义和“人”的身份分不开，与“兽”的属性也分不开。它牵涉着时代风貌，隐喻着文化机制，它所充当的，是一个复杂、嬗变、折射时代风貌的地缘文化符号，是一种图像语言。

从文化符号的功能性看，尽管商周“人兽母题”青铜器经历了一个较为明显的嬗变过程，其象征意义和文化内涵众说纷纭，在纵横久远的历史发展中，使人迷惑好奇，让人渴求解索。但是，作为文化符号，它始终都是具有浓厚时代特色的文化标识，是时代精神及文化思想变迁的图像徽记。从演进时间看，尽管它在不同时期呈现出不同情态，但它的功能表达，它的造型观念，却始终符合民族审美心理和文化气质。

尽管不同时期的“人兽母题”青铜器各具其美，然而主体认识与客体自然的和谐相融与“心物不二”始终未变，它们涵盖对浩瀚宇宙空间与神秘微观世界的探究，就艺术哲学而言，虽迥然有异，却同具张力，且潜涵民族心理惯性的集体潜意识。

在本书中，笔者对青铜器“人兽母题”纹饰进行文脉追溯和嬗变梳理，力求对早期，尤其是史前经典“人兽母题”图像进行个案解析，意在透彻理解中国“人兽母题”文脉源流和精神内涵。在此基础上，分析商周青铜器“人兽母题”纹饰，把握并判断它们的生发轨迹，同时将考古材料与文献典籍结合，使“历史意识”与“图像显现”相融，以期弥补文本不足。在具体的“历史意识”情景中，借助先秦文献、考古学、民族学等相关资料，发掘时人的宇宙观、自然观及审美观，研究视觉表现规律是如何形成的，即“制像”历史的嬗变过程。这是本书的研究主旨，也是宏观意义所在。

造型艺术与观念意识、宗教信仰、审美情趣，以及民族风俗均有密切联系。作为青铜文化的组成部分，“人兽母题”青铜器以其独特的艺术形式折射了青铜文化的历史发展与社会状态。除了充当实用品装饰，满足生活多方面需要外，更多的是实现主体审美愉悦，满足主体精神需求。

商周造物艺术根植中华历史文化精华，汇集诸多艺术发展规律，尤其青铜器造型纹饰，更是中国传统造型艺术精髓。作为一门古老艺术，青铜器凝聚了华夏先民的精神情感，它们转换为物化喻体，为中华艺术生生不息、发展壮大提供了丰厚滋养，成为全人类的宝贵财富。“人兽母题” 青铜器不仅是映照客观自然存在方式的“镜子”，还是承载民族人文精神意象的“飞毯”，是时代风貌及思想观念的“投影”。

对商周“人兽母题”青铜器进行系统研究，不仅有助于理解时人的物质生活和精神活动，有益于开发利用商周青铜文化价值，同时对考察传统文化来说，也是一种有益尝试。舍弃了优秀传统文化，就等于割断精神命脉。灌注在商周“人兽母题”青铜器上的精神内涵与审美风范，传达的是中国特色的文化基因、文化态度，以及文化立场，这些优秀传统文化，饱含中华民族最深沉的精神追求和最深厚的文化软实力，对“人兽母题”纹饰造型特征、审美意识的解析，承传先民缔造的优秀造物传统，厘清文脉遗绪和艺术哲学的思维发展脉络，将有助于探索中国美学史发展源头，为研究商周审美意识提供材料支撑，进而为当代艺术创作提供可资借鉴的优质资源和健康可持续发展潜力。

最后，如“研究现状”所论，关于商周“人兽母题”青铜器研究仍有一定提升空间。加之近年来，新的考古发现不断向世人展现商周先民丰富多彩的生活图景，然而青铜器纹饰研究却仍未进行相应拓展，虽有先贤已然介入相关领域畅所欲言，然更多只是从宏观鸟瞰的角度进行论述，该状况与“人兽母题”纹饰的地位及重要性颇为不符，只有系统、全面、深入研究商周“人兽母题”青铜器，探究它的源流、属性、表现形式及文化含义，才能对它有一个较为科学、完整的认识，进而提升学术研究的层次。

二、研究方法

本书力求精练简白、系统生动地勾勒出商周“人兽母题”青铜器的发展历程，凭借文化元素使绚丽斑斓的图像母题鲜活再现，结合学界对“人兽母题”青铜器的已有研究成果，借助考古出土的实物资料和传世经典文献，立足图像学与符号学，运用文化因素分析法及对比法，剖析该母题图像在不同时空的差异性及其社会文化功能，通过逆时性的追溯，带入历史背景，探求这一人类精神现象和基本行为在历史中的流变与整合。在此基础上，以“人兽母题”图像为切入点，对某些在精神实质或情境构架上具有“人兽母题”这一核心内涵的图像加以归纳梳理，将其纳入该母题模式，对具有这一特征的图像进行整合分析，以期揭示“人兽母题”这个在中国商周青铜器上出现过的文化符号的审美内涵与文化特质。具体研究方法为：

（1）图像分析法：本书研究对象商周青铜器“人兽母题”纹饰是由各种因素综合铸就的图像模式，笔者综合多方因素展开重点实例分析，针对不同时期的不同图像探究“人兽母题”的视觉隐喻机制和背后牵涉的观念因素。

（2）风格分析法：分析“人兽母题”青铜器附丽的造物美学的和审美内涵，剖析其审美特质。由艺术风格角度考察不同对象的构成要素，探讨“人兽母题”青铜器的独特文化内涵和审美特质。

（3）文献分析法：笔者在讨论商周“人兽母题”青铜器时引用的所有实物材料，包括拓本、线图或照片等，均出自公开发表的著录、文献、论文、报告、消息等。借助收集研读有关“人兽母题”青铜器的文献与实物考古资料，其中包括考古、历史、文物、美学、图像、符号，文艺等学科的研究著作、学术论文、数据统计等，辅以元典资料为论据，梳理“人兽母题”青铜器的生发嬗变与式微衰落，挖掘其观念意识和形成动因。

由于目前考古界和美学界尚未对“人兽母题”青铜器进行系统研究，缺乏较为完备的既有经验，故而笔者依据“二重证据法”和多元方法论，结合具体研究对象，尝试总结出一些研究方法：

首先，将“人兽母题”青铜器放置于历史背景和观念意识文化大格局中，挖掘背后蕴藉的文化机制和精神内涵。

其次，用“历时性”的眼光审视“人兽母题”青铜器的嬗变过程，通过文脉追溯，探寻它的生发源流、蕴蓄萌动及承传遗绪，梳理其自新石器时代晚期到东周时期的发展脉络。

再次，从中国先民“心物不二”的造物思维入手，根据不同“人兽母题”青铜器的形态类型，解析熔铸在物化喻体当中的内在动因和隐喻机制。

最后，结合艺术哲学思维，通过经典实例，分析、归纳“人兽母题”青铜器装饰法则的基本特征，从精神意象的角度剖析其审美内涵与美学理念。

第二章　“人兽母题”的渊源及类型

第一节　文脉追溯

母题虽然是文学作品中具有典型意义的基本单位，但它的外在表现却是动态的、变化的，特别是作为一个有情节的母题，在不同历史时期的表现更是具有明显差异。母题的演变与传播有关，受诸多相关要素影响，主要包括传播者、信息内涵、传播媒介、传播环境等。“人兽母题”青铜文化以其独特的造型、纹饰、社会功能及审美内涵闻名于世。然而，这一文化符号并非空穴来风，在演变过程中，“人兽母题”对文化心理的概括程度高、复制和再现频率快、辐射及影响力度大，同时具有较长的时间跨度。尤其在人类进入文明时代，生产力发展后，人们对“人兽母题”的认识发生了重大变化，不再将其作为一种神圣意念反映在意识形态中。

商周时期，“人兽母题”暗合文化中心焦点，是文化共性与辐射的物质反映，承载了时代的特殊精神内涵，在传承过程中存在明显嬗变，在长期发展积淀里形成不同类型和物化喻体。与此同时，人类对自然界中具备过人力量的动物崇拜却像沸腾的潜流一样斩不断、理还乱。需要注意的是，艺术之所以能成为特定的存在形式，必然是因为其文化机制中有些关键部分保持不变，即决定其文化内涵的精神实质。

苏联文化史学者M.O.柯斯文（Ма́ркО́сипович Ко́свен）在其著作《原始文化史纲》中说：“在各种形式的艺术中，考古学的证迹所能直接保全的只是造型艺术的遗迹。”[①]邓福星先生认为这种观点是可信的。他指出：“在研究探讨人类早期审美活动，审美意识的产生与发展，遗迹有关特征诸问题时，从原始社会的造型艺术出发去考察，即从原始美术的产生、发展及其内容、形式特征方面去考察，是一个重要途径。”[②]商周“人兽母题”青铜器的许多特点就与原始“人兽母题”图像彼此相通，为了寻找出相对合理的诠释框架，有必要对早期“人兽母题”图像有一定了解。

一、史前岩画

岩画亦称“崖画”，是先民以刻制、描画等形式创作在山岩或巨石上的图像艺

① 〔苏〕柯斯文：《原始文化史纲》，人民出版社，1961年，183页。

② 邓福星：《艺术的发生》，生活·读书·新知三联书店，2010年，266页。

术，记录了渔猎和游牧时期人类的状态和原始信仰，具有重要学术意义及艺术价值。岩画从萌动、勃兴，再到式微、衰败，一直延续到文字文明出现以后，几乎跨越了4万年之久，可谓人类最早的“民间美术”，是早期人类由原始走向文明的“历史文化画卷”。作为人类历史上遗留至今数量最多、分布最广、延续时间最长的文化现象之一，岩画从17世纪在北欧首先被发现，从欧洲到北美洲，从亚洲到大洋洲、非洲，几乎世界各地均有发现。

中国是世界上对岩画著录最早的国家之一。在元典文献中，关于岩画的记载始于公元前3世纪的《韩非子》和西汉司马迁的《史记》。近年来，我国境内陆续发现了12个省、自治区，40余处岩画区域，如东北黑龙江、乌苏里江流域，内蒙古阴山地区，甘肃黑山地区，新疆及西南地区等[①]。自20世纪上半叶起，其朴拙恣意的艺术语言、意蕴深广的文化内涵便不断引起国内外学术界广泛关注。

（一）阴山岩画

图2-1　阴山沙金苏木托林沟“人兽母题”岩画

阴山岩画分布地域广泛，主要集中在内蒙古乌拉特中旗、乌拉特后旗、磴口县等旗县的境内，题材涉及动物、人物、神灵、器物、天体等。其中内蒙古阴山、乌兰察布与宁夏贺兰山等地的岩画中有大量动物图像，内容有射猎、斗兽、人兽互搏等，其风格与商周青铜器上的“人兽母题”图像颇为相似（图2-1）。

（二）萨卡奇阿梁岩画

20世纪30年代到70年代，苏联一些考古人员在阿穆尔河、乌苏里江下游及西伯利亚滨海地区发现了许多石器时代岩画，其中以萨卡奇阿梁岩画较为引人注目[②]。萨卡奇阿梁地处我国黑龙江乌苏里江交汇处稍北（今为俄罗斯哈巴罗夫斯克边区），早期岩画均敲刻在沿江岩石上，题材以假面具居多，反映了该地区渔猎先民对祖先神明的崇拜[③]。

---

① 陈兆富：《古代岩画》，文物出版社，2002年，2页。

② 周兴华：《黄河流域岩画与台湾万山岩画初探》，河南人民出版社，2011年，20、22～24页。

③ 汪玢玲：《中国虎文化探源》，《广西民族学院学报》（哲学社会科学版）2001年第1期，65～69页。

汪玢玲女士在《中国虎文化探源》[①]一文中指出：在该地一些怪兽、假脸岩画中，出现过以“人兽母题”为题材的岩画，有人首兽身和人兽同体。一幅用石器敲刻在萨卡奇阿梁玄武岩上的早期人首兽身岩画，高54厘米，无论近观还是远望岩画，都是人兽同体的图腾画，调查者认定其为猎人图像。董万伦先生将之与其他岩画做对比观察后，认为它是一幅人首兽神的图腾岩画——人兽同体岩画[②]。另一幅“假脸”敲刻在黑龙江的玄武岩大圆石上，高63厘米，“假脸”两眼为蛇头形回旋纹，面部布满虎皮纹。调查者初步认为，可能是虎。董万伦先生通过仔细观察对比，感到此画远看似人，近看似虎，推测为“人虎同体”图腾。

研究者指出，该地区的原始先民很可能以“虎”为图腾。这里的“人首兽身像象征人兽交合，极富图腾特征，是图腾感生神话的反映”[③]。通过这些岩画的画面构图和隐含的宗教观念可以看出，该地区的先民是万物有灵论者，他们将猛兽、水禽、植物皆视为神灵。图腾崇拜的基本形态之一就是以某种动物、植物或自然现象为膜拜对象，作为自身的祖先神和保护神。故而，研究者确认，这种“人虎同体”和“人虎假脸”岩画是该地先民以“虎”为图腾的直观显现。他们认为自己的祖先与“虎”有某种血缘关系，从而繁衍出自己这个极富战斗力的族类。“虎被看做是强有力的象征，也是凶猛的象征，这里的人敬仰它的神威、孔武和机灵，膜拜它，祈求获得勇气，消除灾难。一些氏族遂以虎为图腾，表示自己的强大。敲刻在黑龙江沿岸大圆石上的人虎同体假脸，两眼俯视大江，象征本氏族是大江的主人。”[④]

二、仰韶文化

濮阳西水坡遗址位于河南省濮阳县城内西南隅新民街南，环城路之西，京广公路之北，面积约5万平方米。该遗址是1987年5月河南省中原化肥厂在修建引黄供水调节池时发现，经文化部批准，濮阳市文物管理委员会、濮阳市博物馆、濮阳市文物工作队对其作大面积发掘。其中M45墓主为一壮年男性，身长1.84米，仰身直肢葬，头南足北，埋于墓室的正中。最令人瞩目的是墓主人骨架两侧置放的龙虎形蚌壳摆塑（图2-2）。发掘简报描述为：“墓室中部壮年男性骨架的左右两侧，用蚌壳精心摆塑龙虎

① 汪玢玲：《中国虎文化探源》，《广西民族学院学报》（哲学社会科学版）2001年第1期，65～69页。

② 董万伦：《黑龙江流域岩画艺术》，《故宫学术季刊》（台湾）第13卷第4期，71、72页。

③ 汪玢玲：《中国虎文化探源》，《广西民族学院学报》（哲学社会科学版）2001年第1期，65～69页。

④ 汪玢玲：《中国虎文化探源》，《广西民族学院学报》（哲学社会科学版）2001年第1期，65～69页。

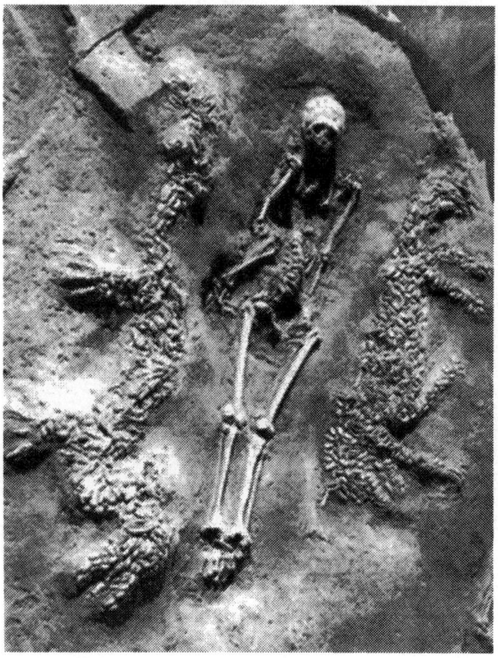

图2-2　河南濮阳西水坡仰韶文化M45“龙虎摆塑”

图案。蚌壳龙图案摆于人骨架的右侧，头朝北，背朝西，身长1.78、高0.67米。龙昂首，曲颈，弓身，长尾，前爪扒，后爪蹬，状似腾飞。虎图案位于人骨架的左侧，头朝北，背朝东，身长1.39、高0.63米。虎头微低，圜目圆睁，张口露齿，虎尾下垂，四肢交递，如行走状，形似下山之猛虎。”[①]这很可能是迄今为止我国境内发现的最早的“人兽母题”图像。

随后，考古工作者又发现了第二组和第三组蚌塑动物图案。第二组蚌塑位于M45南20米处的探沟T176中，图案包括龙、虎、鹿等。龙虎相连，几乎合为一体，龙头朝南，背向北。虎头朝北，背向东；另外，虎背上还立有一鹿，高足长颈，形态自然大方，身姿栩栩如生（图2-3）。

图2-3　河南濮阳西水坡仰韶文化T176龙、虎、鹿形图（上层虎、中层龙、下层鹿）

（濮阳西水坡遗址考古队：《1988年河南濮阳西水坡遗址发掘简报》，《考古》1989年第12期，1067页，图版壹-2）

第三组蚌塑位于探沟T215，距T176以南大约25米。T215为灰沟，狭长形，东北至西南走向，底部有0.1米左右的灰土，蚌塑位于灰土之上。图案包括人骑龙、虎等。其中人骑龙摆塑位于灰沟中部偏南，一人骑龙而坐，双足跨于龙背，一手置前，一手放后，面部微侧，似回首观望。龙头朝东，背向北，长颈高足，昂首舒身。虎摆塑位于人骑龙摆塑北面，方向与龙头朝向相背，背朝南，头向西。虎仰首翘尾，四足舒张，呈奔腾状。上述三组摆塑皆位于同一地层，自南向北一字排开，应该都与M45墓主人有一定关系（图2-4）。

---

① 濮阳市文物管理委员会、濮阳市博物馆、濮阳市文物工作队：《河南濮阳西水坡遗址发掘简报》，《文物》1988年第3期，1、3页。

M45内共埋葬4人，经科学勘定，墓主人为成年男性，应是正常死亡。分别埋于墓坑东、西、北三面小龛里的死者应是人殉。在仰韶文化墓葬中发现确切的人殉，此为首次。而位于墓主人左右两侧用蚌壳精心摆塑的龙虎图案更是前所未有，充分反映了墓主人生前的地位和权力，对于研究仰韶文化的社会性质和中国文明的起源具有重要意义①。

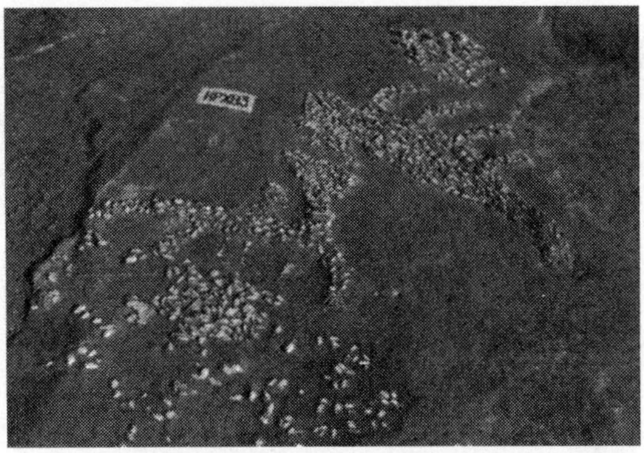

图2-4 濮阳西水坡仰韶文化T215人骑龙与虎图
（濮阳西水坡遗址考古队：《1988年河南濮阳西水坡遗址发掘简报》，《考古》1989年第12期，1067页，图版壹-1）

三、良渚文化

1966年，位于长江下游流域距今5000至4000年的浙江余杭反山良渚文化M12出土大量古物，其中玉器最为引人注目。在这批玉器中，有一形似玉璧的玉琮，直径17.1～17.6厘米，孔径4.9厘米，高8.8厘米，重6.5千克，表面以线刻法装饰“人兽母题”图像，由于年代久远、体量较大、纹饰精美、意涵神秘而备受瞩目，被称为良渚文化的“琮王”②。关于玉琮表面的纹饰，有研究者描述为：“神人的脸面作倒梯形。重圈为眼，两侧有短线象征眼角。宽鼻，以弧线刻画鼻翼。阔嘴，内以横长线再加直短线分割，表示牙齿。头上所戴，外层是高耸宽大的冠，冠上刻十余组单线和双线组合的放射状，可称为羽冠；内层为帽，刻十余组紧密的卷云纹。脸面和冠帽均是微凸的浅浮雕。上肢形态为耸肩、平臂、弯肘、五指平张叉向腰部。下肢做蹲踞状，脚为三爪的鸟足。……在神人的胸腹部以浅浮雕突出威严的兽面纹。重圈为眼，外圈如蛋形，表示眼眶和眼睑……宽鼻，鼻翼外张。阔嘴，嘴中间以小三角表示牙齿。”③该纹饰线条清晰，精巧细腻，似鬼斧凿成，如神功刻就，被誉为良渚人崇拜的“神徽”（图2-5）。

① 濮阳市文物管理委员会、濮阳市博物馆、濮阳市文物工作队：《河南濮阳西水坡遗址发掘简报》，《文物》1988年第3期，6页。

② 浙江省文物考古研究所反山考古队：《浙江余杭反山良渚墓地发掘简报》，《文物》1988年第1期，1～31页、彩色插页壹、贰，图版壹、贰、叁。

③ 邢文：《人、兽母题:史前至汉代陶石金帛所见人、兽母题的分类》，《民族艺术》2011年第4期，24～32页。

图2-5-1　浙江余杭反山良渚文化遗址出土玉琮上的“神人兽面纹”

图2-5-2　浙江余杭反山良渚文化遗址出土玉琮上的“神人兽面纹”线图

（浙江省文物考古研究所反山考古队：《浙江余杭反山良渚墓地发掘简报》，《文物》1988年第1期，12页）

一直以来，作为良渚玉文化的典型代表，良渚玉琮因巧夺天工的装饰工艺及深远的文化内涵而备受关注。然而，有关良渚玉琮的诸谜团，却有许多至今尚未“破译”。关于玉琮“神人兽面纹”的象征性，学界也是众说纷纭、莫衷一是。一般认为，良渚玉琮与原始宗教、祭祀礼仪、权力地位有关。

我国古人认为，天圆地方，因此，用来祭天礼地的玉璧被制为圆形，中间凿一圆孔，礼地的玉琮则被制成方形，中间也开一圆孔。玉璧和玉琮是长江及其以南地区中国早期先民祭祀天地的重要礼器。《周礼 · 大宗伯》中曾有明确记载：“以玉作六器，以礼天地四方，以苍璧礼天，以黄琮礼地……。”郑玄注：“礼神者必象其类，璧圆象天，琮八方象地。”①那么，这种象征原始宗教信仰的玉琮上的“神人兽面纹”的含义到底是什么？人们对此问题的看法并不统一。目前流行的有“巫术说”“祭祀说”“图腾柱说”“娱神说”等。笔者认为，良渚玉琮上的“神人兽面纹”和后世青铜器、画像石、漆器等物上的“人兽母题”图像有关，很有可能是“人兽母题”图像的雏形与萌发。

“神人兽面纹”分上、下两部分，上部为“神人”，下部是“兽面”，为“神人”骑坐于一趴伏巨兽肩背上的“人兽母题”组合纹饰。“神人”头戴羽冠，双臂屈展，手驭兽头，威风凛凛。面部纹饰清晰、五官刻画细致、方脸宽鼻，瞪目龇牙。巨兽圆形大眼、獠牙外露，额布横纹，口有鬃须，兽面下部一双弯曲的腿不是“神人”

---

①　（东汉）郑玄注、（唐）贾公彦疏、彭林整理：《周礼注疏》卷一八《宗伯》，上海古籍出版社，2007年。

的，而是兽的。

丹纳曾说：“要了解一件艺术品，一个艺术家，一群艺术家，必须正确地设想他们所属的时代的精神和风俗概况。这是艺术品最后的解释，这是决定一切的基本原因。”①显而易见，该“神人兽面纹”颇富启迪性，具有某种象征意味。从某种意义上说，人形与兽形是相互依赖、彼此共存的，创作主体似乎在有意告诉世人，“人”与“兽”的关系非常密切。众所周知，良渚文化时期，我国已进入新石器时代晚期，国家雏形已初现端倪，具有早期民族“泛神”的共性。良渚玉器不仅数量繁多，且品种齐全，几乎均作为祭祀鬼神与祖先之礼器。这一阶段玉器上的人形装饰并不很多，且多与动物共组。这些玉器并非实用，是服务于鬼神。而器物的造型及其纹饰，也绝非仅仅为了“悦目”，更多的是为了“赏心”。

与此同时，从巫术文化背景来看，良渚时期的玉器是神灵的化身，此时的酋长、巫师或部落首领亦不是普通凡人的代表，而是某一图腾的化身。且巨兽以一种颇为威仪神秘的形象出现在世人面前，身体比例夸张，突出强调眼、口、牙等部位，且周身满饰神秘花纹，似乎本身已非普通动物，而象征了某种具有超自然特殊能力的“灵物”。“神人兽面纹”的出现不是偶然现象，不是某个部落、部族或某个历史学派和“文化圈”所固有，而是一种必然结果。因为世界上绝大部分部落和民族都曾存在作为现实制度的图腾崇拜或图腾崇拜残余。作为现实制度的图腾崇拜，一般只在实行早期氏族制度的部落中才存在，随着社会的进一步发展，它逐渐成为残余现象，因此可以得出一个结论，图腾崇拜是世界所有部落和民族在一定历史发展阶段的宗教信仰模式。

由以上分析可以得知，良渚器上的“神人兽面纹”，与整个原始图腾崇拜的氛围相谐和，既满足人们对神灵信仰崇拜的精神追求，也适应主体崇尚视觉心理认同的审美需要。

四、龙山文化

巫鸿先生在其论文《一组早期的玉石雕刻》中集中讨论了一批1930年以前我国境内发现的古代玉器，由于之后不久便大部分流传国外，致使出土地点、出土情况缺乏记载。“一些国外研究者曾试图推测它们的时代，但是由于没有从中国社会发展的基础上去进行分析，没有注意把这些传世品与科学发掘实物细致比较，仅仅由形式上的类比去构想发展的线索，因而，有人认为属于商周，有人则认为属于西汉，议论纷纭，相差不止千年！实际上这批玉器无论形态花纹、雕刻方法，还是反映的习俗，都

---

① 〔法〕丹纳著、傅雷译：《艺术哲学》，安徽文艺出版社，1991年。

可确切证明它们是属于同种文化的作品。”[①]在这批玉器中，包括多件“人兽母题”纹饰。

1. “人兽母题”大玉刀

现藏美国华盛顿弗利尔美术馆（Freer and Sackler Galleries）的山东龙山文化的人面纹大玉刀。长72厘米，刀身饰两组图案，其中一组侧面头像，头侧有华丽的翼形饰，另一组为怪兽吞噬人头图像[②]。谢崇安先生在《人兽母题与神权政治——先秦艺术与中国文明起源研究之二》一文中指出，该大玉刀形制与龙山文化穿孔石刀相似，区别是其在一侧刻画出“人兽母题”纹饰，图案分为两组，一组是一位戴冠披发、面目威严的人首，另一组为一怪兽欲噬食一戴冠人首之状，两组图案形成奇特又动静结合的观照。该大玉刀形同斧钺，且具有强烈的装饰意趣，显然非实用器，应为象征神圣王权的礼器，与出自山东日照两城镇的两件兽面纹玉斧应具有相似功能。时代大约距今4500年左右[③]（图2-6）。

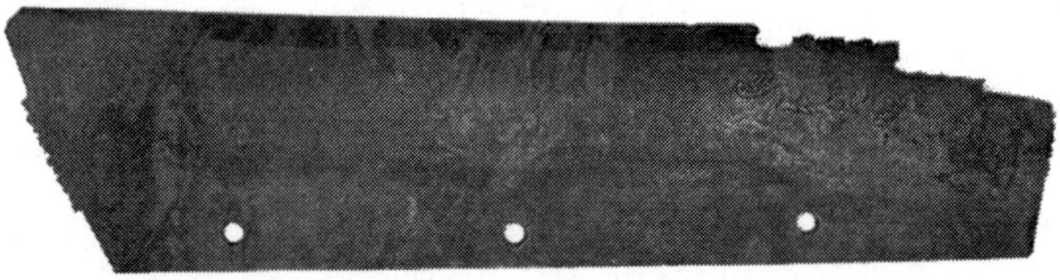

图2-6-1　美国华盛顿弗利尔美术馆藏龙山文化人面纹大玉刀
（弗利尔美术馆官网）

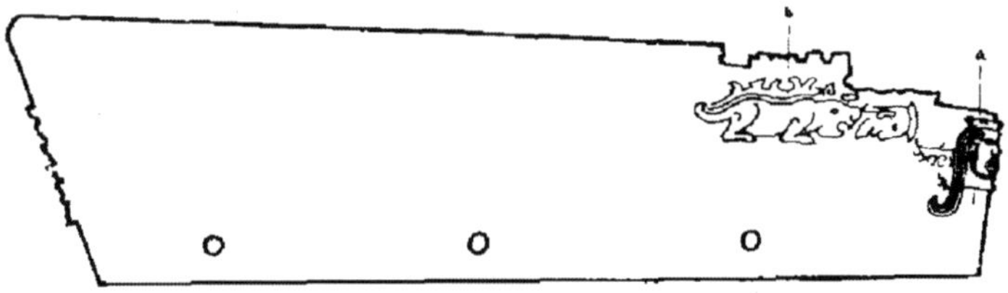

图2-6-2　美国华盛顿弗利尔美术馆藏龙山文化人面纹大玉刀线图
（〔美〕巫鸿：《一组早期的玉石雕刻》，《美术研究》1979年第1期，69页）

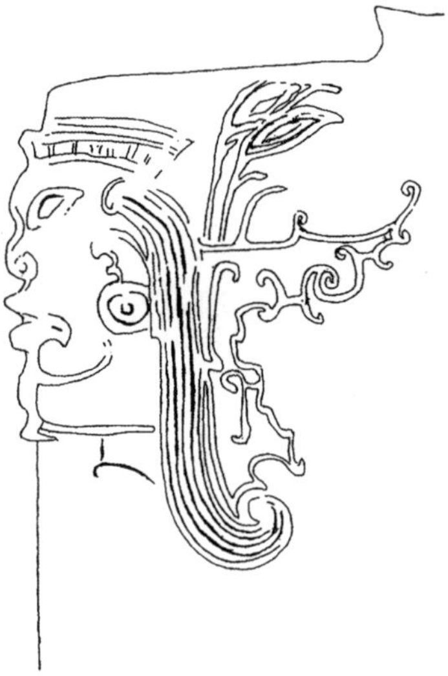

图2-6-3　美国华盛顿弗利尔美术馆藏龙山文化人面纹大玉刀局部线图
（〔日〕林巳奈夫著，常耀华、王平、刘晓燕、李环译：《神与兽的纹样学——中国古代诸神》，生活·读书·新知三联书店，2009年，89页）

① 〔美〕巫鸿：《一组早期的玉石雕刻》，《美术研究》1979年第1期，64页。

② 〔美〕巫鸿：《一组早期的玉石雕刻》，《美术研究》1979年第1期，64页。

③ 谢崇安：《人兽母题与神权政治——先秦艺术与中国文明起源研究之二》，《广西民族学院学报》（哲学社会科学版）1998年第3期，90～94页。

2. 神面纹玉板

美国华盛顿弗利尔美术馆藏神面纹玉板1件，高7.5厘米，中部为正面人头像，上下各有一组变形兽面纹。线刻，后部四角皆有穿孔，应是其他器物上的附饰①（图2-7）。

图2-7-1 美国华盛顿弗利尔美术馆藏神面纹玉板
（〔日〕林巳奈夫著，常耀华、王平、刘晓燕、李环译：《神与兽的纹样学——中国古代诸神》，生活·读书·新知三联书店，2009年，88页）

图2-7-2 美国华盛顿弗利尔美术馆藏神面纹玉板线图
（〔美〕巫鸿：《一组早期的玉石雕刻》，《美术研究》1979年第1期，69页）

上述两件"人兽母题"玉器中的"人形"图像，其面部五官均较为清晰，虽有正、侧两种形式，但基本造型、装饰特点都为披发，佩珥，戴圈形冠。

3. "人兽母题"玉神像

哈佛大学塞克勒美术馆（The Arthur M. Sackler Gallery）藏1件"人兽母题"玉神像。林巳奈夫先生曾对此物进行研探，"带有打磨斑点的灰绿色软玉制品。它的特点之一就是用复合像来作为人的胸部装饰。人眼较小，双眉凸出，大口外凸，有两个巨大的耳洞，头顶方尖，溜肩，喉部装饰四方形宝石。脑后可见凸发，梳理整齐，发梢

---

① 〔美〕巫鸿：《一组早期的玉石雕刻》，《美术研究》1979年第1期，64页。

微卷。后脑正中凹处以宽阔的间隔排列着两列凸起物，凸起物边缘处有部分残缺。此像应为手臂处却由外朝内侧的鸟代替，该鸟长颈上饰鳞纹，除羽短冠，榔头状喙外还有与其身材不相称的短翼和动物样的爪，从背面看也是一样。两只鸟中间有较大间隔。因此，出现两个向下的宽大插口，鸟身上饰有卷角尖耳的饕餮纹。鸟的下方有两个贯通的洞，使用玉器时，可以用棒插入鸟下方的洞中，起固定作用。从底部看，此古物犹如三面环绕一节竹子”。林巳奈夫先生认为，该玉神像上的兽面代表了太阳①（图2-8）。

良渚文化遗存至今未见鸟和鹰形纹饰，龙山文化遗迹中却时有发现。上海博物馆藏鹰攫人首玉饰，镂空双面雕刻，鹰为侧面，昂首展翅，头至背羽部俯卧一龙，龙背立一小鸟。鹰爪攫一人头，浓眉大眼，披发有珥（图2-9）。

图2-8　哈佛大学塞克勒美术馆藏“人兽母题”玉神像

（〔日〕林巳奈夫著，常耀华、王平、刘晓燕、李环译：《神与兽的纹样学——中国古代诸神》，生活·读书·新知三联书店，2009年，152页）

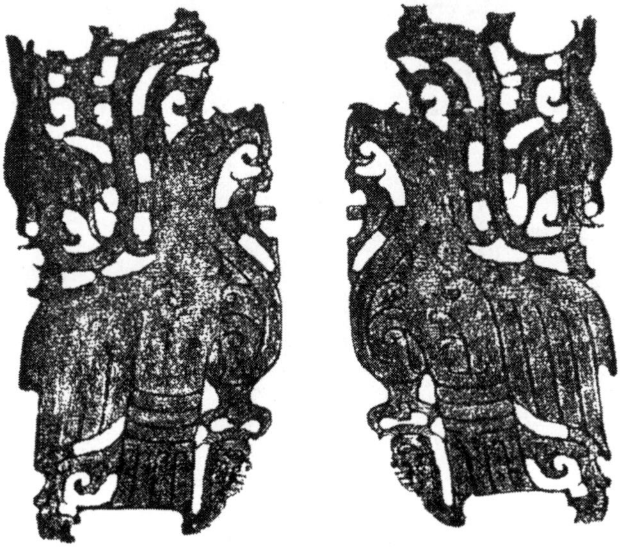

图2-9　上海博物馆藏鹰攫人首玉饰

（〔日〕林巳奈夫著，常耀华、王平、刘晓燕、李环译：《神与兽的纹样学——中国古代诸神》，生活·读书·新知三联书店，2009年，152页）

巫鸿先生认为，这里表现的是鹰攫取人首的情景，也就是把人牲奉献给鸟形神而举行祭祀时的情景。与此相对，邓淑苹女士在《古代玉器上奇异纹饰的研究》②中提出

① 〔日〕林巳奈夫著；常耀华、王平、刘晓燕、李环译：《神与兽的纹样学——中国古代诸神》，生活·读书·新知三联书店，2009年，153、154页。

② 邓淑苹：《古代玉器上奇异纹饰的研究》，《故宫学术季刊》1986年第4卷第1期，38页。

不同看法，认为虽然人首的头发下垂，不过鹰与人首是分开，林巳奈夫先生在其《神与兽的纹样学——中国古代诸神》一文中指也赞同这种说法（图2-10），另外，天津艺术博物馆也收藏有类似的龙山文化玉器①。

图2-10 天津艺术博物馆藏龙山文化玉器
（〔日〕林巳奈夫著，常耀华、王平、刘晓燕、李环译：《神与兽的纹样学——中国古代诸神》，生活·读书·新知三联书店，2009年，152页）

五、石家河文化

石家河文化距今约4600至4000年，属新石器时代晚期，位于湖北省天门市石河镇。故宫博物院藏1件石家河文化鹰攫人兽形玉佩，通高9.1厘米，宽5.2厘米，厚0.9厘米，青黄色玉料，局部有褐色沁。以透雕和剔地阳纹手法作一鹰和两个人首，两面形式和饰纹相同。鹰正身侧首、钩喙圆目、展翅披发、左右两肩各站立一小鸟，双爪各攫一人首。人首形式、大小相同，双首背向，正面朝外。橄榄目、短发长须、侧视表情痛苦。时代为石家河文化后期（图2-11）。此外，天津艺术博物

图2-11-1 故宫博物院藏鹰攫人首形玉佩

图2-11-2 故宫博物院藏鹰攫人首形玉佩线图
（〔日〕林巳奈夫著，常耀华、王平、刘晓燕、李环译：《神与兽的纹样学——中国古代诸神》，生活·读书·新知三联书店，2009年，152页）

① 〔日〕林巳奈夫著，常耀华、王平、刘晓燕、李环译：《神与兽的纹样学——中国古代诸神》，生活·读书·新知三联书店，2009年，81页。

馆和上海博物馆还各藏1件图案题材类似的玉饰（图2-12、图2-13）。

图2-12　天津艺术博物馆藏石家河文化金雕神面玉斧
（〔日〕林巳奈夫著，常耀华、王平、刘晓燕、李环译：《神与兽的纹样学——中国古代诸神》，生活·读书·新知三联书店，2009年，76页）

图2-13　上海博物馆藏石家河文化金雕神面玉斧
（〔日〕林巳奈夫著，常耀华、王平、刘晓燕、李环译：《神与兽的纹样学——中国古代诸神》，生活·读书·新知三联书店，2009年，77页）

还有1件神人兽首玉佩，形制似与良渚玉琮“神人兽面”存在相似之处。通高8.2厘米，宽4厘米，厚0.6厘米，青绿色玉料，局部有白色沁。镂雕一人首兽身“人兽母题”，两面纹饰相同。上部为人物，头戴冠帽，冠顶有对称鸟纹，橄榄形目，宽鼻圆嘴，披发垂肩，耳垂圆大，佩有双珥。下部为兽首，显得较为抽象变形（图2-14）。

图2-14-1　石家河文化神人兽首玉佩

图2-14-2　石家河文化神人兽首玉佩线图
（〔美〕巫鸿：《一组早期的玉石雕刻》，《美术研究》1979年第1期，69页）

六、二里冈期

20世纪70年代，郑州商城宫殿区商代二里冈期文化层出土陶器残片C8T62③：29，残长5.47厘米，残宽3.46厘米，依其形态，考古工作者推断为陶簋腹部残片①。《郑州商城》报告描述为：“（残片）左侧为一个刻有面、眼、鼻、口、耳的人头像，头下有颈，颈下有肩；在人头右侧刻有一只似作跪立状的侧面虎，口大张，目前视，作欲吞噬人头状。”②因此将其定名为“虎噬人”。另有研究者得出不同结论，认为该陶片图案内容反映了商代祈雨之祭，陶片中的人物为专业祈雨巫师，其蹲踞式的造型是巫师作法行巫时所跳巫舞的真实写照③。该陶簋残片上“人兽母题”图案在商代二里冈期遗址中极为罕见（图2-15）。

① 河南省文物考古研究所：《郑州商城——1953～1985年考古发掘报告》，文物出版社，2001年，267页，彩版六-1。

② 河南省文物考古研究所：《郑州商城——1953～1985年考古发掘报告》，文物出版社，2001年，267页，彩版六-1。

③ 汤威、张巍：《郑州商城“人兽母题”陶片图案复原及相关问题探讨》，《中国历史文物》2008年第1期，34～47页。

图2-15　《郑州商城》报告中的C8T62③：29陶片
（河南省文物考古研究所：《郑州商城——1953～1985年考古发掘报告》，文物出版社，2001年，267页，彩版六-1）

第二节　器形描述

自商代中晚期开始，中国早期国家文明发展到前所未有的高峰，和玉器是良渚文化的代表一样，青铜器也是殷商文化的象征。在三代青铜器纹样中，动物形象十分常见，一些器物，尤以青铜尊为最，甚至将器形直接设计成动物造型，与之相对的是，人物纹在青铜器纹样中却出现较少。

商周时期的“人兽母题”纹饰主要见于青铜容器、兵器、车马器、乐器、铜镜、杂件六类器物之上，根据形制结构和纹饰构图，可分“人兽互动”“人兽同体”和“人兽同器”三类。

容器主要包括尊、卣、鼎、觥、壶、鬲、豆、钫等；兵器有钺、戈、刀；车马器多为车軏及车辖；乐器有鼓；此外还有铜镜和饰件。商代的“人兽母题”纹饰，人物形象诡谲怪异，或头上长角，或巨嘴兽耳，或齿牙森列，或遍体文身，猛兽也颇为夸张、显得神秘威仪，不似人间之物，比较著名的有虎食人卣、龙虎尊、后母戊（曾称司母戊）鼎、妇好钺等。随着时代发展，到了西周时期这种情况逐渐发生转变，人物纹多以战俘、奴隶、刑余之人，或为现实生活中的普通贵族、平民形象，动物形态也愈加写实自然，贴近生活，其中以刖人守门鬲、刖人守囿六轮铜挽车、宴乐采桑狩猎交战纹壶，以及匍盉最为典型。

一、容 器

根据现有资料，笔者将商周“人兽母题”青铜容器分为“人兽互动”“人兽同体”“人兽同器”三类。

第一类：人兽互动。人物纹和动物纹出现在同一件容器上，紧密相连，直接互动。

第二类：人兽同体。人物纹和动物纹不仅出现在同一件容器上，两者还紧密相连，几乎已经融为一体，呈现人兽混合、人兽一体之势。

第三类：人兽同器。人物纹和动物纹虽出现在同一件礼兵之器上，但两者并未直接接触，亦不直接产生互动。

（一）第一类：人兽互动

这类商周“人兽母题”青铜器上的人物纹和动物纹出现在同一件容器上，二者紧密相连，直接互动。根据图像表现方式和构图差异可分为A型和B型。

A型：一兽或两兽正扑向一人或一人头。

B型：人物驾驭驱使，或捕猎刺杀猛兽。

1. A型

该型“人兽母题”纹饰，内容题材多为猛兽扑噬人物，人以全身或头部形态出现，多被置于猛兽下方或两兽中间，器物种类包括尊、鼎、卣等，以龙虎尊、虎食人卣、后母戊（曾称司母戊）鼎为典型代表。

（1）阜南龙虎尊

1957年，安徽阜南朱砦区常庙乡火星农业社社员徐廷兰在敲凿小运河月儿河段打鱼，无意中发现殷商时代青铜器8件，包括2件尊和3对觚、爵等。其中就有著名的龙虎尊。尊高50.5厘米，口径45厘米，腹围122厘米，腹深41.5厘米，足径24厘米，重26.2千克①。

尊为喇叭形大敞口，侈口、束颈、折肩、鼓腹、高圈足、腹部四周布满兽面纹。从肩部、腹部和足部均被平分为三个等分，由三个三维立体的高浮雕兽首和竖起的扉棱间隔。颈部三道弦纹，肩上浮雕三条游弋的龙，龙头伸出铜尊肩外，在细密的云纹

① 葛介屏：《安徽阜南发现殷商时代的青铜器》，《文物》1959年第1期，1页。

衬底上铸出二虎噬人浮雕造型，猛虎为三头六身，每个虎首下方均刻画出一半蹲半站着的人形，人的头颅被猛虎含于口中。在猛虎噬人图案空隙处，器物表面还饰有三组兽面纹，圈足饰一周兽面，上有三个十字形镂孔①。

该铜器工艺精湛，花纹线条洗练。这种喇叭口尊在商代中期青铜尊中非常具有代表性，其年代曾一度被定为殷墟一期②，二里冈期③，商代中期④。施劲松先生在《论带虎食人母题的商周青铜器》中指出，该尊腹部兽面纹为“T”字形角，裂口，上卷尾。这与陈公柔和张长寿先生在《殷周青铜容器上的兽面纹的断代研究》⑤中所定的二里冈期Ⅲ2式兽面纹较为接近，且圈足上的兽面纹为宽线条构成，“T”字形角，圆目凸出，尾部似有分歧。这类兽面被张、陈二位先生定为Ⅱ5式，是二里冈期最流行的装饰花纹，且该尊肩部装饰游龙纹，中原殷墟铜器肩上常有龙纹，这些殷墟铜器上的龙纹均为一首双身，龙背多出现扉棱，故而将该尊时代认定为商代中期较为合适⑥，现藏中国国家博物馆（图2-16）。

图2-16　1957年安徽阜南出土商代中期龙虎尊（中国国家博物馆官网）

（2）三星堆龙虎尊

1982年至1984年，四川省文物管理委员会、四川省文物考古研究所、四川省广汉县文化局在四川广汉三星堆遗址第一发掘区、第三发掘区进行了抢救性发掘，出土K1：258号龙虎尊。由于出土时残破尚未修复，故发掘简报略述为：方唇，斜折肩，附圈足。肩、腹、圈足饰凸弦纹、饕餮纹和云雷纹。尊宽折肩，肩上饰三龙，肩下饰三虎，虎口衔人（？），腹部饰羽状云雷纹，圈足饰云雷纹组成的饕餮纹，并开十字镂

① 文物编辑委员会：《文物考古工作三十年》，文物出版社，1979年，图版二十：2页。

② 郑振香、陈志达；《殷墟青铜器的分期与年代》，《殷墟青铜器》，文物出版社，1985年，87、88页。

③ 李学勤：《商文化怎样传入四川》，《中国文物报》1989年7月21日，114、117～119页。

④ 中国青铜器全集编辑委员会：《中国青铜器全集》1卷（夏商），文物出版社，1996年，42页。

⑤ 陈公柔、张长寿：《殷周青铜容器上兽面纹的断代研究》，《考古学报》1990年第2期，137～168页。

⑥ 施劲松：《论带虎食人母题的商周青铜器》，《考古》1998年第3期，56～63页。

孔。铜盘宽平沿，薄唇，腹外饰三周凸弦纹，弦纹中饰连珠纹①。

经修复后，该龙虎尊通高44厘米，肩径32厘米。形制、花纹和铸造工艺与安徽阜南龙虎尊极为相似。喇叭形大敞口、颈上有三圈弦纹，肩上有高浮雕铸成的三条游龙，器腹部主纹是高浮雕猛虎噬人图像，猛虎在上，人物在下，猛虎躯体向两侧展开，形成一头双身的外在形态，虎首高昂，尾部下垂，人物手臂曲举齐肩，两腿分开下蹲，臀部与脚平齐。圈足装饰兽面纹，开有十字镂孔。和阜南尊相比，三星堆尊只在细部存在差别，其中圈足上的卷尾连体兽面纹与阜南尊足部的兽面纹基本相同，只是兽目不呈椭圆而为目字形。另外，三星堆尊所饰的猛虎噬人图像中，虎尾长且下卷，躯干前后粗细一致，重心集中于后腹，且猛虎身上装饰有清楚的刀羽纹。需要注意的是，阜南尊的猛虎噬人造型中，人、虎头部虽联系紧密却尚未完全结合，而三星堆尊上的人、虎头部似已融为一体，形成共用一首之态。据研究者分析，三星堆尊的时代应与阜南尊相近或稍晚②，现藏三星堆博物馆（图2-17）。

图2-17　四川广汉三星堆出土商代中期龙虎尊
（三星堆博物馆官网）

再来看看这两件铜尊的造型纹饰，阜南尊纹饰更显精细圆润，线条流畅且生动自然，龙虎栩栩如生；三星堆尊则略显僵直，线条转折处较阜南尊稍显生硬呆板。阜南尊腹部的虎，体态生动，身姿流畅，尾部转折圆润，兽足生动有力。虎占到画面上半位置，人面、虎面逼真，线条流畅。三星堆尊的虎尾已到画面下缘，画面重心整体下坠，人面与虎面更加抽象，稍显符号化（图2-18）。

与同时期中原尊相比，这两件南方尊的装饰纹样非常特别，其腹部饰“人兽母题”纹，肩上为游龙，这与腹部均饰兽面纹、肩上多为兽头的同期中原尊不同。类似的“人兽母题”纹在中原同时期的其他器上尚未发现，其特点显而易见③。

---

① 四川省文物管理委员会、四川省文物考古研究所、四川省广汉县文化局：《广汉三星堆遗址一号祭祀坑发掘简报》，《文物》1987年第10期，5页，彩色插页壹、贰，图版壹、贰、叁。

② 施劲松：《论带虎食人母题的商周青铜器》，《考古》1998年第3期，57页。

③ 施劲松：《论带虎食人母题的商周青铜器》，《考古》1998年第3期，58页。

图2-18-1　安徽阜南出土商代中期龙虎尊局部线图

（刘敦愿：《云梦泽与商周之际的民族迁徙》，《江汉考古》1985年第2期，53页）

图2-18-2　四川广汉三星堆出土商代中期龙虎尊局部线图

（四川省文物管理委员会、四川省文物考古研究所、四川省广汉县文化局：《广汉三星堆遗址一号祭祀坑发掘简报》，《文物》1987年第10期，7页）

（3）后母戊（曾称司母戊）鼎

河南安阳殷墟出土的商代著名青铜器后母戊（曾称司母戊）鼎，器腹部内壁铸铭“后母戊”（曾被厘定为“司母戊”），“母戊”应是殷王的配偶。陈梦家先生在其《殷代铜器三篇》中描述：“此鼎系1939年3月武官村村民吴玉瑶田中所出，距1950年发掘的武官大墓西南隅约80余米处。出土后，拟锯断运出，但锯了一足，未能锯下，又恐日寇掠取，遂复掩埋。1946年6月重新掘出。……失去一耳，未掘出。”①

① 陈梦家：《殷代铜器三篇》，《考古学报》1954年第1期，29页。

鼎高104厘米，口沿长106厘米，宽71厘米，足高46厘米，足径15厘米，壁厚6厘米，重832.84千克，为殷墟二期铜器。形制为大立耳，折沿、长方形腹、直壁平底，柱状足。器耳上饰浮雕鱼纹，首尾相接，耳外侧饰浮雕式双兽食人首纹，作双兽扑噬一人首状。兽身庞大，巨耳大口、圆目怒张、四肢舒展、尾部上翘，腹壁四面正中及四隅各有凸起的扉棱，腹壁四周边缘为兽面纹，中央素面，柱足上端饰浮雕式兽面纹，鼻为扉棱，下衬三周凸起的弦纹，现藏中国历史博物馆（图2-19）。

图2-19-1　河南安阳殷墟出土商代晚期后母戊（曾称司母戊）鼎

（中国国家博物馆官网）

图2-19-2　河南安阳殷墟出土商代晚期后母戊（曾称司母戊）鼎铭文拓片

（陈梦家：《殷代铜器三篇》，《考古学报》1954年第1期，图版肆拾贰）

（4）日本东京泉屋博古馆藏虎食人卣

日本东京泉屋博古馆（住友コレクション）、法国巴黎塞努斯基博物馆（Musée Cernuschi）各藏1件中国商代晚期的著名青铜器虎食人卣，该卣又名乳虎食人卣、饕餮食人卣、鹿纽乳虎卣等，最早有罗振玉《俑庐日札》著录。日本东京泉屋博古馆藏虎食人卣据传出自湖南宁乡县与安化县接壤处①，法国巴黎塞努斯基博物馆藏虎食人卣地点不详②，但造型纹饰及装饰风格与泉屋博古馆藏虎食人卣近乎一致，很可能也出自湖南一带③。

日本东京泉屋博古馆所藏虎食人卣，通高32.5厘米，形制呈蹲坐的虎抱持一人。

---

① 李学勤：《中国美术全集》之《青铜器》（上），文物出版社，1985年，图版109页。

② 李学勤、〔美〕艾兰：《欧洲所藏中国青铜器遗珠》，文物出版社，1995年，单色图版40页。

③ 施劲松：《论带虎食人母题的商周青铜器》，《考古》1998年第3期，58页。

图2-19-3　河南安阳殷墟出土商代晚期后母戊（曾称司母戊）鼎拓片

图2-19-4　河南安阳殷墟出土商代晚期后母戊（曾称司母戊）鼎拓片
（陈梦家：《殷代铜器三篇》，《考古学报》1954年第1期，图版肆拾贰）

图2-19-5　河南安阳殷墟出土商代晚期后母戊（曾称司母戊）鼎鼎耳
（中国国家博物馆官网）

图2-19-6　河南安阳殷墟出土商代晚期后母戊（曾称司母戊）鼎鼎耳
（陈梦家：《殷代铜器三篇》，《考古学报》1954年第1期，图版肆拾贰）

卣顶有盖，上立一四足小兽，两侧饰有兽首提梁。虎前爪饰顾首龙纹，背饰牛头纹，起扉棱，尾饰鳞纹。人物与虎相拥，双臂抱住虎肩，赤足四趾，踏于虎后蹄之上，作蹲距侧首状态，面容静穆，后有披发，衣饰华丽，背部饰方格纹，腿及臀部饰蛇纹，整个身体位于虎口之下。其下有一小兽面。器外底饰游龙纹，两侧各饰一条头向相反的游鱼（图2-20）。

图2-20 日本东京泉屋博古馆藏商代晚期虎食人卣

（日本泉屋博古馆官网）

该卣形象栩栩如生，纹饰精美诡谲。目前仅此几件，尚无同类的发掘品可比[①]。但湖南除出土虎食人卣外，还出多件鸟兽卣及鸟兽尊。这些器物上主要饰虎纹、鳞纹、夔纹、蛇纹等动物纹，器上还有诸多浮雕或立雕的各类动物。这些牺尊和鸟兽卣基本上都是殷墟二期的器物。虎食人卣在造型和装饰风格上与这些尊、卣一致。因此推测它们应为同期器物，为商代晚期器[②]。

（5）法国巴黎塞努斯基博物馆藏虎食人卣

法国巴黎塞努斯基博物馆藏虎食人卣通高35.7厘米，口缘直径10.4厘米×9.0厘米，重5.09千克，造型纹饰和日本东京泉屋博古馆所藏虎食人卣几乎一致，然虎齿相连，人似有珥。“龙纹、夔纹都无柱状角而只有尖叶耳。卣底的鱼纹头向一致，人背饰雷纹。”[③]（图2-21）

塞努斯基生于1821年，卒于1896年，原为米兰人，入法籍，是有名的政治家、金融家。他于1871年启程到日本和中国，收购大量古物。这座博物馆是在1898年，以他的遗赠建立。虎食人卣并非塞努斯基旧藏，而是在1920年5月才入藏，馆藏编号MC6155[④]。

---

① 李学勤先生曾对此问题做过研探，认为过去国内所见的1件虎食人卣，“色黄无锈，尺寸较小，好多地方花纹都改易了，其器底外做有龟纹”。据考证为伪器（李学勤：《试论虎食人卣》，《南方民族考古》第1辑，1987年，40页）；另外，施劲松先生在《论带虎食人母题的商周青铜器》一文中，也提到了该伪器，载《考古》1998年第3期，58页。

② 施劲松：《论带虎食人母题的商周青铜器》，《考古》1998年第3期，58页。

③ 施劲松：《论带虎食人母题的商周青铜器》，《考古》1998年第3期，58页。

④ 李学勤：《论虎食人卣》，《南方民族考古》1987年第1辑，39页。

图2-21-1　法国巴黎塞努斯基博物馆藏商代晚期虎食人卣

（法国巴黎塞努斯基博物馆官网）

图2-21-2　法国巴黎塞努斯基博物馆藏商代晚期虎食人卣线图

（刘敦愿：《云梦泽与商周之际的民族迁徙》，《江汉考古》1985年第2期，53页）

有关虎食人卣的记述，最早见于罗振玉先生的《俑庐日札》，李学勤先生在1985年冬和1986年分别访问日本及巴黎时，先后被日本东京泉屋博古馆和法国巴黎塞努斯基博物馆参观接待，得以近距离观察两件原物，尤其是塞努斯基虎食人卣，此前国内很少有人知道。这之后，李先生在《论虎食人卣》一文中对两件虎食人卣作了详细考证，认为法国巴黎塞努斯基博物馆藏虎食人卣和日本东京泉屋博古馆虎食人卣在形制、纹饰、色泽等方面皆基本相同，只是局部薄绿锈较少，确定两卣为同时期制造。李先生同时指出，由于“当时用合范法铸造，两器不是同出一范”，故而两件虎食人卣在纹饰方面亦存在细微差别。“叶理辅教授在上引图录中已指出了四处差异。根据我们所见，这些差异是：

第一，日本一件虎的门齿各个分离，法国一件则两两相连。

第二，日本一件人耳造型较简，法国一件则有耳孔形，左耳垂有一穿孔。

第三，日本一件虎爪间人背上有小饕餮纹，法国一件则为雷纹，虎双爪相距甚近。

第四，日本一件器底龙纹两侧鱼纹首向相反，右侧的不够明晰，法国一件两鱼首均向前。再仔细看，不同点还可找出一些，例如虎体侧顾首龙纹头后和身下的两处夔纹，日本一件上有‘瓶形’角，法国一件则只有叶形耳而无角。日本林巳奈夫先生在

《论欧洲博物馆所见的若干中国古代青铜器》一文中曾指出这一点，还讲了几点别的差异，诸如卣底加饰游动状的鱼龙，是因为卣为酒器，故想象鱼龙在器中潜泳，和水器盘、鉴内常饰以龙、鱼、龟等水族，思路是一样。”[①]

2. B型

该类型“人兽母题”纹饰中的人物纹与动物纹出现于同一器物，二者紧密相连且直接产生互动，根据器物的形制特征和结构，又可分为BⅠ式和BⅡ式。其中，BⅠ式中的人物纹充当“人兽母题”青铜容器的局部构件，与动物纹直接相连，关系较为紧密。BⅡ式为图像绘画，多在壶、豆、钫表面刻画“人兽母题”图像，内容有驾驭、狩猎、骑射等。无论BⅠ式还是BⅡ式，其中的人物纹与动物纹都较A型生动写实，更富生活气息。BⅠ式的典型代表有匍盉、鸟盖人足盉、铜牺立人擎盘等。BⅡ式则以嵌赤铜狩猎纹壶为代表。

BⅠ式：“人兽母题”纹饰表现为人物充当“人兽母题”青铜容器的局部构建，其中，人物纹或为动物造型的容器的器盖链，或作为器足负载着动物造型的器身，器物种类包括盉、擎盘等。

（1）匍盉

1988年河南省文物考古研究所与平顶山市文管会在平顶山应国墓地发掘了一座属西周时期的小型竖穴土坑墓（M50）。墓中出土1件铜盉。通高26厘米，长31.8厘米，体宽17.2厘米，口径14.2厘米。鸭形盉身，口微敞，斜方唇，器盖与器身的连接处为一人形链，女性，头束发髻，身穿束带裙装，脚着短靴。

匍盉有铭文，记载在周王某年四月戊申这一天，应国外交使者匍结束对邢国的访问活动，邢国国君派专门管理外交事务的司使，把一束牝鹿皮制成的披肩、两件围裙、三十斤铜钣赠送给匍。匍将当时价值不菲的铜钣做成这件铜盉以示纪念这份荣誉[②]。该盉造型新颖，设计巧思，独具匠心。是一件将艺术欣赏之美与生活意趣之美完美结合的绝妙佳作。就诸方面综合考察，研究者将该盉定为西周穆王时期晚段的器物。平顶山博物馆藏（图2-22）。

① 李学勤：《论虎食人卣》，《南方民族考古》1987年第1辑，39、40页。

② 王龙正、姜涛、娄金山：《匍鸭铜盉与頫聘礼》，《文物》1998年第4期，88～95页。

图2-22-1　1988年河南平顶山应国墓地西周M50出土匍盉
（平顶山博物馆官网）

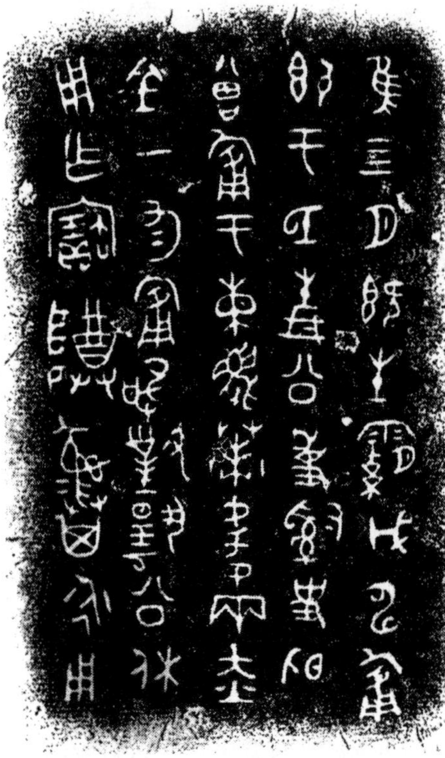

图2-22-2　匍盉铭文拓片
（王龙正、姜涛、娄金山：《匍鸭铜盉与頫聘礼》，《文物》1998年第4期，91页）

（2）鸟盖人足盉

1993年上半年，山西省考古研究所、北京大学考古学系对北赵晋侯墓地进行抢救性发掘。发掘前进行了复查性钻探，探明大型墓葬7座，小型墓葬3座。此次发掘的墓葬主要有2座大型墓3座小型墓①。其中，大型墓M31晋献侯夫人墓发现1件鸟盖人足盉。通高34.6厘米，身径20.6～21.8厘米，发掘报告对此盉描述为："器身为扁椭圆体，顶有长方形口，沿外侈，上有鸟形盖，鸟首有冠，尖喙，圆目；张翼，曲爪，伏卧状。鸟身后有一环，通过一熊形链与器身一环相连，熊的前爪捉一带，过肩成环；后肢向内合为一环。流作曲体管状，龙首形口，龙首有冠，双角，有眉，眼圆睁，张口，口上有须，鋬作半环状，饰高浮雕龙首衔环。足为两个半蹲的裸体人，人头上无发，曲肘架于腿上，手拢膝，身前倾，背负器身，双足叉立……盖部鸟颈下饰羽纹，翼为单线纹，翼下至尾部饰云纹。流、鋬龙颈后部饰虎皮斑纹，鋬上还饰有云纹。器身侧面中心饰两盘曲的夔龙纹，大龙呈回首状，头上有冠，冠为一变形夔纹，

① 山西省考古研究所、北京大学考古系：《天马—曲村遗址北赵晋侯墓地第三次发掘》，《文物》1994年第8期，22、33页。

大眼，张口吐舌，身向头上卷曲；一小龙两眼，双角，盘附于大龙下。其外饰重环纹、间以涡纹的三角云纹各一周；上部饰以云雷纹为地的夔龙纹，流与鋬两侧饰重环纹。”①“这种回首状纹饰在商代数量极少，西周时期大量出现，发展到东周时期就演变成相互缠绕、扭曲的蟠璃纹。”②这种以裸体人形为器物足部的处理手法在西周后期的青铜器上时有发现。该盉为西周中后期较为流行的样式，构思奇特，造型别致，从平面阴刻到立体圆雕，从几何到象生，有对前人的继承，也有创造性的发展（图2-23）。

图2-23-1　1993年山西北赵晋侯墓地M31出土鸟盖人足盉

（3）铜牺立人擎盘

1965年山西省文物工作委员会、晋东南工作委员会、晋东南文物工作组在山西长治分水岭发现一战国大墓，出土随葬器物700多件，其中铜牺立人擎盘1件，通高14.5厘米，长17.5厘米，盘径14厘米，重1.38千克。发掘报告将此盘描述为：“牺竖耳，蹄足，短尾，身饰鳞纹，颈饰一道贝纹，腹饰两道绹索纹和云纹，尾饰垂叶纹，肩和臀部各饰卷云纹。牺背站立一女俑，面目清晰，束发垂脊，身穿右衽窄袖长袍，饰麻点纹，腰系带，两臂前伸成合抱形，双手捧一圆形柱，柱顶置镂空盘，柱周旋转动。”③

① 山西省考古研究所、北京大学考古系：《天马—曲村遗址北赵晋侯墓地第三次发掘》，《文物》1994年第8期，28页。

② 山西省考古研究所、北京大学考古系：《天马—曲村遗址北赵晋侯墓地第三次发掘》，《文物》1994年第8期，33页。

③ 边修成：《山西长治分水岭126 号墓发掘简报》，《文物》1972年第4期，39页。

图2-23-2　鸟盖人足盉线图

（山西省考古研究所、北京大学考古系：《天马—曲村遗址北赵晋侯墓地第三次发掘》，《文物》1994年第8期，25页）

目前，尚未见同类器形面世，因此其用途还不甚明了，有可能用于熏香，也可能纯属“弄器”（玩器）。时代为战国初年[①]。该器造型独到奇巧，牺部稳健厚重，女子灵巧别致，器表光润典雅，纹饰华美大方，工艺精湛，体现了战国时期晋国青铜制作技术的卓越水平。该器也是目前国内仅存的一件，现藏山西省博物馆（图2-24）。

BⅡ式：“人兽母题”纹饰为图像式绘画，器型种类包括壶、豆、钫、缶等，内容有驾驭、狩猎，以及骑射。

① 薛超：《周代的牺牲、牺尊——兼论山西省博物馆藏“铜牺立人擎盘”》，《考古与文物》2004年第3期，51页。

图2-24-1　1965年山西长治分水岭战国墓出土铜牺立人擎盘

图2-24-2　铜牺立人擎盘线图
（薛超：《周代的牺牲、牺尊——兼论山西省博物馆藏“铜牺立人擎盘”》，《考古与文物》2004年第3期，51页）

（1）贾各庄出土春秋时期嵌赤铜狩猎纹壶

1951年河北省唐山市贾各庄出土春秋时期嵌赤铜狩猎纹壶1件。高34.9厘米，口径10.9厘米。腹部饰以由双层绳形纹饰构成的12个方格，上下两层，每格内均用赤铜嵌出狩猎纹。所谓嵌红铜，是先在青铜器表面刻画出凹陷的纹饰，再以红铜嵌入其中，由此形成的图案纹饰。狩猎纹饰是比较晚出的创新纹饰之一，流行于春秋战国时期，纹饰内容以狩猎时人与野兽互动的图案组成，多为连续图案。

该青铜壶装饰的狩猎纹中有人物和禽兽等图形，人手持长矛，与兽争斗。兽形可辨的有牛、象等，禽有奔走和飞腾两种形态，嵌出的赤铜纹极清晰，线条流畅，现藏中国国家博物馆①（图2-25）。

图2-25-1　1951年河北省唐山市贾各庄出土春秋时期嵌赤铜狩猎纹壶

① 阳桂平：《论中国古代铺首》，南京艺术学院硕士论文，2015年，26页。

图2-25-2　1951年河北省唐山市贾各庄出土春秋时期嵌赤铜狩猎纹壶局部

（2）和尚岭M2出土春秋时期嵌红铜画像壶

1990年河南省淅川县和尚岭M2出土春秋时期嵌红铜画像壶1件。通高41.6厘米，口径12.4厘米，底径14.6厘米。长颈鼓腹，平底圈足，盖顶有四个环形纽，腹部两侧饰铺首衔环。器物表面镶嵌红铜。

画像绘于铜壶颈部、肩部与腹部，共分七层。表现了天国和人间的不同场景。依据图像内容，可分为三部分。第一部分是装饰性图案，这部分图案是由最上层的对凤起舞和最下层的犀牛相斗组成。第二部分是天国场景，位于铜壶颈部和肩部，是画像的第二和第三两层。在天国中，以兽形神人和鸟形羽人为主体，配以凤、虎等动物构成图案。第三部分是人间场景，位于铜壶腹部，是画像的第四、第五、第六层。主要表现猛士与野兽的生死搏斗。纹饰层次分明，布局规整大方，场景形象生动，画面富于变幻。属春秋时期楚国制造，是当时青铜器中的佳作，河南博物院藏（图2-26）。

图2-26-1　1990年淅川和尚岭M2出土春秋时期嵌红铜画像壶

图2-26-2 1990年淅川和尚岭M2出土春秋时期嵌红铜画像壶摹本

（3）李峪村出土春秋晚期镶嵌狩猎纹豆

1923年山西省浑源县李峪村出土春秋晚期镶嵌狩猎纹豆1件，高20.7厘米，口径17.5厘米，底径11.1厘米。半球形腹，双环耳，高柄，圈足。器身和器盖各以嵌红铜方式装饰出“人兽母题”纹饰，其中包括人兽互搏，怪兽中箭，禽兽飞跃奔走。勇士威仪果敢，猛兽庞大刚猛。纹饰精工巧思，技术高超娴熟，画面构图一改西周之严谨端丽之模式，显得灵动活泼，意味盎然（图2-27）。

图2-27 1923年山西浑源李峪村出土春秋晚期镶嵌狩猎纹豆

（4）北京故宫博物院也藏春秋晚期狩猎纹豆

北京故宫博物院也藏了1件春秋晚期狩猎纹豆，高21.4厘米，口径18.5厘米，重2.22千克。半球形腹，双环耳，高柄，圈足。器

图2-28 北京故宫博物院藏春秋晚期狩猎纹豆

物装饰嵌红铜纹饰，器盖和器足为鸟兽飞奔跳跃，器腹为猛士狩猎斗兽，为春秋晚期器物（图2-28）。

（5）四川成都百花潭中学十号战国墓出土宴乐采桑狩猎交战纹壶

1965年四川成都百花潭中学十号战国墓出土宴乐采桑狩猎交战纹壶1件，又名嵌错赏功宴乐铜壶。通高40厘米，口径13.4厘米，腹径26.5厘米，足高2厘米。小口，长颈，斜肩，深腹，平底，圈足。肩上有兽面衔环。有盖，盖面微拱，上有三鸭形纽。足上满布用铅类矿物错成的图像。盖面饰卷云纹、圆圈纹和兽纹，壶身装饰嵌错图案，以三角卷云纹划分为四层画面：分别为采桑射猎，宴乐弋射和水陆攻战。该壶制作工艺高超，画面内容丰富，构图严谨规制，情态生动，妙趣横生，是战国时期的著名青铜器①（图2-29）。

图2-29-1 1965年四川成都百花潭中学出土战国宴乐采桑狩猎交战纹壶

（四川省博物馆：《成都百花潭中学十号墓发掘记》，《文物》1976年第3期，图版贰）

图2-29-2 1965年四川成都百花潭中学十号战国墓出土宴乐采桑狩猎交战纹壶摹本展示图

（四川省博物馆：《成都百花潭中学十号墓发掘记》，《文物》1976年第3期，图版贰）

① 四川省博物馆：《成都百花潭中学十号墓发掘记》，《文物》1976年第3期，43、44页，图版贰。

（6）陕西凤翔纸坊公社高王寺大队出土战国镶嵌射宴壶

1977年陕西凤翔纸坊公社高王寺大队发现一处窖藏。据出土器物报告指出：“距地面2米左右，窖内有12件铜器。其中有镶嵌射宴壶2件。形制雷同，纹饰略异。通高40厘米，口径10.8厘米，腹径23厘米，足高3.4厘米。小口，长颈，斜肩，深腹，平底，圈足。肩上有兽面衔环一对。有盖，盖面微鼓，中心刻有涡纹，四周有异兽纹，周边有鸭形纽三个。壶身上用金属片镶嵌出各种图像，且以带状斜角云雷纹将壶身隔为四层。第一层为三组弋射图，倒刻于壶的颈部。第二层为三组弋射图。第三层为三幅宴乐图，还有一小段宴乐图作为填空补刻。第四层为狩猎图。此壶接近洛阳中州路2717号及山彪镇1号墓铜壶，与成都百花潭中学10号墓所出的镶嵌图像铜壶雷同①，应属战国早期的器物。”②（图2-30）

图2-30-1　1977年陕西凤翔纸坊公社高王寺大队出土镶嵌射宴壶

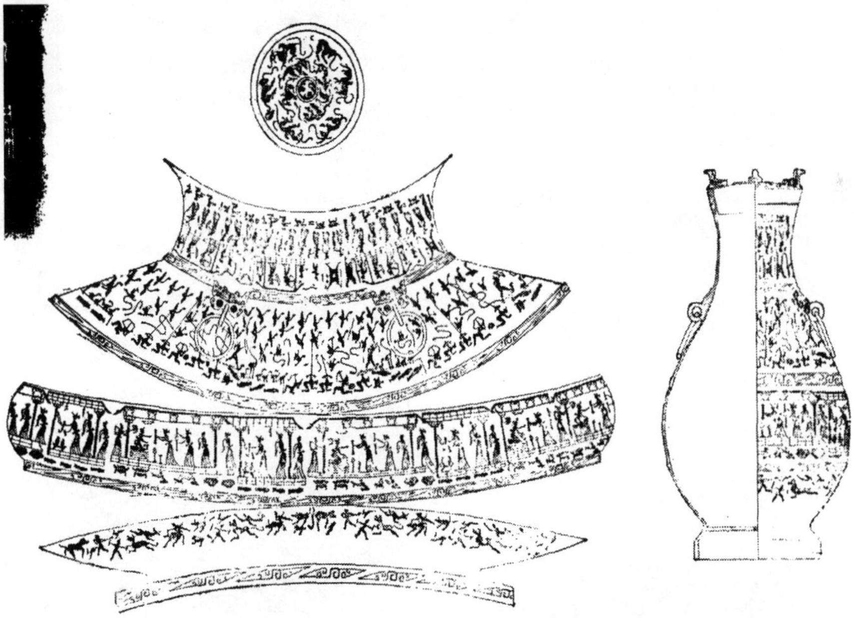

图2-30-2　1977年陕西凤翔纸坊公社高王寺大队出土镶嵌射宴壶摹本展示图
（韩伟、曹明檀：《陕西凤翔高王寺战国铜器窖藏》，《文物》1981年第1期，图版陆3、4）

① 四川省博物馆：《成都百花潭中学十号墓发掘记》，《文物》1976年第3期，43～46页，图版壹、贰。

② 韩伟、曹明檀：《陕西凤翔高王寺战国铜器窖藏》，《文物》1981年第1期，16页，图版陆3、4。

图2-31　北京故宫博物院藏战国宴乐狩猎攻战纹壶

（7）北京故宫博物院藏战国宴乐狩猎攻战纹壶

北京故宫博物院藏战国宴乐狩猎攻战纹壶1件。此器为传世品，器盖已失，现高31.6厘米，口径10.9厘米，腹颈21.5厘米，重3.54千克，壶侈口，斜肩，鼓腹，无盖，矮圈足，肩上有二兽首衔环耳。花纹从口沿至圈足分段分区布置。以双铺首环耳为中心，前后中线为界，分为两部分，形成完全对称的相同画面。第一区中有描绘古时举行射礼时的场景。第二区位于壶上腹部，分为两组画面，右面为狩猎场景，战国时期器物①（图2-31）。

（8）台北故宫博物院藏战国早期狩猎纹壶

高36.6厘米，腹径27厘米。壶口微敞，束颈圆肩，鼓腹，直圈足，肩有两两对称的铺首衔环，器表饰浅浮雕，内容为人物、鸟兽、狩猎图等。壶颈部为鸟衔蛇纹，肩部为双翼神人，腹部为“人兽母题”纹饰，造型线条流畅简洁，纹饰精美大方，战国早期器物，现藏台北故宫博物院（图2-32）。

图2-32-1　台北故宫博物院战国早期狩猎纹壶

图2-32-2　台北故宫博物院战国早期狩猎纹壶纹饰拓片

① 唐复年：《战国宴乐射猎攻战纹壶》，《故宫博物院院刊》1983年第3期，84页。

（9）台北故宫博物院藏战国早期狩猎纹铜钫

通高45.3厘米，口径11.7厘米，底径13.3厘米×13.7厘米，四面饰有狩猎纹两道，鸟兽纹三道，颈间饰花纹一道，肩部有两个铺首衔环，造型纹饰极为精美（图2-33）。

图2-33 台北故宫博物院藏狩猎纹铜钫

（10）台北故宫博物院藏战国早期狩猎纹铜缶

通高19厘米，口径11.5厘米，器身装饰采桑图、宫室宴乐图、车马狩猎图，三层图像之间以几何纹装饰分隔，在器口沿处也装饰有动物纹，器身两肩有两个铺首衔环（图2-34）。

（11）台北故宫博物院藏战国填漆狩猎纹壶

高26厘米，口径9.5厘米，圆体，小口，细高颈，球形腹，高圈足，是战国时期常见的铜圆壶形制。此件狩猎纹壶最重要的装饰特征，就是全壶布满狩猎纹饰，以綯索纹将圆壶自上而下平均分隔为四段，每段以狩猎为主题的连续纹饰绕壶一匝，图案均相同。在装饰特征上，此件狩猎纹壶使用了填漆手法来加强图案纹饰的突出效果，使用的是黑色漆料，色泽美观，光彩夺目。北京故宫博物院旧藏，现藏台北故宫博物院（图2-35）。

图2-34 台北故宫博物院藏战国早期狩猎纹铜缶

图2-35 台北故宫博物院藏战国填漆狩猎纹壶

（二）第二类：人兽同体

该类“人兽母题”纹饰表现为人兽紧密结合，二者几乎已经融为一体，呈现出人首兽神，或神人首兽身的外部形态，代表器物有美国华盛顿弗利尔美术馆藏盖鸟兽纹觥和人面龙身盉。

（1）美国华盛顿弗利尔美术馆藏盖鸟兽纹觥

图2-36-1　美国华盛顿弗利尔美术馆藏盖鸟兽纹觥（美国华盛顿弗利尔美术馆官网）

美国华盛顿弗利尔美术馆藏有1件带盖鸟兽纹觥[①]。通高31.4厘米，由器身、足及盖组成。觥高31.4厘米。其盖前端为卷角露出的兽首，后端为牛首，盖背上有伏龙，两侧饰夔纹、象纹和带鳞纹的顾首虎纹。器身前部为喙部凸出的鸟形，中间有扉棱，身后有立鸟形兽首。觥的两只后足上有人形。人首凸出，大眼粗眉，双手交叉抱于腹前，下部为盘蛇纹。人、兽身上均有鳞纹。此件觥被定为殷墟时期器，而且被认定是在南方地区铸造的器物[②]。从装饰风格上看这件觥，与湖南等南方地区出土的殷墟时期铜器相似，时代大体与虎食人卣相同[③]（图2-36）。

图2-36-2　美国华盛顿弗利尔美术馆藏盖鸟兽纹觥局部

（〔日〕林巳奈夫著，常耀华、王平、刘晓燕、李环译：《神与兽的纹样学——中国古代诸神》，生活 · 读书 · 新知三联书店，2009年，117页）

① 李学勤主编：《中国美术全集》之《青铜器》（上），文物出版社，1985年，图版127页。

② 〔美〕罗卜特 · 贝特立著、王宁译、彭劲松校：《中国长江中游地区的商代青铜礼器》，《南方文物》1995年第1期，63～68页。

③ 施劲松：《论带虎食人母题的商周青铜器》，《考古》1998年第3期，58页。

（2）美国华盛顿弗利尔美术馆藏人面龙身盉

除了鸟兽觥之外，美国华盛顿弗利尔美术馆还藏有1件带盖人面龙身盉。通高18.5厘米，宽21厘米，重2.78千克。无提梁及把手，双耳、矮圈足，器盖为人脸状，浓眉大眼、宽鼻厚唇、头上两角。“盉的盖子是一个浮雕的人面，额头上有三道皱纹，头顶两侧生有瓶形角。器盖、器身纹饰相连，自人头顶背后成为蛇躯，盘绕于器腹，双爪自两侧前身，抱住盉的管状流。在纹饰空隙处，填以夔龙纹。整个器物最为突出的作为盉的人面，其下额头与头上的双角凸出于盉口之外，仰面朝天，充满神异之感。”①整件器物器身装饰夔龙及云雷纹，装饰比较华丽。盖、耳、圈足上均有小孔，或为穿绳之用，出土地不详，研究人员认为，应属商代中后期器（图2-37）。

图2-37-1　美国华盛顿弗利尔美术馆藏有带盖人面龙身盉
（美国华盛顿弗利尔美术馆官网）

① 李松、贺西林：《中国古代青铜器艺术》，陕西人民出版社，2002年，55页。

图2-37-2　美国华盛顿弗利尔美术馆藏有带盖人面龙身盉

图2-37-3　美国华盛顿弗利尔美术馆藏有带盖人面龙身盉

（〔日〕林巳奈夫著，常耀华、王平、刘晓燕、李环译：《神与兽的纹样学——中国古代诸神》，生活·读书·新知三联书店，2009年，132、133页）

（三）第三类：人兽同器

这类“人兽母题”青铜容器中的人物纹和动物纹虽同时出现在一件器物上，但两者结合不紧密，未直接接触或产生互动。根据形制结构可分为A型、B型和C型。

A型：人物纹和动物纹出现于同一器物，但不直接发生互动。

B型：人物纹以守门刖者形象出现。

C型：人物纹作为承载器物的足器。

1. A型

人物纹、动物纹出现于同一器物，不直接发生互动。如美国华盛顿弗利尔美术馆藏西周铜簋。

美国华盛顿弗利尔美术馆藏1件西周时期青铜簋，兽首垂耳外侧刻画一人头形象，人物面部清晰，五官分明，双耳尖细（图2-38）。

图2-38　美国华盛顿弗利尔美术馆藏西周铜簋簋耳上的“人面”

（〔日〕林巳奈夫著，常耀华、王平、刘晓燕、李环译：《神与兽的纹样学——中国古代诸神》，生活·读书·新知三联书店，2009年，182页）

2. B型

人物纹和动物纹出现于同一器物，不直接发生互动，其中人物以守门刖者形象出现，器物种类有方鼎、挽车等。

（1）庄白刖人守门方鼎

1976年陕西扶风县庄白1号西周青铜器窖藏出土刖人守门方鼎。通高17.7厘米，口沿11.9厘米×9.2厘米，重175千克。鼎为方形，分上、下两层，上边是盛放食物的容器，下为铸成房屋式样的加热炉。双附耳，兽形足。上层鼎身为长方形，鼎肩四面为窃曲纹，以云雷纹为地，鼎身四棱雕刻出四条立体龙纹，作扉棱势。下层炉身为房屋式，正面为可开合的两扇小门，左扇为门栓，饰有兽纽，右扇为一刖刑奴隶。奴隶裸体束发，仅剩右足，屈膝跪坐在门边作守门状。炉膛左右两侧开方孔小窗，炉膛炉底有5个镂孔，可从左、右、后、下四个方向出烟。背面是镂空窃曲纹，可通风。炉内可烧木炭（图2-39）。

刖刑是西周墨、劓、刖、宫、杀五大刑之一，即将受刑犯人的双足或一足剁去。遭受这种刑罚的奴隶，不能从事重体力劳动，多罚作守门一类的简单劳动。此鼎造型奇妙，既是实用器，也是艺术品，时代为西周中期左右，在我国青铜鼎中非常罕见。类似的刖人守门器物目前仅见6件，其中4件在我国境内，剩余两件其中1件被美国哈佛大学福格艺术博物馆（Harvard University Fogg Art Museum）收藏，另1件被日本东京泉屋博古馆收藏，6件器物当中，有“人兽母题”纹饰的仅为5件。

图2-39-1　1976年陕西扶风庄白出土刖人守门方鼎
（中国青铜器全集编辑委员会：《中国青铜器全集》，文物出版社，1996年）

图2-39-2　庄白刖人守门方鼎（局部）

（2）赤峰刖人守门鼎

内蒙古赤峰市宁城县小黑石沟西周中后期至春秋时期东胡族贵族大墓出土刖人守门鼎1件，造型与庄白鼎极为相似，通高18.6厘米，宽16.7厘米。分上下两层，上层是盛放食物的容器，下层为铸成房屋式样的加热炉。方形鼎身，敞口折沿，袋状腹，双附耳，兽形足。上层鼎身口沿下装饰窃曲纹，鼎身四棱雕刻出四条立体龙纹，作扉棱势。下层房屋式样的炉膛正面有两扇可左右开启的小门，左面有兽面门栓，右门外浮雕一刖者作守门状。两侧铸方孔窗户，炉底镂5个小方孔，可从左、右、后、下4个方向出烟。背面是镂空窃曲纹，可通风（图2-40）。

图2-40　内蒙古赤峰出土刖人守门鼎

（3）茹家庄刖刑奴隶守门方鼎

1988年宝鸡市南郊茹家庄发现1件刖刑奴隶守门方鼎。长方体鼎身，带盖，出土时已残破。残高18.7厘米，口沿22厘米×14厘米，重4.3千克。分上下两部分，上部为长方形鼎身，下部为炉，上下通连，较庄白刖人守门方鼎、赤峰刖人守门方鼎更具整体性。敞口平沿，带附耳，兽形足，平板形器盖，盖上装饰窃曲纹，四角各有一圆雕的小鸟，可转动360°。鼎身四棱各装饰以龙形扉棱，肩颈部装饰兽面纹。炉为素面，前部为两扇可左右开启的小门，门板装饰直条纹，左边有门栓，半环状纽，右门外靠门站立一刖者，缺左足及右臂。炉身后壁有“田”字镂孔，用通气。炉底有24个长方形孔。西周中期器，较庄白刖人守门鼎稍晚（图2-41）。

图2-41　1988年陕西宝鸡茹家庄出土刖刑奴隶守门方鼎

图2-42　日本东京泉屋博古馆藏刖人守门方鼎
（日本东京泉屋博古馆官网）

（4）日本东京泉屋博古馆藏中国刖人守门方鼎

日本东京泉屋博古馆藏中国刖人守门方鼎1件。通高20.2厘米，上部为方鼎，下部中空，可放燃料，正面有双门，两侧各有一跪于栏杆内的刖人，底部为菱格纹。器壁及底座四角为四足猛兽，可见当时的建筑特点，属青铜器中的珍品。泉屋博古馆推测时间大约在公元前7至6世纪，为春秋中期器，然笔者认为或许应属西周中晚期，与茹家庄刖刑奴隶守门方鼎年代大体相同（图2-42）。

（5）北京故宫博物院藏刖人方鼎

北京故宫博物院也藏有1件刖刑人方鼎，这件方鼎无明显“人兽母题”纹饰，通高13.5厘米，分上、下两层，上层为盛放食物的容器，下层为热炉食物的房屋形炉膛。上层的鼎身为形，造型简洁大方，饰窃曲、波纹两重纹饰，无耳。下层房屋样式的炉膛左门外铸有一个受过刖刑的守门奴隶，男性，裸体站立，无左胫，左手持门闩，属西周中晚期器（图2-43）。

图2-43　北京故宫博物院刖人方鼎

（6）刖人守囿六轮铜挽车

1989年山西闻喜上郭村西周晚期至战国墓群中出土。通高8.9 厘米，长13.7 厘米，宽11.3 厘米。车厢为方形盒体，带盖、下有六轮，两大四小，其中四轮为兽足，器盖正中有一猴形纽，作蹲坐状，提动猴身可打器盖。猴纽旁有四只小鸟。车身四棱雕刻出四条立体龙纹，作扉棱势。车厢主体中部圆雕出一头四足猛兽，车厢铸出可以左右开启的两扇门，右边门扉上嵌一刖者，赤身戴帽，右手扶栓，左手拄拐。该器造型优美，制作精妙，是难得一见的青铜精品。山西省博物院藏，年代大约为西周末年或春秋早期。李零先生在《说匵——中国早期的妇女用品：首饰盒、化妆盒和香盒》一文中认为此器是先秦时期的妇女的时尚用品，类似妇女使用的首饰盒、香盒或者化妆盒[①]（图2-44）。

图2-44 1989年山西闻喜西周晚期至战国墓群出土刖人守囿六轮铜挽车

3. C型

人物纹和动物纹出现于同一器物，不直接发生互动，人物纹多以器足形态出现，器物种类包括方盒、筒形器、匜等。

（1）邦父次夫人杨姞墓出土鼎形方盒

1993年山西省曲沃县北赵晋侯墓地Ⅰ11区M63邦父次夫人杨姞墓出土鼎形方盒1件，通高9.3厘米，长19.2厘米，宽9.3厘米，盒深3.6厘米，扁长方形，顶部有两扇可以对开的小盖，一侧盖上停卧虎纽，直身，平底。盒外壁四面铸对称的龙形耳，裸人胸

① 李零：《说匵——中国早期的妇女用品：首饰盒、化妆盒和香盒》，《故宫博物院院刊》2009年第3期，60～161页。

图2-45-1　1993年北赵晋侯墓地Ⅰ11区M63出土鼎形方盒
（山西省考古研究所、北京大学考古系：《天马—曲村遗址北赵晋侯墓地第四次发掘》，《文物》1994年第8期，13页）

部雕有纹饰，各以前臂反托住盒底。四角各出一云形扉棱。盒身两宽面下部还各铸有背对盒身的人形足，裸身跪姿，胸部饰变形兽面纹图案。盖面饰几何形纹及双首龙纹①。山西省博物院藏，年代为西周末年或春秋早期（图2-45）。

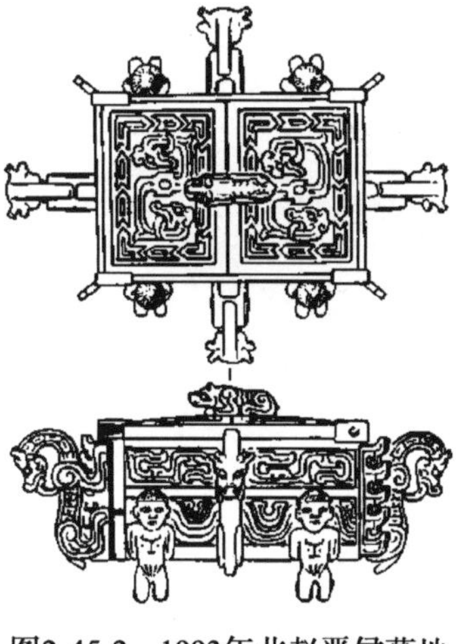

图2-45-2　1993年北赵晋侯墓地Ⅰ11区M63出土鼎形方盒线图
（山西省考古研究所、北京大学考古系：《天马—曲村遗址北赵晋侯墓地第四次发掘》，《文物》1994年第8期，14页）

图2-45-3　1993年北赵晋侯墓地Ⅰ11区M63出土鼎形方盒
（李零：《说匱——中国早期的妇女用品：首饰盒、化妆盒和香盒》，《故宫博物院院刊》2009年第3期，77页）

① 山西省考古研究所、北京大学考古系：《天马—曲村遗址北赵晋侯墓地第四次发掘》，《文物》1994年第8期，17页。

（2）上郭村墓地M49出土人足虎耳双盖方盒

1974年山西省闻喜县上郭村墓地M49出土人足虎耳双盖方盒1件，长10厘米，宽6.5厘米，高8.7厘米，盖门双开（朝窄面开），以双虎为盖纽（双纽），以四裸人为器足，器壁有四爬兽，盖、器饰双首夔纹。山西省博物院藏，年代为西周末年或春秋早期①（图2-46）。

图2-46-1　1974年闻喜县上郭村墓地M49出土人足虎耳双盖方盒
（李零：《说匱——中国早期的妇女用品：首饰盒、化妆盒和香盒》，《故宫博物院院刊》2009年第3期，77页）

图2-46-2　1974年闻喜县上郭村墓地M49出土人足虎耳双盖方盒
（李零：《说匱——中国早期的妇女用品：首饰盒、化妆盒和香盒》，《故宫博物院院刊》2009年第3期，77页）

（3）北赵晋侯墓M63出土立鸟人足筒形器

1993年下半年，山西省考古研究所、北京大学考古学系对山西省曲沃县北赵晋侯墓地进行了第四次抢救性发掘，对Ⅰ11区的由东至西依次排列的M64、M62、M63三座大墓进行了发掘②。其中，M63出土立鸟人足筒形器1件（zllM6s：86），发掘报告对此筒形器描述为：“通高23.1厘米，筒径9.1厘米，筒深9.2厘米，宽9.3厘米。该器分两层，上层筒形，与盖子母口扣合。盖平顶，上立一鸟形捉手，鸟为钩喙，矮冠垂尾，双足分立；与下垂的尾部形成3个支点。盖沿及器口下各有一对管状贯耳。下层方形，四面各附一人形足，人物两两对称，与盒身相背，发式奇特，可能是俘虏来的异族形象，赤身裸体，屈膝下蹲，作奋力抬物状。方座底斜挂小铃2只。盖面饰斜角云纹一

① 李零：《说匱——中国早期的妇女用品：首饰盒、化妆盒和香盒》，《故宫博物院院刊》2009年第3期，77页。

② 山西省考古研究所、北京大学考古系：《天马—曲村遗址北赵晋侯墓地第四次发掘》，《文物》1994年第8期，4页。

圈，盖沿及器口各饰窃曲纹一周，筒腹饰波曲纹、重环纹各一周，方座饰波曲纹。”① 该铜器形制奇特，在西周青铜器中颇为罕见（图2-47）。

图2-47-1　1993年曲沃县北赵M63晋穆侯次夫人墓出土的立鸟人足筒形器

图2-47-2　1993年曲沃县北赵M63晋穆侯次夫人墓出土的立鸟人足筒形器（山西省考古研究所、北京大学考古系：《天马—曲村遗址北赵晋侯墓地第四次发掘》，《文物》1994年第8期，图版陆）

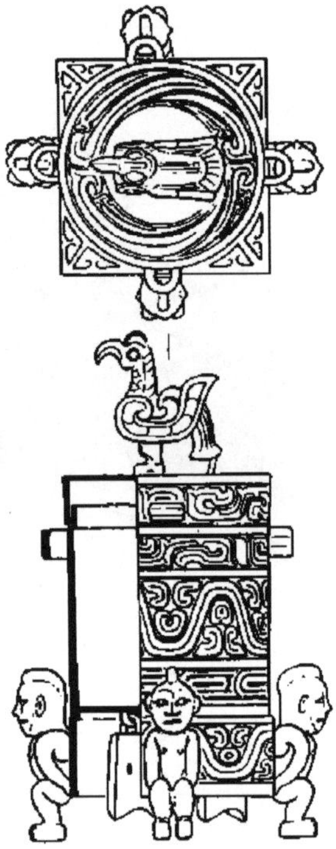

图2-47-3　1993年曲沃县北赵M63晋穆侯次夫人墓出土的立鸟人足筒形器线图（山西省考古研究所、北京大学考古系：《天马—曲村遗址北赵晋侯墓地第四次发掘》，《文物》1994年第8期，14页）

M63墓主人陪葬三鼎二簋，为中字形大墓，却位在最次，其应为晋侯邦父次夫人。根据M63所出铜器铭文推则，晋侯邦父次夫人名杨姞。邦父一名不见史籍②。杨国（杨姞母家）铜器亦属首次发现，根据出土遗物分析，三墓时代当为西周末年。似这种一夫二妻并列而葬的埋葬形式，是已掘6组晋侯墓葬中的首例，在西周考古材料中也

① 山西省考古研究所、北京大学考古系：《天马—曲村遗址北赵晋侯墓地第四次发掘》，《文物》1994年第8期，17页。

② 关于墓主“邦父”为哪一代晋侯，目前有不同看法，有人推侧是晋穆侯弗生（《文物报》1994年1月30日第一版），邹衡先生曾推测：“64号墓东侧一组主墓（M）墓主为晋穆侯”（《文物》1994年第1期），要解决这一问题，尚待进一步研究。（转引自山西省考古研究所、北京大学考古系：《天马—曲村遗址北赵晋侯墓地第四次发掘》，《文物》1994年第8期，21页。）

属罕见[①]。

（4）山亭村小邾国墓地M3出土虎纽方奁

2002年山东省枣庄市山亭村小邾国墓地M3（邾君庆夫人媿霝的墓）出土虎纽方奁1件，长14厘米，宽11厘米，高7厘米，盖门双开（朝窄面开），以二虎为盖纽（双纽），以四裸人装饰圈足，器盖和器壁饰单首夔纹，内盛玉器，玦2块、挖耳勺1件、贝5枚，现藏枣庄市博物馆，年代为春秋早期的晚段[②]（图2-48）。

图2-48-1 2002年山东枣庄市山亭村小邾国墓地M3出土“虎纽方奁”

（李零：《说匱——中国早期的妇女用品：首饰盒、化妆盒和香盒》，《故宫博物院院刊》2009年第3期，76页）

图2-48-2 2002年山东枣庄市山亭村小邾国墓地M3出土玉玦

（李零：《说匱——中国早期的妇女用品：首饰盒、化妆盒和香盒》，《故宫博物院院刊》2009年第3期，76页）

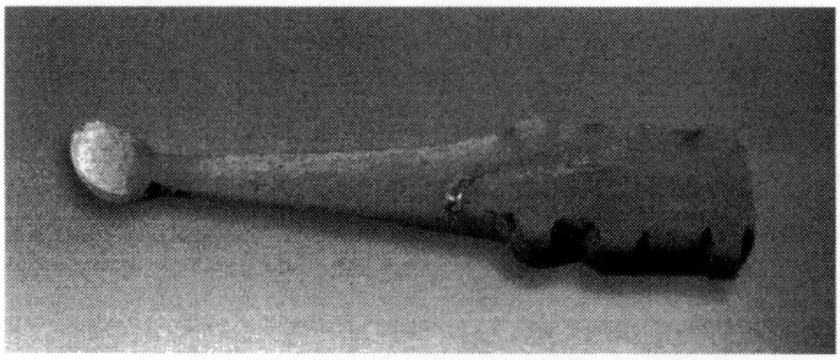

图2-48-3 2002年山东枣庄市山亭村小邾国墓地M3出土玉耳勺

（李零：《说匱——中国早期的妇女用品：首饰盒、化妆盒和香盒》，《故宫博物院院刊》2009年第3期，76页）

图2-48-4 2002年山东枣庄市山亭村小邾国墓地M3出土玉贝

（李零：《说匱——中国早期的妇女用品：首饰盒、化妆盒和香盒》，《故宫博物院院刊》2009年第3期，77页）

① 山西省考古研究所、北京大学考古系：《天马—曲村遗址北赵晋侯墓地第四次发掘》，《文物》1994年第8期，21页。

② 李零：《说匱——中国早期的妇女用品：首饰盒、化妆盒和香盒》，《故宫博物院院刊》2009年第3期，76页。

（5）台北故宫博物院藏西周晚期人足兽鋬铜匜

通高24.5厘米，口径17.1厘米 × 34.2厘米。器身口沿下装饰勾曲纹，腹部装饰瓦纹，四足作立人形，鋬作巨兽俯首入匜内饮水状，形象生动自然，敞口流曲线优美，颇具巧思与意象（图2-49）。

图2-49　台北故宫博物院藏西周晚期人足兽鋬铜匜

另外，1974年山西山西闻喜县上郭村墓地M374出土的西周晚期至春秋早期的铜车，墓主人性别不详，铜车长10.3厘米，宽7厘米，高6厘米，盖门双开（朝窄面开），以一猴为盖纽，四轮为器足，器的四角有爬兽，盖器饰鸟纹，现藏山西省考古研究所，年代为西周末年或春秋早期[①]（图2-50）。该器虽在形制外观上和上述几件器物有相似之处，然器物主体未见人物出现，不在本书研究之列。

图2-50-1　1974年山西闻喜县上郭村M374出土西周晚期至春秋早期铜车

① 李零：《说匵——中国早期的妇女用品：首饰盒、化妆盒和香盒》，《故宫博物院院刊》2009年第3期，77页。

图2-50-2 山西闻喜县上郭村M374出土西周晚期至春秋早期铜车线图
（李零：《说匳——中国早期的妇女用品：首饰盒、化妆盒和香盒》，《故宫博物院院刊》2009年第3期，77页）

二、兵 器

根据纹饰的题材内容和构图形式，迄今发现的商周“人兽母题”青铜兵器可分“人兽互动”“人兽同体”和“人兽同器”三类：

第一类：人兽互动。人物纹和动物纹同时出现在一件兵器之上，二者直接接触，结合紧密，且产生互动关系。

第二类：人兽同体。人物纹和动物纹不仅出现在同件一兵器上，两者还紧密相连，几乎已经融为一体，呈现人兽混合、人兽一体之势。

第三类：人兽同器。人物纹和动物纹虽出现在同一件礼兵之器上，但两者并未直接接触，亦不直接产生互动。

（一）第一类：人兽互动

“人兽母题”纹饰内容为猛兽扑噬人物，人以头颅形态出现，被置于两兽中间，或置于兽口之下，其中最具代表性的器物是殷商著名青铜器妇好钺。

图2-51　河南安阳殷墟出土商代晚期妇好钺

（1）妇好钺

河南安阳殷墟妇好墓所出“妇好钺”（M5：799）[①]。弧刃，刃一角稍残。长方形内，肩部有对称的长方形穿，钺身两侧靠肩处饰相对而立的两兽扑噬一人头，其形制与后母戊（曾称司母戊）鼎耳上的纹饰相近。兽纹的眼、耳、口极大，身尾短小，兽后还有一倒立的夔纹。钺一面中部有“妇好”铭文。钺长39.5厘米，刃宽37.3厘米[②]。考古推断为商代晚期（武丁世），是至今发现的最早的中国青铜钺（图2-51）。

（2）美国华盛顿弗利尔美术馆藏西周初年怪兽噬人铜刀

美国华盛顿弗利尔美术馆藏有1件据传1931年出自河南浚县辛村的铜刀，编号34.3。通长33.5厘米，刀为翘首，三曲刃，长体、尖锋、刃弧凹陷，长管銎由一端直通刀锋处，銎后连一环，近环銎上饰“人兽母题”纹饰。刀背上饰一兽头，兽口下为一侧身的人，兽做吞噬人头状，人发直披脑后，做屈体蹲距状，与虎食人卣中的人形相同[③]。兽有羽形冠，其躯体形成刀背附加的“鋬”。有学者认为兽为龙[④]，有学者则认为应该是虎[⑤]。该铜刀曾著录于《尊古斋所见吉金图》初集，称为“蚩尤斧”。在李泰棻先生《痴盦藏金》、荣厚先生《冠单楼吉金图》中有另外两件，纹饰类同，但刃缘是直的，不像弗利尔美术馆藏铜刀刃缘作波形。李先生已提到，“尊古斋之两斧按指此刀及康侯刀，厂市之修理吉金者伪造，售出颇多”，在这里不详细讨论。据上所述，虎食人或龙食人的纹饰，在商至周初颇不少见，应有其特殊意义。该刀形体异常

① 中国社会科学院考古研究所安阳队：《殷墟妇好墓》，文物出版社，1985年，157～165页。

② 北京大学历史系考古教研室：《商周考古》，文物出版社，1979年，208页，图版一。

③ 高西省：《论西周时期“人兽母题”青铜器》，《中原文物》2002年第1期，48页。

④ 王小盾：《中国早期思想与符号研究——关于四神的起源及其体系形成》（上），上海人民出版社，2008年，356页。

⑤ 李学勤：《试论虎食人卣》，《南方民族考古》1987年第1辑，41页。

怪异，是极为罕见的珍品。系西周初年物，同时出土的还有康侯刀和太保钩戟等[①]（图2-52）。

图2-52-1 美国华盛顿弗利尔美术馆藏西周初年怪兽噬人铜刀
（美国华盛顿弗利尔美术馆官网）

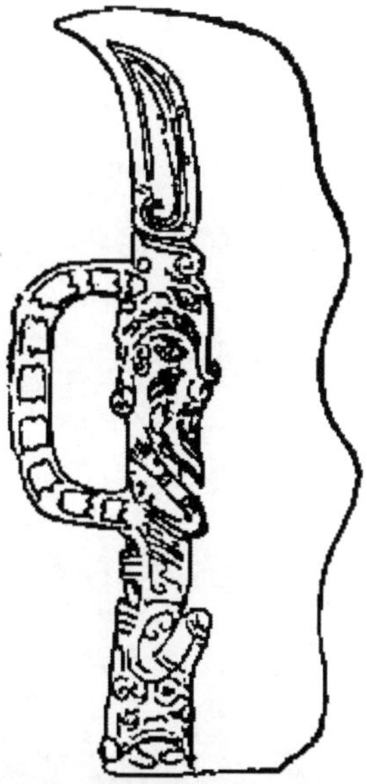

图2-52-2 美国华盛顿弗利尔美术馆藏西周初年怪兽噬人铜刀线图
（〔美〕张光直：《商周青铜器上的动物纹样》，《中国青铜时代》，生活·读书·新知三联书店，1999年，432页）

（二）第二类：人兽同体

人物纹和动物纹出现在同一兵器上，呈人兽混合人兽一体之势。

1960年湖北荆门漳河车桥战国墓出土兵辟太岁戈[②]。根据戈上的铭文，李家浩先生、俞伟超先生把神人释作“太岁神”，曾引起一些讨论[③]。邢文先生在《人、兽母题：史前至汉代陶石金帛所见人、兽母题的分类》一文中认可了李家浩先生以戈援神人的身体为“一种具有鳞甲之兽的兽身”的意见[④]。同时，邢先生根据杨泓先生《中国

① 李学勤：《试论虎食人卣》，《南方民族考古》1987年第1辑，41页。

② 王毓彤：《荆门出土一件铜戈》，《文物》1963年第3期，64、65页。

③ 李家浩、俞伟超：《论“兵避太岁”戈》，《出土文献研究》，文物出版社，1985年，138～145页。李零：《湖北荆门“兵避太岁”戈》，《文物天地》1992年第3期，22～25页。李家浩：《再论“兵避太岁”戈》，《考古与文物》1996年第4期，28～35页。

④ 李家浩：《再论“兵避太岁”戈》，《考古与文物》1996年第4期，29、30页。

古代的甲胄》《中国古代甲胄的新发现和有关问题》等书中所述“战国时期比较完善的甲是由甲身、甲袖、甲裙三部分组成。这种甲穿在身上，不可能像戈援神人那样，在颈、大小腿和脚也会出现鳞甲（脸部似乎也有鳞甲）。只有具有鳞甲之兽的兽身，才会出现全身鳞甲”①。认为“太岁的人面与兽身，构成了一个完整的人兽同体的‘神人’形象，其两手分别持有虹、龙，胯下也见骑龙之意，是典型的人、兽同身同体类‘人兽母题’”②（图2-53）。

图2-53-1　1960年湖北荆门漳河桥战国墓出土兵避太岁戈

图2-53-2　兵避太岁戈拓片

① 李家浩：《再论“兵避太岁”戈》，《考古与文物》1996年第4期，29、30页。

② 邢文：《人、兽母题：史前至汉代陶石金帛所见人、兽母题的分类》，《民族艺术》2011年第4期，29页。

（三）第三类：人兽同器

该类“人兽母题”青铜器图像表现为人物纹和动物纹同时出现于同一器物，然间隙较大，不直接接触，关系不太紧密。

（1）法国巴黎吉美博物馆（Musée Guimet）藏商代晚期有胡三角援戈

法国巴黎吉美博物馆藏商代晚期有胡三角援戈1件①，宽援短胡，援本三穿。内微下曲，上有一圆穿。戈近基部有变形的兽面纹，双眼凸出。援中部有一人形，双手上举成蹲屈状，头中央带一圆涡纹（图2-54）。

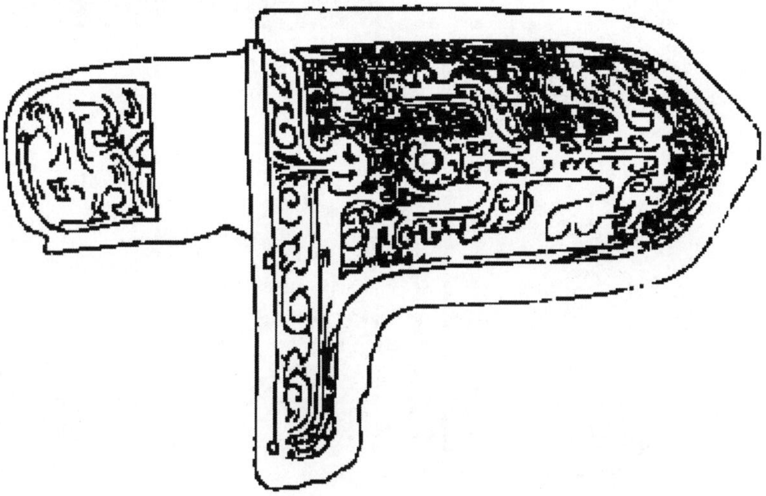

图2-54 巴黎基美博物馆藏1件商代晚期有胡三角援戈
（施劲松：《论带虎食人母题的商周青铜器》，《考古》1998年第3期，59页）

（2）甘肃灵台白草坡M2出图西周早期勾戟

甘肃灵台白草坡M2出1件“人兽母题”青铜勾戟。长25厘米，宽23厘米，刺锋上有一人头，颈部为一椭圆形銎，深目高鼻，浓眉巨耳，下颚凸出，面部有纹饰。钺上有一做扑噬状的兽（牛），构思精妙，造型奇特，为钩兵中罕见之物，年代为西周早期②（图2-55）。

① 李学勤、〔美〕艾兰：《欧洲所藏中国青铜器遗珠》，文物出版社，1995年，图版71页。

② 甘肃省博物馆文物队：《甘肃灵台白草坡西周墓》，《考古学报》1977年2期，137、138页。

图2-55-1　甘肃灵台白草坡M2出图西周早期勾戟

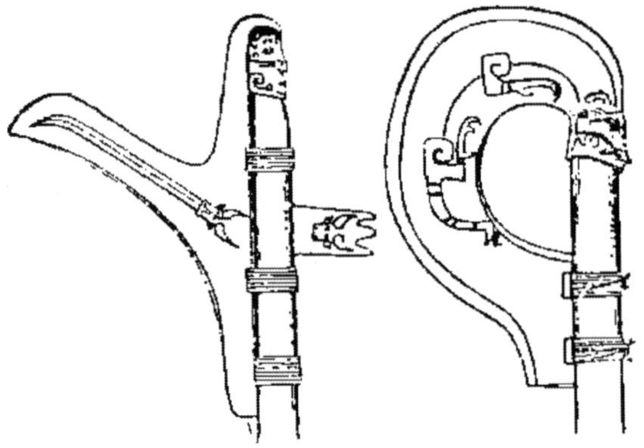

图2-55-2　甘肃灵台白草坡M2出图西周早期勾戟线图

（中国青铜器全集编辑委员会：《中国青铜器全集》，文物出版社，1996年）

（3）陕西宝鸡竹园沟M13出土西周早期人首銎内钺

陕西宝鸡竹园沟M13出土人首銎内钺1件[①]，钺长14.3厘米，刃宽7.8厘米。钺身为长方体，刃作半圆弧外侈状，管銎与钺体等宽，后连直内，銎上下两端出齿作阑。钺体两侧有一对生动的卷尾、曲颈、回首爬行的兽。兽体装饰鳞环纹，兽身矫健。钺本部有一浮雕卷曲的蛇与一怪异浮雕兽交织。内上有一很少见的双目双角怪兽，整个纹样布局具有明显的怪异色彩，是商周青铜器中十分罕见的纹样。人首位于管銎顶上，中空且与管銎相通，木柲通过銎径直接通向人首。人首为短方脸，面部微下凹，下颌凸出，浓眉，双目竖起，短鼻，圆鼻头，大口微微张开，额前有刘海，脑后有发辫，颈部有方孔，可插柲，出土时钺銎内还残存一段木柲[②]。竹园沟M13为康王前期墓，该

① 卢连成、胡智生等：《宝鸡𢐗国墓地》，文物出版社，1988年，37页。

② 高西省：《论西周时期"人兽母题"青铜器》，《中原文物》2002年第1期，51页。

钺应为西周早期器物（图2-56）。

此外，据高西省先生统计[①]，此类“人兽母题”青铜器还在宝鸡市青铜器博物馆收藏1件钺，形制几乎与竹园沟人首管銎钺相同，唯本部为一大圆孔穿。与这类钺近似者较为多见。如1964年洛阳北窑西周M278出土1件[②]。日本白鹤美术馆收藏的1件[③]，钺两侧同样有兽纹，援本部有兽面，内边缘有纹样装饰。1994年河北邢台市葛家庄西周墓出土1件，通长17.7厘米[④]。《中国殷周时代的武器》图一八四也著录了1件，与竹园沟人首钺之形制、纹样结构及纹样所在的部位几乎没有区别，所不同者仅在于葛家庄钺顶上连通一象鼻，作上卷状，类似人首冠的怪兽。推测其时代应该和竹园沟钺相近，应该为西周早期器[⑤]。

图2-56-1　陕西宝鸡竹园沟M13出土西周早期人首銎内钺

（中国青铜器全集编辑委员会：《中国青铜器全集》，文物出版社，1996年）

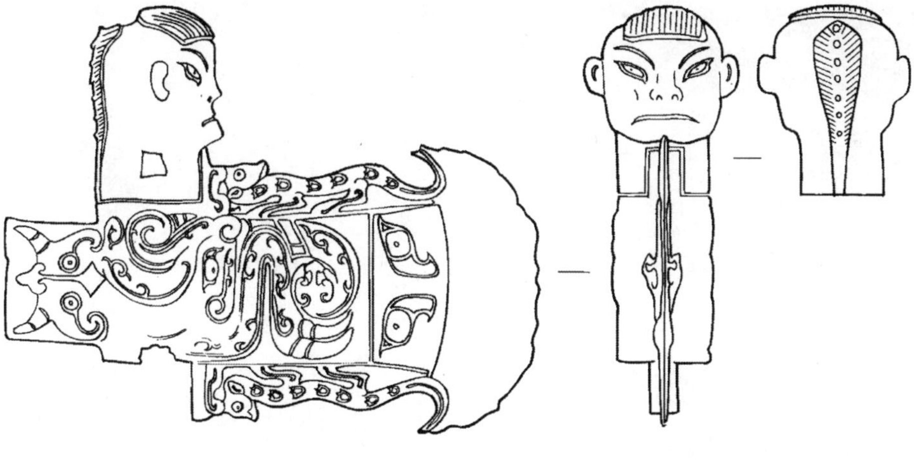

图2-56-2　陕西宝鸡竹园沟M13出土西周早期人首銎内钺线图

（中国青铜器全集编辑委员会：《中国青铜器全集》，文物出版社，1996年）

---

① 高西省：《论西周时期“人兽母题”青铜器》，《中原文物》2002年第1期，51页。

② 洛阳市文物工作队：《洛阳北窑西周墓》，文物出版社，1999年，图版二：1页。

③ 〔日〕林巳奈夫：《中国殷周时代的武器》，京都大学人文科学研究所，1972年，图一八五。

④ 国家文物局：《中国文物精华》，文物出版社，1997年，彩版56页。

⑤ 高西省：《论西周时期“人兽母题”青铜器》，《中原文物》2002年第1期，47页。

图2-57　英国伦敦大不列颠博物馆藏西周早期铜钺

（高西省：《论西周时期“人兽母题”青铜器》，《中原文物》2002年第1期，49页）

（4）英国伦敦大不列颠博物馆（British Museum）藏西周早期铜钺

英国伦敦大不列颠博物馆藏1件铜钺①，长约30厘米。钺体为管銎置柲，銎顶连通一人首，刃为弧形，援本部有一凸目卷角兽面，长管銎与兽面等宽，銎顶上人首为短脸细眉，高鼻小嘴，头戴月牙形高冠。该钺和竹园沟钺很相似，时代可能为西周早期②（图2-57）。

（5）河南洛阳北窑西周墓地M210出土西周早期青铜戈

20世纪60年代河南洛阳北窑西周墓地M210出土1件青铜戈③，出土时已残断，残长25厘米，管銎长10.5厘米，短胡、长直援内，援本部有一凸目张口的浮雕兽面。长管銎顶端装饰一人首，该戈形制在西周早期较为常见，应为该时期器物④（图2-58）。

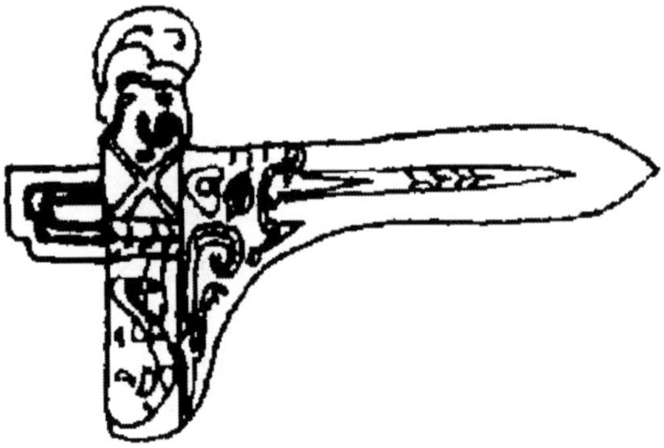

图2-58　河南洛阳北窑西周墓地M210出土西周早期青铜戈

（高西省：《论西周时期“人兽母题”青铜器》，《中原文物》2002年第1期，49页）

三、车　　器

根据纹饰题材构图，商周“人兽母题”青铜车器分为“人兽互动”“人兽同体”及“人兽同器”三类。

第一类：人兽互动。人物纹和动物纹同时出现在一件车器上，两者直接接触，且直接发生互动，具备某种关系。

第二类：人兽同体。人物纹和动物纹不仅出现在同一件车器上，两者结合还非常紧密，几乎已经融为一体，呈现人兽混合、人兽一体之势。

第三类：人兽同器。人物纹和动物纹出现在同一件车器上，但二者未紧密联系，

① 周纬：《中国兵器史稿》，生活 · 读书 · 新知三联书店，1957年，图版二十五。

② 高西省：《论西周时期“人兽母题”青铜器》，《中原文物》2002年第1期，53页。

③ 洛阳市文物工作队：《洛阳北窑西周墓》，文物出版社，1999年，图版二：1页。

④ 高西省：《论西周时期“人兽母题”青铜器》，《中原文物》2002年第1期，53页。

不直接发生互动。

（一）第一类：人兽互动

人物纹和动物纹同时出现在一件车器上，两者直接接触，紧密结合，且均具备某种关系。根据造型和构图的不同，可以分为A型和B型。A型中的人物多处于猛兽下方的次要位置，显露出被猛兽“吞噬”之势。B型以人物为主角，多呈驾驭驱使猛兽之态。

1. A型

“人兽母题”车器的画面构图为猛兽吞噬人首，人首位于猛兽下方，似被笼罩于猛兽威仪之下，略有“被动”之势。

（1）英国伦敦大不列颠博物馆藏车軏

英国伦敦大不列颠博物馆1件[①]。通高15.2厘米，圆雕兽头做张嘴吞吃状，人物凸眉圆眼，鼻上有槽，嘴部镂孔。类似的车辖还有多件，其中伦敦苏富比拍卖行（Sotheby's）藏1件，高14.9厘米，为圆锥状卷角兽头，下为一象鼻人面[②]（图2-59）。

图2-59　英国伦敦大不列颠博物馆藏车軏
（施劲松：《论带虎食人母题的商周青铜器》，《考古》1998年第3期，59）

（2）陕西扶风黄堆齐村出土西周中期车辖

1982年3月10日陕西扶风黄堆齐村出土车辖（采：68），其中1件长11.5厘米，口径4.5厘米×5.6厘米，辖孔3.1厘米×1.4厘米，呈圆筒状，一端已磨损。上为兽面，下方圆形处是口，兽首前齿排列整齐，双目圆凸，鼻梁竖立，双耳作“C”字形，兽口内为一浮雕人首，面容清晰，额发整齐，双眼无神，张口喊叫，呈被怪兽吞噬状。制作时间应为西周中期[③]（图2-60）。

① 李学勤、〔美〕艾兰：《欧洲所藏中国青铜器遗珠》，文物出版社，1995年，图版105a、106b页。

② 高西省：《论西周时期人兽母题青铜器》，《中原文物》2002年第1期，49页。

③ 罗红侠：《周原出土的人物形象文物》，《文博》1993年第6期，90页。

图2-60-1　陕西扶风黄堆齐村出土西周中期车辖拓片
（罗红侠：《周原出土的人物形象文物》，《文博》1993年第6期，90页）

图2-60-2　1982年陕西扶风黄堆齐村出土西周中期车辖线图
（高西省：《论西周时期"人兽母题"青铜器》，《中原文物》2002年第1期，49页）

（3）虢国墓地M1705号墓出土西周晚期车辖

虢国墓地M1705号墓中出土一对（2件）车辖[①]。辖头为一张着大口的兽，兽口中含着一个人头，三面浮雕，五官清晰。时代应属西周晚期（图2-61）。

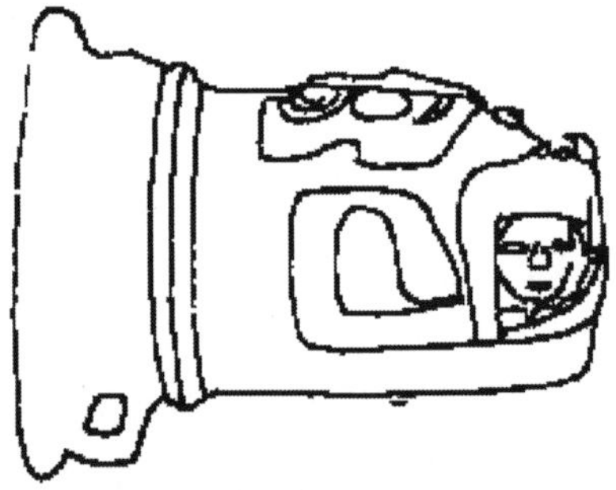

图2-61　虢国墓地M1705号墓出土西周晚期车辖
（施劲松：《论带虎食人母题的商周青铜器》，《考古》1998年第3期，59页）

（4）河南平顶山北滍村应国墓地出土西周晚期车辖

1986年5月至6月，河南省文物研究所、平顶山市文管会在河南平顶山北滍村守董阳岭的中部进行发掘，M1出土一对车辖M1：21（2件），形制、纹样、大小均相同，长9.4厘米，口径4.3厘米[②]。軎中有两周凸弦纹将其分为两段，后段素面，前段装饰浮

① 中国社会科学院考古研究所：《上村岭虢国墓地》，科学出版社，1959年，125、126页。

② 河南省文物研究所、平顶山市文管会：《平顶山市北滍村两周墓地一号墓发掘简报》，《华夏考古》1988年第1期，35页、图版陆1、2。

雕眉、目、耳、鼻俱全的张口兽面，兽口内部饰一人头，兽作吞噬人面状，人物额发平齐，脑后不可见，无法确定是否为束发。平顶山应国墓地M1属于西周晚期墓，相对年代定为西周末年宣王之世[①]（图2-62）。

图2-62-1 1986年河南平顶山北滍村应国墓地出土西周晚期车辖拓片
（河南省文物研究所、平顶山市文管会：《平顶山市北滍村两周墓地一号墓发掘简报》，《华夏考古》1988年第1期，36页）

图2-62-2 1986年河南平顶山北滍村应国墓地出土西周晚期车辖线图
（河南省文物研究所、平顶山市文管会：《平顶山市北滍村两周墓地一号墓发掘简报》，《华夏考古》1988年第1期，37页）

2. B型

人物纹和动物纹同时出现在一件车器上，两者直接接触，紧密结合，且以人物为主角，多呈驾驭驱使猛兽之态。

（1）陕西宝鸡茹家庄墓车马坑出土西周中期车軏

1974年至1975年陕西宝鸡茹家庄墓一号车马坑出土车軏1件。三号车马坑二号车出

① 高西省：《论西周时期“人兽母题”青铜器》，《中原文物》2002年第1期，49页。

土2件[1]。形制相同，器高11～13厘米，圆管状，顶端封实，正面为一高浮雕兽面。兽面宽阔，双目圆睁。额饰云纹，两腮下垂，鼻梁竖立，嘴边有须，兽后面蹲伏一人，做双手环抱兽面状。人物披发，面部宽短，大口微张，嘴唇宽厚，浓眉桃眼，大耳宽鼻。上身赤膊，下着短裤，束宽腰带，背上刺有背向站立的小鸟文身，宝鸡茹家庄一、二号车马坑属于茹家庄墓地M1，该墓被定为西周穆王时期，3件軏饰应不晚于西周中期[2]（图2-63）。

图2-63-1　陕西宝鸡茹家庄墓车马坑出土西周中期车軏

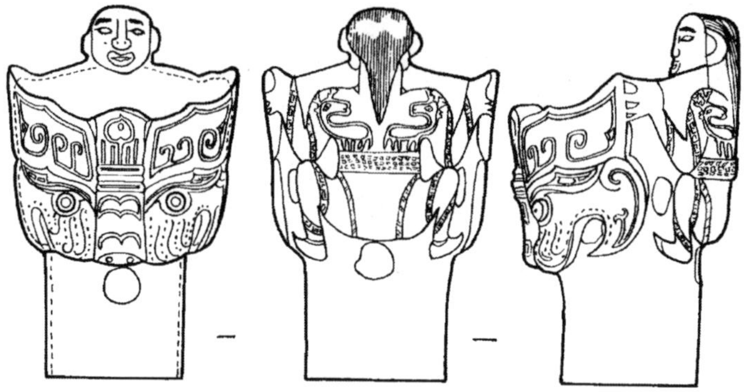

图2-63-2　陕西宝鸡茹家庄墓车马坑出土西周中期车軏线图
（中国青铜器全集编辑委员会：《中国青铜器全集》，文物出版社，1996年）

（2）人物兽面纹车辖

林巳奈夫先生的《神与兽的纹样学——中国古代诸神》一书还收录了几件西周中后期以后的人兽组合类、人物驭兽题材车辖。其中1件，人物骑坐于猛兽颈肩部，裸身束发，圆眼大耳，宽鼻阔嘴，顶有发髻，双手驭兽，兽眼圆睁，巨口大张，犬牙尖利。虽然制作手法未及陕西宝鸡茹家庄M1、M3车马坑出土“人兽母题”车軏精美细

① 卢连成、胡智生等：《宝鸡弶国墓地》，文物出版社，1988年，31页。

② 高西省：《论西周时期“人兽母题”青铜器》，《中原文物》2002年第1期，47页。

致，然从形制结构上看，两者明显具有共同之处（图2-64）。

图2-64　西周中后期以后的“人兽组合”类车辖
（〔日〕林巳奈夫著，常耀华、王平、刘晓燕、李环译：《神与兽的纹样学——中国古代诸神》，生活·读书·新知三联书店，2009年，178页）

（3）人物兽面纹车辖

另外，还有1件造型为人物屈膝蹲坐于猛兽肩背部，双手攥住兽耳，背部为一块铜板，人物尖脸大耳，裸身披发[①]。这种“人兽互动”的“驾驭”模式与陕西宝鸡茹家庄M1、M3车马坑出土人兽形车軏较为相似，或许蕴藉相似含义（图2-65）。

---

① 〔日〕林巳奈夫著，常耀华、王平、刘晓燕、李环译：《神与兽的纹样学——中国古代诸神》，生活·读书·新知三联书店，2009年，179页。

图2-65-1　西周中后期以后的“人兽组合”类车辖

（〔日〕林巳奈夫著，常耀华、王平、刘晓燕、李环译：《神与兽的纹样学——中国古代诸神》，生活 · 读书 · 新知三联书店，2009年，177页）

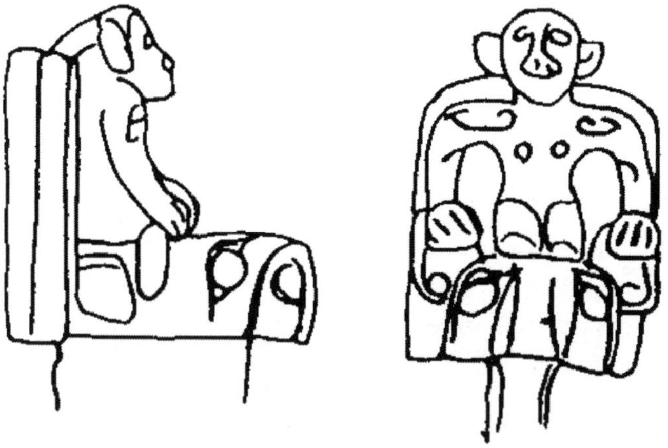

图2-65-2　西周中后期以后的“人兽组合”类车辖线图

（〔日〕林巳奈夫著，常耀华、王平、刘晓燕、李环译：《神与兽的纹样学——中国古代诸神》，生活 · 读书 · 新知三联书店，2009年，177页）

（4）人物兽面纹车辖

另一件"人物驭兽"车辖，该辖中的人物造型半骑半坐在一头伏卧的兽首之上，人物裸身束发，顶有发髻，圆脸大耳，似有珥环[①]（图2-66）。

（5）人物兽面纹车辖

该车辖较为特殊，并未出现虎头，然可见遗留的刻画痕迹，林巳奈夫先生推测制作者原来很可能想在人、兽之间刻画一个虎头，人物裸身，上有文身，短发齐整，与殷墟妇好墓中出土的殷商玉人像较为类似[②]（图2-67）。

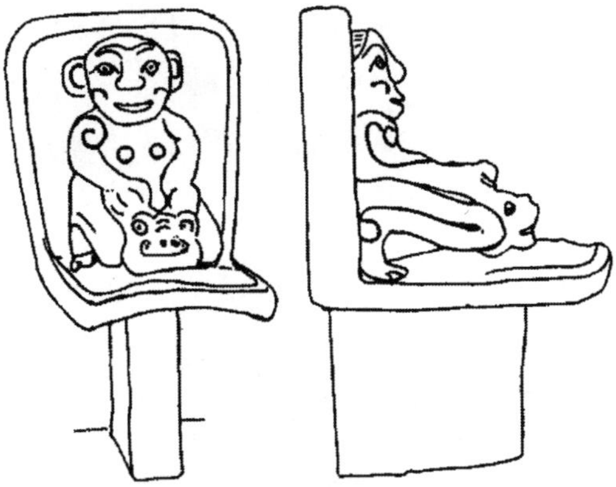

图2-66 西周中后期以后的"人兽组合"类车辖线图

（〔日〕林巳奈夫著，常耀华、王平、刘晓燕、李环译：《神与兽的纹样学——中国古代诸神》，生活·读书·新知三联书店，2009年，174页）

图2-67-1 西周中后期以后的"人兽组合"类车辖

（〔日〕林巳奈夫著，常耀华、王平、刘晓燕、李环译：《神与兽的纹样学——中国古代诸神》，生活·读书·新知三联书店，2009年，176页）

图2-67-2 西周中后期以后的"人兽组合"类车辖线图

（〔日〕林巳奈夫著，常耀华、王平、刘晓燕、李环译：《神与兽的纹样学——中国古代诸神》，生活·读书·新知三联书店，2009年，176页）

（二）第二类：人兽同体

人物纹和动物纹同时出现在一件车器上，两者直接接触，结合最为紧密，似已融为一体。

① 〔日〕林巳奈夫著，常耀华、王平、刘晓燕、李环译：《神与兽的纹样学——中国古代诸神》，生活·读书·新知三联书店，2009年，179页。

② 〔日〕林巳奈夫著，常耀华、王平、刘晓燕、李环译：《神与兽的纹样学——中国古代诸神》，生活·读书·新知三联书店，2009年，179页。

林巳奈夫先生的《神与兽的纹样学——中国古代诸神》收录1件西周中后期“人兽同体”类车辖[①]。该车辖上的人物身体与猛兽头部合为一体，臀部为虎鼻，后腰处可见虎目，人物裸身盘发，发梢向上卷曲，似为发髻，面朝身后，圆眼大耳，目视后方，动作略微显得有些僵硬呆板（图2-68）。

图2-68　西周中后期“人兽一体”类车辖

（〔日〕林巳奈夫著，常耀华、王平、刘晓燕、李环译：《神与兽的纹样学——中国古代诸神》，生活·读书·新知三联书店，2009年，174页）

图2-69　1966年河南洛阳北窑出土跽坐人物车辖

（李松、贺西林：《中国古代青铜器艺术》，陕西人民出版社，2002年，107页）

（三）第三类：人兽同器

人物纹和动物纹出现在同一件车器上，但二者未紧密联系，不直接发生互动。

1966年河南洛阳北窑出土跽坐人物车辖，通高25.5厘米，长19厘米，宽10.3厘米，梳高髻，戴冠，冠带系于颌下，上衣宽边右衽，腰束宽带，垂蔽膝盖，背后长方形挡泥板上装饰饕餮纹，其人物表情生动，特别是五官比例，肌肉起伏和内在骨骼结构关系把握的精准程度在同时期作品中很少见，属西周早期作品。有学者认为，该车辖与宝鸡茹家庄车辖人物服饰发型迥然不同，很可能来自不同地区，属不同民族[②]（图2-69）。

① 〔日〕林巳奈夫著，常耀华、王平、刘晓燕、李环译：《神与兽的纹样学——中国古代诸神》，生活·读书·新知三联书店，2009年，179页。

② 李松、贺西林：《中国古代青铜器艺术》，陕西人民出版社，2002年，107页。

四、乐　　器

迄今为止，包括考古出土、传世著录的商周"人兽母题"青铜乐器仅见日本东京泉屋博古馆藏的著名商代青铜双鸟鼍鼓①。该器为"人兽同体"类"人兽母题"青铜器。通高79.4厘米，鼓身似横置的筒形，上部铸有两鸟相背，中有小孔。鸟下饰兽面纹，绕以四瓣花纹方框。

鼓身正面饰鳞纹神人纹位于鼍鼓两侧，神人有首有身，头两侧有向上外侧卷曲的双角，双角中间有冠，一双耳巨大，躯干呈倒三角形，身饰云纹，双手上举，双腿分开，呈下蹲状，外侧饰一龙，龙首朝下，另一腿外侧有一首向下方的鱼，整体造型狞厉、威严（图2-70）。神人整体为浅浮雕，头部上方有一方形，内部分割成小方块，每两个小方块间装饰有铸痕较浅的涡状花纹。该神人形貌特征与阜南龙虎尊和三星堆龙虎尊上的人形有相似之处。鼍鼓形制与1977年湖北崇阳出土的商代饕餮纹鼓②相似，可能为商代晚期南方出土的青铜器。就目前考古发现看，中原地区尚未发现类似的商代铜鼓（图2-71）。

图2-70-1　日本东京泉屋博古馆藏双鸟鼍鼓
（日本东京泉屋博古馆官网）

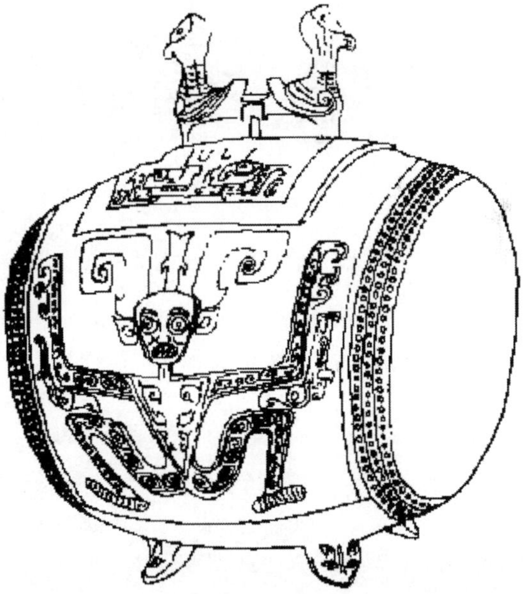

图2-70-2　日本东京泉屋博古馆藏双鸟鼍鼓线图
（施劲松：《论带虎人母题的商周青铜器》，《考古》1998年第3期，59页）

① 李学勤：《中国美术全集》之《青铜器》（上），文物出版社，1985年，图版129页。
② 李学勤：《中国美术全集》之《青铜器》（上），文物出版社，1985年，图版106页。

图2-70-3　日本泉屋博古馆藏双鸟鼍鼓局部拓片

（〔日〕林巳奈夫著，常耀华、王平、刘晓燕、李环译：《神与兽的纹样学——中国古代诸神》，生活 · 读书 · 新知三联书店，2009年，135页）

图2-71　安徽阜南出土商代中期龙虎尊"人兽母题"纹饰线图

（汤威、张巍：《郑州商城"人兽母题"陶片图案复原及相关问题探讨》，《中国历史文物》2008年第1期，35页）

五、铜　　镜

铜镜方面，商周时期"人兽母题"青铜镜仅发现"人兽互动"一类，且均为猛士刺虎、勇士斗兽题材。

（1）洛阳金村出土战国错金银狩猎纹铜镜

洛阳金村出土错金银狩猎纹铜镜1件。圆镜，圆纽，凸弦环带纽座，直径17.5厘米，纹饰精美巧思，其中以《勇士刺虎图》最为著名。画面右侧为一身着铠甲的骑马勇士，头戴羽胄，左手执缰，右手持剑，正向一猛虎刺去，果敢勇武，英姿飒爽。左侧为一头浑身饰满斑纹的猛虎，虎头向右，正朝勇士扑噬而去，显得凶猛威武，轻捷灵动。该狩猎纹铜镜采用错金银工艺精工细致而成，是战国时期铜镜中的翘楚，无论是构思设计还是制作技法，均代表当时的一流水准。原存日本东京细川侯爵家，现藏日本永青文库（えいせいぶんこ）（图2-72）。

（2）湖北云梦睡虎地出土战国狩猎纹镜

1975年湖北云梦睡虎地出土狩猎纹镜1件，直径10.4厘米，三弦纽，方纽座。主体纹饰为围绕镜纽、两两相向的两组猛士搏虎，地纹为双线勾连雷纹，内填碎点纹。该镜虽出土于秦墓，却为战国遗物，为该时期秦国青铜镜中的精品，中国历史博物馆藏（图2-73）。

图2-72 洛阳金村出土战国错金银狩猎纹铜镜

图2-73 湖北云梦睡虎地出土战国狩猎纹镜

六、杂　　件

商周时期杂件类“人兽母题”青铜器包括“人兽互动”和“人兽同器”两类。

（一）第一类：人兽互动

根据形制造型的不同，此类“人兽母题”杂件可以分为A型和B型。A型“人兽母题”中人以全身或头部形态出现，多被置于猛兽下方。B型 “人兽母题”的内容多表现为人物嬉玩、驯化、捕杀，或狩猎动物。

1. A型

“人兽母题”题材为猛兽噬人，人以全身或头部形态出现，多被置于猛兽下方，显得颇为神秘诡谲、耐人寻味，明显被熔铸了时人的精神世界和审美尚趣。

英国伦敦不列颠博物馆藏“人兽母题”饰件1件[①]。通器高11厘米。出土地不详。该饰件下部为一羽人，上部为一跪坐人形，手捧一鸟，背后有一兽吞噬其首，意境类似“虎食人卣”，研究者认为应属商代后期（图2-74）。

图2-74-1　英国伦敦不列颠博物馆藏商代后期“人兽母题”饰件

图2-74-2　英国伦敦不列颠博物馆藏商代后期“人兽母题”饰件线图

（〔日〕林巳奈夫著，常耀华、王平、刘晓燕、李环译：《神与兽的纹样学——中国古代诸神》，生活 · 读书 · 新知三联书店，2009年，173页）

2. B型

该型“人兽母题”纹饰的题材多为人物嬉玩、驯养、捕杀，或狩猎动物，无论是人还是兽，形态均较为写实，A型“人兽母题”凝聚的神秘感已逐渐淡去，取而代之的是朴拙自然的世俗气息。

① 李学勤、〔美〕艾兰：《欧洲所藏中国青铜器遗珠》，文物出版社，1995年，单色图版79页。

（1）陕西扶风黄堆许家胡同车马坑出土人持兽面盾铜牌饰

1984年陕西扶风黄堆许家胡同车马坑出土人持兽面盾铜牌饰1件[①]。人物双手驭兽，面部清晰，五官分明，尖脸长眼，鼻头凸起，小嘴微张，唇薄无须，背肌发达，头顶发髻呈尖顶螺旋旋，身体中空。兽面双目怒凸，鼻梁隆起，双耳直立。中间有一装筹柄用的孔，孔径0.6厘米，孔内残存骨笄一截。时代应该是西周中期[②]（图2-75）。

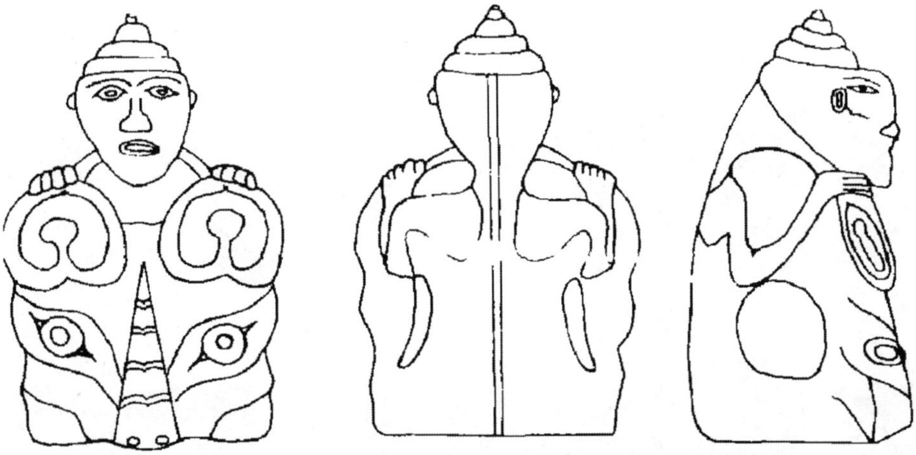

图2-75 1984年陕西扶风黄堆许家胡同车马坑出土人持兽面盾铜牌饰
（罗红侠：《周原出土的人物形象文物》，《文博》1993年第6期，90页）

（2）十五连盏铜灯

河北平山的中山国王陵出土，造型为一株枝杈横曳的大树，一树干十四分支，加上树顶一共十五个圆盘，高低上下、参差错落。有一条蜿蜒的四足龙爬于树顶，两只小鸟在树枝上鸣唱，八只小猴在树上戏耍，树下有两个赤膊人物仰首向上，用手中的食物引逗小猴，两只位于一、二层树枝的小猴禁不住诱惑，正单臂抓树，向下讨食。小猴甚为生动传神、惹人喜爱。灯盏底座有三头四足怪兽。整个灯盏中，人、猴、鸟、龙，构成一个生物世界，造型极富生活情趣，显得清新灵秀且简洁明快，与殷商及西周的“人兽母题”青铜器风格截然不同，年代为战国中晚期，与其说这是一盏铜灯，毋宁说这更是一个奇妙的自然画境[③]（图2-76）。

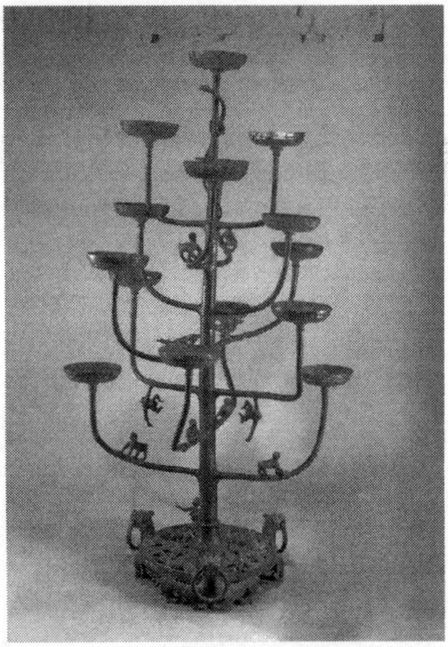

图2-76 河北平山中山国王陵出土十五连盏铜灯

① 罗红侠：《周原出土的人物形象文物》，《文博》1993年第6期，90页。
② 高西省：《论西周时期“人兽母题”青铜器》，《中原文物》2002年第1期，48页。
③ 廖群：《中国审美文化》（先秦卷），山东画报出版社，2000年，372页。

（3）齐国武士人形铜灯

1957年山东诸城出土齐国武士人形铜灯1件，通高23.9厘米，盘径11.5厘米，勺长22.7厘米。灯身为一武士，圆眼阔口，孔武有力，身着交领右衽及膝短衣，腰束宽带，双手各擎一灯盘，脚踏盘龙形镂空圆形灯座。盏盘下的子母榫口与盘柄可根据需要随意拆卸。出土时还随附有一柄供添油用的长柄铜勺。该铜灯设计巧妙，造型新颖，研究者认为它应该是战国时期齐国宫廷用器。武踏龙士是齐人对勇武力士的表现，体现了战国时期齐人尚武的传统（图2-77）。

图2-77-1　1975年山东渚城出土战国齐国人形铜灯

图2-77-2　1975年山东渚城出土战国齐国人形铜灯

（4）驯鸟人青铜像

1931年洛阳金村出土圆雕式驯鸟人俑1件，高30厘米。人物持叉站立，头部微仰，面庞圆润，蒙古族的容貌特征相当显著，可能是个女性，辫发，胸部凸起，着短裙与深筒靴，双手各执短棒，其上一对玉鸟（玉鸟可能为古董商人所配，恐不可信）。这件圆雕比例匀称，面貌神情沉静，体态丰满，浑朴厚重，实是中国早期雕刻艺术中的精品①。也有学者认为该人物或许是从外族俘虏来的奴隶，现藏美国波士顿美术馆（Museum of Fine Arts，Boston）（图2-78）。

（5）美国华盛顿弗利尔美术馆藏战国时期青铜嵌银人物骑鹿饰件

美国华盛顿弗利尔美术馆藏战国时期青铜嵌银人物骑鹿饰件1件。通高7.5厘米，长4.4厘米，宽4.4厘米，圆雕装饰，人物骑鹿，梅花鹿周身镶嵌银质斑纹，头上鹿角华美，前蹄半蹲，后足跪卧，侧身回顾，灵动活泼；人物比例较小，侧骑鹿身，右手驭鹿，左手抚额，似与鹿对视，整件作品显得活灵活现，妙趣横生，年代大约在战国时期（图2-79）。

① 刘敦愿：《美术考古与古代文明》，人民美术出版社，2007年，204页。

图2-78 1931年河南洛阳金村出土驯鸟人青铜像

图2-79 美国华盛顿弗利尔美术馆藏中国战国时期青铜嵌银人物骑鹿饰件
（美国华盛顿弗利尔美术馆官网）

（6）青铜骑士形饰

东周晚期青铜骑士形饰，高8.9厘米，长8.9厘米。骑士右手持长剑，左手持盾牌，昂首端坐在有缰、无鞍，亦无蹬的战马上。战马膘肥体健，周身装饰斜格纹，四足未加刻画，取而代之以“L”形环扣，属典型的草原文化鄂尔多斯青铜器，大都会艺术博物馆藏（图2-80）。

图2-80-1 东周晚期青铜骑士形饰

图2-80-2 东周晚期青铜骑士形饰

（二）第二类：人兽同器

这类“人兽母题”纹饰中的人物纹和动物纹出现在同一器物上，但二者未紧密联系，不直接发生互动。

图2-81　浙江绍兴狮子山出土伎乐铜屋

浙江绍兴狮子山出土伎乐铜屋。通高17厘米，宽13厘米，进深11.5厘米，平面呈长方形、三开间，四角攒尖顶，鼎心立一柱，柱顶有一鸟。铜屋正面敞开，无门无墙，似是供演出用的戏台，屋内有裸身男女伎乐6人，分前后两排。前排三人，左侧的一位面向右立于鼓架旁，右手执槌，左手前伸，正在打着节拍；中、右两人束发于顶，面向前，双手交置于小腹，像是两位女歌手。后排三人，左面的一位亦面向右，正在吹笙；中、右两人也面向前，膝上各置放四弦琴，正在抚弄弹拨。据推测，伎乐铜屋内的场景，反映的可能是越国的祭祀风俗，浙江省博物馆藏[①]（图2-81）。

伎乐铜屋是用铸造的形式，凝固住了歌乐生活的瞬间。而在战国“人兽母题”青铜器中，也同样呈现出这种摹写生活的审美趣尚，曾经占尽风头的夔龙凤鸟和饕餮怪兽，这时已为大量新兴的镶嵌图描或细雕线刻的生活场景所取代。不同于雕塑造型的“局部特写”，这个时候“人兽母题”青铜器纹饰图案的特点在于可以充分发挥线刻艺术自由图写描摹的优势，从而全方位、多层面、多角度地展示人物的各种活动。从这个意义上说，它们已经是介于雕饰和绘画之间的艺术形式。装饰效果之外，也显示了绘画艺术的水平和追求。从绘画艺术角度看，作为附着于铜器表面的装饰图案，又是在不大的空间大含量地展示各种生活内容，这些图画还多为剪影式色块或线条式勾勒，未及细腻及立体地刻画人物和环境的具体样态；构图也因尚未掌握透视法而显得古拙憨朴，但它们画面充实，景象变幻多姿多彩，观赏起来自是别具一格[②]。

① 廖群：《中国审美文化史》（先秦卷），山东画报出版社，2000年，380页。

② 廖群：《中国审美文化史》（先秦卷），山东画报出版社，2000年，381、383页。

第三节　分期断代

一、容　　器

笔者从三代青铜器的吉光片羽中提炼出上述典型实例，均为“人兽母题”纹饰的重要代表。根据现有资料，将商周“人兽母题”青铜容器分为“人兽互动”“人兽同体”和“人兽同器”三类。

（一）第一类：人兽互动

人物纹和动物纹出现于同一容器，二者紧密相连，直接产生互动。根据图像表现方式和构图差异，可分为A型、B型和C型。

1. A型

纹饰特征：该型“人兽母题”纹饰中的人物纹多被置于猛兽下方或两兽中间，被猛兽吞噬的形态出现。

代表器物：安徽阜南龙虎尊、四川广汉三星堆龙虎尊、后母戊（曾称司母戊）鼎、日本东京泉屋博古馆藏虎食人卣、法国巴黎塞努斯基美术馆藏虎食人卣。

制作时间：商代中晚期。

2. B型

人物纹与动物纹出现于同一器物，二者紧密相连且直接产生互动。根据器物形制特征和结构，分为BⅠ式、BⅡ式。

BⅠ式：

（1）纹饰特征：人物充当“人兽母题”青铜容器的局部构建。其中，动物造型多充当器身，人物或为容器盖链，或为容器器足。

（2）代表器物：匍盉、鸟盖人足盉、铜牺立人擎盘。

（3）制作时间：西周至战国时期。

BⅡ式：

（1）纹饰特征：“人兽母题”纹饰为图像式绘画，多在壶、豆、钫等容器表面刻画相应内容，以人物驾驭、驱使、捕猎、刺杀动物为主。

（2）代表器物：河北省唐山市贾各庄出土春秋时期嵌赤铜狩猎纹壶、河南省淅川县和尚岭M2出土春秋时期嵌红铜画像壶、山西省浑源县李峪村出土春秋晚期镶嵌狩猎纹豆、北京故宫博物院藏春秋晚期狩猎纹豆、四川省成都市百花潭中学十号战国墓出土宴乐采桑狩猎交战纹壶、陕西凤翔纸坊公社高王寺大队发现战国镶嵌射宴壶、北京故宫博物院藏战国宴乐狩猎攻战纹壶、台北故宫博物院藏战国早期狩猎纹壶、台北故宫博物院藏战国早期狩猎纹铜钫、台北故宫博物院藏战国早期狩猎纹铜缶、台北故宫博物院藏战国填漆狩猎纹壶等。

（3）制作时间：春秋早期至战国时期。

（二）第二类：人兽同体

（1）纹饰特征：人物纹和动物纹结合紧密，二者几乎已融为一体，呈现人首兽神，或人兽混合的外部形态。

（2）代表器物：美国华盛顿弗利尔美术馆藏商代鸟兽纹觥及人面龙身盉。

（3）器物年代：商代中后期。

（三）第三类：人兽同器

这类"人兽母题"青铜容器中的人物纹和动物纹虽同时出现在一件器物上，但两者结合不紧密，未直接接触或产生互动。根据形制结构可分A型、B型和C型。

1. A型

（1）纹饰特征：人物纹和动物纹出现于同一器物，不直接发生互动。

（2）代表器物：美国华盛顿弗利尔美术馆藏青铜簋。

（3）器物年代：西周。

2. B型

（1）纹饰特征：人纹和动物纹出现于同一器物，不直接发生互动，人物多以守门刖者形象出现。

（2）代表器物：庄白刖人守门方鼎、赤峰刖人守门鼎、茹家庄刖刑奴隶守门方鼎、日本东京泉屋博古馆藏中国刖人守门方鼎、刖人守囿六轮铜挽车等。

（3）器物年代：西周中晚期至春秋时期。

3. C型

（1）纹饰特征：人物纹为足器，负责承载器身，而动物纹则多为器物装饰构件。

（2）代表器物：山西省曲沃县北赵晋侯墓地Ⅰ11区M63邦父次夫人杨姞墓出土鼎形方盒、陕西省闻喜县上郭村墓地M49出土人足虎耳双盖方盒、山西省曲沃县北赵晋侯墓地M63出土立鸟人足筒形器、山东省枣庄市山亭村小邾国墓地M3出土虎纽方奁、台北故宫博物院藏人足兽鋬铜匜等。

（3）器物年代：从西周中晚期到春秋晚期。

二、兵　器

根据纹饰的题材内容和构图形式，迄今发现的商周“人兽母题”青铜兵器可“人兽互动”“人兽同体”和“人兽同器”三类。

（一）第一类：人兽互动

人物纹和动物纹同时出现在一件兵器上，二者直接接触，结合紧密，且产生互动关系。

（1）纹饰特征：人物纹被置于两兽中间，以被猛兽扑噬的头颅形态出现。

（2）代表器物：妇好钺、美国华盛顿弗利尔美术馆藏西周初年怪兽噬人铜刀。

（3）器物年代：商代晚期至西周初期。

（二）第二类：人兽同体

（1）纹饰特征：人物纹和动物纹紧密结合，二者合为一体，呈现出人兽混合的外部形态。

（2）代表器物：兵辟太岁戈。

（3）器物年代：战国。

（三）第三类：人兽同器

（1）纹饰特征：人物纹和动物纹虽出现在同一件礼兵之器上，但两者并未直接接触，亦不直接产生互动，且间隙较大，无直接接触。

（2）代表器物：巴黎吉美博物馆藏商代晚期有胡三角援戈、甘肃灵台白草坡M2出图西周早期勾戟、陕西宝鸡竹园沟M13出土西周早期人首銎内钺、英国伦敦大不列颠博物馆藏西周早期铜钺、洛阳北窑西周墓地M210出土西周早期青铜戈等，

（3）器物年代：商代晚期至西周早期。

三、车　器

根据纹饰题材构图，商周“人兽母题”青铜车器分为“人兽互动”“人兽同体”及“人兽同器”三类。

（一）第一类：人兽互动

人物纹和动物纹同时出现在一件车器上，两者直接接触，紧密结合，且均具备某种关系。根据造型和构图的不同，可以分为A型和B型。

1. A型

（1）纹饰特征：画面构图为猛兽吞噬人首，人首位于猛兽下方，似被笼罩于猛兽威仪之下，略有“被动”之势。

（2）代表器物：英国伦敦大不列颠博物馆藏车軏、陕西扶风黄堆齐村出土西周中期车辖、虢国墓地M1705号墓出土西周晚期车辖、河南平顶山北滍村应国墓地出土西周晚期车辖。

（3）制作时间：西周中期至西周末年。

2. B型

（1）纹饰特征：以人为主角，人物多呈驾驭或驱使猛兽之态。

（2）代表器物：陕西宝鸡茹家庄墓车马坑出土西周中期车軏、西周中期以后的人物兽面纹车辖等。

（3）制作时间：西周中期以后。

（二）第二类：人兽同体

（1）纹饰特征：人物纹和动物纹紧密结合，似已融为一体。

（2）代表器物：人兽一体车辖。

（3）制作时间：西周后期。

（三）第三类：人兽同器

（1）纹饰特征：人物纹和动物纹出现在同一件车器上，但二者未紧密联系，不直接发生互动。

（2）代表器物：河南洛阳北窑出土西周早期跽坐人物车辖。

（3）制作时间：西周早期。

四、乐　　器

根据目前的考古发现和文献著录，商周“人兽母题”青铜乐器仅见“人兽同体”

一类。

（1）纹饰特征：人物纹和动物纹紧密结合，已融为一体，呈人兽混合之势。

（2）代表器物：日本东京泉屋博古馆藏商代晚期青铜双鸟鼍鼓。

（3）制作时间：商代晚期。

五、铜 镜

根据目前的考古发现和文献著录，商周“人兽母题”铜镜仅有“人兽互动”一类，且均以人物捕杀、狩猎动物为题材。

（1）纹饰特征：人居支配地位，呈猛士刺虎、勇士斗兽之姿。

（2）代表器物：洛阳金村出土战国错金银狩猎纹铜镜、湖北云梦睡虎地出土战国狩猎纹镜。

（3）制作时间：战国。

六、杂 件

商周时期的“人兽母题”青铜杂件包括“人兽互动”和“人兽同器”两类。

（一）第一类：人兽互动

人物纹和动物纹同时出现在同一器物上，两者直接接触，紧密结合，且均具备某种关系。根据造型和构图的不同，可以分为A型、B型。

1. A型

（1）纹饰特征：人以全身或头部形态出现，多被置于猛兽下方，显得较为被动。

（2）代表器物：英国伦敦不列颠博物馆藏商代后期“人兽母题”饰件。

（3）制作时间：商代后期。

2. B型

（1）纹饰特征：人物呈现嬉玩、捕杀，或狩猎动物之姿，无论是人还是动物，形态均较为写实。

（2）代表器物：十五连盏铜灯、战国齐国人形铜灯、1931年洛阳金村出土驯鸟人俑、美国华盛顿弗利尔美术馆藏中国战国时期青铜嵌银人物骑鹿饰件、东周晚期青铜骑士形饰。

（3）制作时间：战国。

（二）第二类：人兽同器

（1）纹饰特征：人物纹和动物纹出现在同一器物上，但二者未紧密联系，不直接发生互动。

（2）代表器物：浙江绍兴狮子山出土伎乐铜屋。

（3）制作时间：战国。

由此可见，商周时期的“人兽母题”青铜器有一个明显的嬗变过程，商代的“人兽母题”青铜器与神性及巫术紧密相连，在神权政治、巫风弥漫的时代氛围中蕴蓄着朴素的人本意识。中晚期的“人兽母题”青铜纹饰多以“怪兽噬人”形态出现，人（头）被置于猛兽下方或两兽中间，处于从属地位，猛兽为扑噬人（头）状，人物显得较为被动且相对弱小。安徽阜南龙虎尊、四川广汉三星堆龙虎尊、后母戊（曾称司母戊）鼎、日本东京泉屋博古馆虎食人卣、法国巴黎塞努斯基美术馆藏虎食人卣均为典型代表。兵器方面的情况也大体相同。此外，英国伦敦不列颠博物馆藏商代后期“人兽母题”饰件也呈现“怪兽噬人”之姿。

除“怪兽噬人”外，还有一些“人兽母题”青铜器表现为“人兽同体”。在这类纹饰中，无论是人物还是动物都显诡谲怪异、神秘莫测，人物头上长角、周身斑纹、似乎已非凡人，且人物与动物结合紧密，二者似已合为一体，呈人首兽神，或神人首兽身的外部形态。其中以美国华盛顿弗利尔美术馆藏商代鸟兽纹觥和人面龙身盉最具典型性。与之类似的，还有兵避太岁戈、日本东京泉屋博古馆藏商代晚期青铜双鸟鼍鼓。

历时发展到了西周，“人兽母题”青铜器开始着重强调礼制背景下的森严等级，神性明显式微，人性得以突显，人本观念开始萌动。较商代“人兽母题”青铜器的数量明显增多，尤其是兵器和车器，比商代有显著提高。西周初期的“人兽母题”青铜兵器沿袭殷商旧俗，人物仍以头颅形态出现，被置于兽口之下，呈现“怪兽噬人”状。如美国华盛顿弗利尔美术馆藏西周初年怪兽噬人铜刀。车马器方面，河南洛阳北窑出土西周早期跽坐人物车辖上的人物纹和动物纹出现在同一件车器上，但二者未紧密联系，不直接发生互动。

随着时间推移，情况逐渐发生变化，“怪兽噬人”逐渐减少，一些兵器上的人物纹和动物纹虽出现于同器，但两者未直接接触，亦不直接产生互动，且间隙较大，无直接接触。甘肃灵台白草坡M2出图西周早期勾戟、陕西宝鸡竹园沟M13出土西周早期人首銎内钺、英国伦敦大不列颠博物馆藏西周早期铜钺、洛阳北窑西周墓地M210出土西周早期青铜戈等都属于这类器物。

西周中期以后，“人兽母题”青铜兵器中的人物已逐渐变为器物主角。然而，这种情况在车马器上却略有不同，西周中期至西周末年，英国伦敦大不列颠博物馆藏车軏、陕西扶风黄堆齐村出土西周中期车辖、虢国墓地M1705号墓出土西周晚期车辖、河南平顶山北滍村应国墓地出土西周晚期车辖，其画面构图均为猛兽吞噬人首状，人首位于猛兽下方，似被笼罩于猛兽威仪之下，略有“被动”之势。当然，此时同样出现了较多的人物“驾驭”或“驱使”猛兽之态的“人兽母题”车马器。其中，陕西宝鸡茹家庄墓车马坑出土西周中期车軏就是典型代表。西周晚期以后，“人兽母题”容器中的人物表现方式主要有三种，一是以守门刖者形象出现。例如：庄白刖人守门方鼎、赤峰刖人守门鼎、茹家庄刖刑奴隶守门方鼎、日本东京泉屋博古馆藏中国刖人守门方鼎、刖人守囿六轮铜挽车等。二是作为足器。如山西省曲沃县北赵晋侯墓地Ⅰ11区M63邦父次夫人杨姞墓出土鼎形方盒、陕西省闻喜县上郭村墓地M49出土人足虎耳双盖方盒、山西省曲沃县北赵晋侯墓地M63出土立鸟人足筒形器、山东省枣庄市山亭村小邾国墓地M3出土虎纽方奁、台北故宫博物院藏人足兽鋬铜匜等。三是充当局部构建。如匍盉、鸟盖人足盉等。

到了春秋时期，“人兽母题”纹饰发展成为图像式绘画，在壶、豆、钫、缶等器物表面刻画人物狩猎、捕杀猛兽场景。如河北省唐山市贾各庄出土春秋时期嵌赤铜狩猎纹壶、河南省淅川县和尚岭M2出土春秋时期嵌红铜画像壶、山西省浑源县李峪村出土春秋晚期镶嵌狩猎纹豆、北京故宫博物院藏春秋晚期狩猎纹豆、四川省成都市百花潭中学十号战国墓出土宴乐采桑狩猎交战纹壶、陕西凤翔纸坊公社高王寺大队发现战国镶嵌射宴壶、北京故宫博物院藏战国宴乐狩猎攻战纹壶、台北故宫博物院藏战国早期狩猎纹壶、台北故宫博物院藏战国早期狩猎纹铜钫、台北故宫博物院藏战国早期狩猎纹铜缶、台北故宫博物院藏战国填漆狩猎纹壶等。

战国时期的“人兽互动”纹饰，人物以骑射、嬉玩、驯养、捕杀，狩猎等形态出现，无论人还是动物，均生动写实，亲切灵动。如洛阳金村出土战国错金银狩猎纹铜镜、湖北云梦睡虎地出土战国狩猎纹镜、十五连盏铜灯、战国齐国人形铜灯、1931年洛阳金村出土驯鸟人俑、美国华盛顿弗利尔美术馆藏中国战国时期青铜嵌银人物骑鹿饰件、东周晚期青铜骑士形饰、浙江绍兴狮子山出土伎乐铜屋。此时，“人兽母题”纹饰中的动物已经由主角变为配角，或变为器物构建，变为从属地位，居于装饰的次要地位。

综上所述，商周“人兽母题”青铜器主要包括“人兽互动”“人兽同体”和“人兽同器”三类。商代，“人兽母题”青铜器主要出现在礼器或礼兵之器上，未见车马器。到了西周，“人兽母题”青铜器则以车马器为主，礼器不见。早期的“人兽母题”图像，主要表现的是时人深切的宗教欲望和图腾崇拜，是对自然的服从与表白，不仅是艺术的想象，还是原始宗教信仰的体现，此时的动物纹颇为夸张，显得神秘威仪，不似人间之物。人物形象亦诡谲怪异，或头上长角，或巨嘴兽耳，或齿牙森列，或遍体文身。很显然，在“率民以事神”的商代，“人兽母题”青铜器富丽神秘，威仪厚重，折射出时人的审美意趣和精神追求。随着时代发展，“人兽母题”青铜器的文化内涵和象征意义发生变化。人物纹与动物纹的外在形态也逐渐发生转变。历史来到西周，附丽于“人兽母题”青铜器的神权政治和巫觋风俗逐渐淡去，大多数器物以附属性的装饰出现，总体风格务实沉稳，显得刚柔兼济、整齐匀称。人物纹多以现实生活中的贵族、平民，或战服、奴隶、刑余之人形象出现，动物也愈加写实自然，贴近生活。

随着历史发展，东周时期的中国已然进入一个个性舒张、激情澎湃的时代。礼乐式微，俗风流行，旧的观念因素逐渐冲破藩篱，此时的“人兽母题”纹饰逐渐趋向一种对美好生活的向往，以及创作主体自我意识的追寻与肯定，呈现出一派欣欣向荣的繁华风尚。在社会的剧变下，艺术构思无疑“象征着个自由解放的时代”。“人”开始占据主导地位，从配角变为主角，驭兽、驯兽、捕兽、猎兽等画面时有出现，这反映的是先民自我意识的觉醒及时代气息的变奏。显而易见，作为社会生活重要载体的青铜器，“人兽母题”纹饰折射出的是观念意识和文化机制的“投影”，显现出“人”由“天命不僭”到“天命靡常”，再到“天道远，而人道迩”的心路历程，谱写出后世人本主义思想的先声。

第三章　“人兽母题”的内在动因和隐喻机制

第一节　承传遗绪

在人类历史早期，尤其是文字出现以前，符号和图像通常是传达主体思维意识与精神意志的重要载体。作为文化符号，“人兽母题”图像蕴含深厚的历史背景及时代底色，是早期人类精神文化的重要视觉隐喻。我们知道，早期“人兽母题”图像，诸如濮阳西水坡仰韶文化大墓出土的“龙虎摆塑”、内蒙古阴山发现的新石器时代晚期狩猎题材岩画、半坡出土的人面鱼纹盆，以及良渚文化神人兽面纹玉琮，这些图像不仅附着于生活用器，更承载早期图腾崇拜、祭祀仪礼等功能。质言之，即其精神性远大于功能性。故而探寻早期“人兽母题”图像生成的内在动因和隐喻机制对挖掘该母题的深层内含有重要意义。

一、血缘亲族

神话原指神明和英雄的故事，来源于希腊语，意指口口相传的关于神的传说，是史前希腊人对未被认识的自然力和社会力的幻想与虚构。诸如关于神仙或神化的古代英雄的故事，荒诞无稽、异想天开的故事等。《辞海》将“神话”解释为“反映古代人们对世界起源、自然现象及社会生活的原始理解，并通过超自然的形象和幻想的形式来表现的故事和传说。它并非现实生活的科学反映，而是由于古代生产力水平低下，人们不能科学地解释世界起源、自然现象和社会生活的矛盾与变化，故而借助幼稚的想象和幻想，将自然力拟人化的产物。神话往往表现了古代人民对自然力的斗争和对理想的追求”①。

人是自然的一部分，与自然水乳交融、无法分离，但人类社会的主要矛盾恰恰来自人类自身和大自然的矛盾。自然界中的许多动物具有超越人类自然属性的能力。例如：虎尖牙利爪、熊力大无比、豹速度迅猛、鸟能在天空展翅翱翔，鱼可在水下自由呼吸。在人类社会早期，作为灵长目人科（又名类人猿科）人属的先民们无法理性认识动物的特殊能力，不由对这些超越自身自然属性的“神奇动物”产生艳羡、敬畏，

① 路丽梅、王群会：《辞海》，光明日报出版社，2012年，91页。

甚至崇拜，渴望自己也拥有这些特殊能力，这是早期人类朴素的精神审美满足，也是它们的情感心理显现。他们认为万物有“灵”，通过某种方式，某种工具，或某种仪式，人的“灵”有可能和动植物的“灵”互相转换，进而使人获取动植物的“超能力”。

《吕氏春秋 · 恃君览》载，早期先民“聚生群处，无亲戚兄弟夫妇男女之别，无上下长幼之道。”人类的思想在不断进化，当发展到一定高度且足够成熟时，人们逐渐意识到区分血缘亲族的重要性，并开始禁止血缘亲族通婚。他们认为，将动植物的“血缘”灌输到氏族集团及成员当中，不仅能够使氏族部落获取明确区分血缘亲族的重要标志，还可以使动植物成为血缘亲族的代表，进而承担维护亲族集团，保护部落成员的职责。通常情况下，这样一个类似“输血”的过程是通过人类和动植物合作（主要是通婚）实现。俄罗斯思想家格 · 瓦 · 普列汉诺夫（Plekhanov Georgii Valentlnovich，1856-1918）在他的论著中曾指出：“原始人不仅认为他们同某种动物之间的血缘关系是可能的，而且常常从这种动物引出自己的家谱，并把自己一些不大丰富的文化成就归功于它。”[①] 英国著名人类学家詹姆斯 · G · 弗雷泽（James George Frazer，1854-1941）认为：“图腾是野蛮人出于迷信而加以崇拜的物质客体。他们深信在图腾与氏族的所有成员中存在着一种直接和完全特殊的关系。……个体与图腾之间的联系是互惠的，图腾保护人们，人们则以各种方式表示他们对图腾的敬意。”[②]这里的“特殊关系”指的就是婚姻关系。

我们知道，人是社会性的动物，人和动物的本质区别就在于人的社会性。在氏族公社时期，先民已然开始以血缘为纽带结成社会基层单位。在他们心中，“血缘”是构筑氏族制度乃至氏族社会的重要因素。“氏族是出自一个共同祖先，具有同一氏族名称并以血缘关系相结合的血缘亲族的总和。”[③]这种习俗至今仍在一些民族文化“活化石”中得以体现。如现在的云南祥云县大棚村、上赤村的罗、洛二姓，自称是罗尚才（白族先祖，相传为人虎结合所生）的直系后代，彼此拥有同一血缘，至今不互相通婚[④]。

在图腾亲属观念基础上，图腾祖先观念便很自然地应运而生了[⑤]。人类逐渐将自身与动物的亲属概念升华为“祖先概念”。因为氏族部落的图腾符号不尽相同，故而人

---

① 〔苏〕格 · 瓦 · 普列汉诺夫著、曹葆华译：《普列汉诺夫哲学著作选集》，生活 · 读书 · 新知三联书店，1962年，386页。

② 〔英〕詹姆士 · 弗雷泽：《图腾与外婚制》（第1卷），生活 · 读书 · 新知 三联书店，1988年，3页。

③ 〔德〕马克思：《摩尔根〈古代社会〉一书摘要》。参见中共中央马恩列斯著作编译局：《马克思恩格斯全集》第45卷，人民出版社，1985年，328～571页。

④ 函芳：《白族的虎崇拜》，《民族文化》1983年第6期，173页。

⑤ 何星亮：《中国图腾文化》，上海文艺出版社，1996年，64 页。

们认为每个氏族的祖先也各有不同。在神话传说时代，我国存在多种动物崇拜氏族。如《史记·五帝本纪》载：“轩辕乃修振兵，治五气，艺五种，抚万民，度四方，教熊、罴、貔貅、貙、虎，以与炎帝战于阪泉之野。”即传说黄帝（号轩辕氏）在与炎帝和蚩尤作战时，参加战斗的有熊、罴、貔、貅、貙、虎六种野兽，有学者认为“实际上这可能是以野兽命名的六个氏族”①。

通过流传至今的“人兽婚母题”神话，我们也可以看出，人们希望通过和动物的“联姻”的方式来维系并拉近彼此之间的关系。在这个时候，具备特殊能力的动物，如熊、虎、鹰、鱼、蛇等，便开始庇佑人类，使其安泰顺遂，免受灾祸。在这种心态的催生下，原始的图腾崇拜观念便得以产生。

二、图腾崇拜

图腾来自北美印第安人鄂吉布瓦部落方言“totem”的译音，译为“他的亲族”②。图腾主要包含两方面含义：一方面它是早期先民想象中的、有能力保护整个部落及每个氏族成员的祖先。另一方面它还是区分血缘亲族和非血缘亲族的重要标志。作为一种“标记”，图腾在原始社会起重要作用。原始先民认为，部落成员必然与某种动物、植物或自然现象存在一定关系。

在图腾先祖观念诞生之后，诸多关于部落起源的“人兽母题”神话应运而生。在原始先民心目中，神话是真实神圣的。他们试图用神话来解释先祖一代，并真诚地相信一切都是客观真实的。原始人相信他们的部落图腾动物，认为他们之间存在一定的血缘关系③，图腾动物作为部落的祖先可以佑护他们克服或避免灾害，可以帮助他们战胜敌人及野兽④。因此，原始人会把图腾动物作为自己的保护神加以崇拜。原始社会的人，崇拜具有特殊功能的物种，认为这些物种是自己古老的先祖，该物种已经成为氏族图腾，因此也具有相同识别功能的祖先认同。图腾生成后，原始氏族也产生了图腾习惯，认为血缘和氏族图腾动物有某种血亲关系，故而受其庇护。

远古时代，人类的祖先与很多自然界中的动物直接接触，而此时人的思想尚不完善，无法明确区分自身与自然之间的界限。原始人类通过狩猎和采集，人类和动物既相互依存又彼此矛盾，具有双重关系。首先，人类和动物生活在相同的环境中，人类的生命时常受到动物的威胁，生存空间也被动物分享，这都导致了人对动物的畏惧和

① 包桂英：《论北方系青铜器动物纹饰与北方民族审美文化》，内蒙古师范大学硕士论文，2005年，32页。

② 吕大吉：《宗教学通论新编》，中国社会科学出版社，1991年，205页。

③ 王宪昭：《中国北方民族神话人兽婚母题探微》，《民族文学研究》2005年第1期，31页。

④ 叶培新：《中国神话人兽婚母题研究》，中南民族大学硕士论文，2012年，13、14页。

无奈；与此同时，离开了动物，人类又很难生存，因为人类需要以动物作为食物。在这一系列原始思维的控制下，人类对动物既依赖又畏惧的心态使原本处于无意识状态的情感、意识、欲望纷纷转嫁到动物身上，渴望能与动物产生某种联系。

一旦建立起与氏族祖先有渊源的深厚关系，动物便很容易被人格化、神格化，甚至达至图腾高度。正如恩格斯（Friedrich Von Engels，1820-1895）所说："在历史的初期，这样被反映的，首先是自然的力量，在往后的演变中，自然的力量在各国人民中，获得不同复杂的人格化。"[①]作为氏族、部落、民族的保护神，人们认为图腾不仅具有护佑氏族部落及其成员的超自然力量，还能将氏族成员的血缘关系巩固统一。图腾崇拜是人类社会的进步，它比之前没有任何血缘关系的部落亲族划分更加先进。图腾崇拜不仅是在图腾部落最神圣、最亲切的信仰对象，还是构成各部落之间联系的纽带，发挥着强大的情感认同和精神信仰的功能作用。图腾崇拜的意义不仅在于融汇每个氏族成员的共同信仰，还能够传达出氏族成员急需了解部族成员之间血缘关系的迫切需求。图腾之所以被深层认同和广泛传播，主要原因之一就是由于图腾崇拜是一种对氏族、部落或民族的自我认同，原始先民正是通过"图腾动物"使"血缘亲族"的关系纽带得以深入明晰且巩固加强。早期的"人兽母题"图像便隐含着诸多祖先崇拜的图腾动物意味，他们被用来作为氏族或氏族神话的象征，并在物质载体中被描绘刻画。此时，"人兽母题"反映出的是早期人类与动物的关系，折射的是先民的朴素哲学思维和观念意识。

从人类发展进程看，"人兽母题"从侧面反映出原始先民对自身起源问题的朴素思考。早期神话与原始信仰密不可分，看似怪诞陆离、荒谬诡谲的神话故事，实则暗合主体认知与外在环境的相融统一，整合原始先民和宇宙自然的相处之"道"，凝聚早期人类精神信念即探求未知世界的哲学思维。早期"人兽母题"神话多和氏族部落起源有关，诸如男性或女性与某种动物结合后产生了某个部落氏族，这种动物即为该氏族祖先，并最终成为部落徽记。这种人、兽结合繁衍生息的神话不仅在中国时有出现，在全世界范围都有类似遗绪。

"人兽母题"图像是原始社会特殊阶段的自然表现。表面上看，"人兽母题"牵涉的是原始人类对动物的敬畏与崇拜，实际上隐含是图腾意识在现实生活中的物化喻体，而图腾崇拜在此时业已成为民族心理潜意识的直接表达。中国早期神话传说中的"人兽母题"故事和"人兽母题"图像一脉渊源，它们与早期图腾有关，反映出动物图腾与族源关系，蕴藉深厚民族根性。故而，对早期神话传说中的"人兽母题"情结进行合理分析，既有助于从历史维度洞察"人兽母题"图像的生成、发展、式微轨迹，也有利于通过横向比较解析不同时期的母题因革，挖掘追溯其文脉承传与风格嬗变。

---

① ［德］恩格斯：《反杜林论》，人民出版社，1971年，333页。

商周时期，“人兽母题”青铜器映现青铜文化的内在精神，折射三代风貌的外在物化，是中国青铜文化的重要组成部分。它们除了承载着鲜明的装饰意味，还被灌注了深厚的观念意识，其中除原始巫风信仰、灵物崇拜之外，还和早期神话传说有千丝万缕的联系。事实上，如果追根溯源我们就会发现，自新石器时代晚期开始，从被誉为“中华第一龙”的濮阳西水坡“龙虎摆塑”，到石家河文化出土的鹰攫人首玉佩，再到距今3000多年、由赤铁矿粉和牛血混合做成颜料的云南沧源岩画，这些早期“人兽母题”图像，无一不透露出远古人对未知宇宙及自然环境的朴素认知，包含早期神话传说的观念因素。很显然，在史前人看来，“人兽母题”图像不仅是一种外在物化表现，还是传达内在情感、记录生活情态的重要载体，它包含先民对自身，以及和自身生活在同一个大自然的其他动物的认识，体现出他们朴素且原始的自然观和宇宙观。“人兽母题”图像在后世一直承传发展，至今仍存在于文化艺术等物质载体，尤其是在一些少数民族地区，诸如羌、彝、纳西、白、土家、哈尼、拉祜、普米、怒、阿昌等民族，依然保持早期文脉的遗绪。彝族是古羌戎的后裔，云南楚雄彝族支系至今仍有过“虎节”的传统，云南大理自治州的白族，自称“劳之劳农”（意为虎儿虎女），将虎当作祖宗供奉，有的村寨在祖祠里供奉一幅虎图，祈求风调雨顺，人畜两旺。

第二节 隐喻机制

原始思维会认为，如果能够与动物建立血缘关系，或者尊奉某种动物为氏族祖先，这种动物不仅不会伤害人类，还会保护人类，进而满足人类生存和发展的基本需求。同时，原始人类还认为，与何种动物缔结亲属关系，该动物就会把自己非凡能力传递到人身上，使得人类具有同该种动物一样的能力和体魄①。但是慢慢地人开始觉醒，有了自我意识，人不但能与神圣动物并存，甚至处于高于动物的地位，人按自己的形象创造神，以人为主、人兽结合正是这种复杂心理的产物。不得不说，这里其实也暗含了一定的人类自我认同意识的萌芽②。

一、文化符号

关于早期“人兽母题”的文化属性，现有研究多数将它的出现定性为人类对动物

① 殷晓蕾：《图腾崇拜与原始岩画中的生命意识》，《广西艺术学院学报》2004年第4期，27页。

② 刘远富、王悦婧：《商周人兽母题青铜器的文化功能试析》，《安徽文学》2014年第11期，159页。

的图腾崇拜。对此，笔者表示认同。然而，随着时代的变迁，“人兽母题”纹饰的内涵逐渐丰富，并演变为多层次的、复杂的文化现象，具有多种表现形式，除图腾崇拜外，还包含自然崇拜，灵物崇拜等多种形式。究其根源，是因为“人兽母题”纹饰属文化符号范畴所致。

图像是客观对象的一种相似性的、生动性的描述或写真，是人类社会活动中最常用的信息载体。或者说图像是客观对象的一种表示，它包含了被描述对象的有关信息。它是人们最主要的信息源。据统计，一个成年人获取的信息大约有75%来自视广义上，图像就是所有具有视觉效果的画面，它包括：纸介质上的、底片或照片上的、电视、投影仪或计算机屏幕上的。图像根据图像记录方式的不同可分为两大类：模拟图像和数字图像。模拟图像可以通过某种物理量（如光、电等）的强弱变化来记录图像亮度信息，例如模拟电视图像；而数字图像则是用计算机存储的数据来记录图像上各点的亮度信息①。

“人兽母题”中的“兽”经常以大型猫科类动物的形象出现，以虎为例，人们通常认为这种动物就是自然界中的“虎”。《周易 · 乾卦文》载：“云从龙，风从虎。”在中国，人们不仅将虎视为权威的象征、祈愿的祥物、通天的使者，还想象出许多亦虎亦神的神仙，不但塑造出各式各样的虎形象，还将“虎”与“人”结合，赋予虎丰富的人文概念，以人的意识升华、加工虎的文化属性，使“人”和“虎”的组合渗透到政治、宗教、哲学、艺术等诸多领域，成为蕴含丰富文化含义及物质力量的文化符号。透过虎字成语，如“龙腾虎跃”“虎虎生威”“虎狼之师”“与虎谋皮”“虎视眈眈”等，我们可以强烈地感受“虎”在人类心理结构中亦正亦邪的形象特征。透过不同历史时期、不同题材种类的“人兽母题”图像，我们同样可以认知“虎”的不同属性，并从中获得某种特定的情感认知。如何获得这种认知呢？笔者认为，其本源在于“人兽母题”纹饰的符号传达。在笔者看来，作为视觉元素，“人兽母题”纹饰就是一种文化符号。那么，什么是符号？

德国著名哲学家恩斯特 · 卡西尔（Ernst Cassirer，1874-1945）将“符号”定义为：“对某人来说，在某一方面或以某种能力代表另外某一事物的东西。”他认为：“所有在某种形式上或在其他方面能为知觉所揭示出意义的一切现象都是符号，尤其在当知觉作为某些事物的再现或作为意义的体现，并对意义做出揭示之时，更是如此。”②

通常情况下，符号是指被主体直接接触到的某件（或某种）客观事物。如一件物品、一抹颜色、一股气味、一项事物、一类现象等。而当主体接触到这件客观事物时，不仅接触事物本身，还会联想到该事物牵涉的另一些事物。这种牵涉可能是客观

① 董雪：《基于DSP的汽车智能主动安全系统研究》，青岛科技大学硕士论文，2014年，22页。

② 〔德〕恩斯特 · 卡西尔著、甘阳译：《人论》，上海译文出版社，2003年，10页。

存在，也可以是精神意识。

联想是在原有的表象和经验基础上，通过表象的分化、重组和运动，创造新形象的心理活动。“天上浮云如白衣，斯须变幻为苍驹。”诗人看到天空中的白云便想起白色的衣衫，想起苍色的马驹，这就是联想。联想是由知觉的一种事物想起另一种事物，或者由想起的另一件事物再想起第三种事物的心理活动。想象和联想有区别，也有联系。想象是在已有表象的基础上创造出新的形象，而联想则是将知觉对象或表象同另一件表象联结起来。朱光潜先生认为，联想是一种创造的想象。美感和艺术的微妙往往在联想的微妙[①]。按照所反映事物之间的不同关系，联想可以分为接近联想、对比联想和类似联想。接近联想指是两个事物在时间、空间和经验上相接近，由一件事物的知觉与回忆，会引起对另一事物的联想，从而产生相应的情绪反应。在日常生活中，睹物思人、爱屋及乌都是接近联想。对比联想是指由一种事物的知觉引起和它的特点相反的事物的联想，例如由鲍鱼之肆想到兰芷之室。类似联想是两种事物在性质或形态上类似，由一种事物的知觉和回忆而引起对另一种事物的联想。看到春光，想起青年，看到暴风雨，想起革命，这些都是类似联想。类似联想的“类似”，是两种事物在某些特征和状貌上近似，并非完全一致，只是看到某件事物的时候，经常会使主体产生联想。久而久之，被感知的事物便会成为产生联想的另一件事物的替代品[②]。

因此，“所感觉到的东西就成为所联想到的那个东西的代替物。人们就将所感觉到的这样东西称为被联想到的那件东西的符号”（李先焜）。在这里，符号充当的是主体通过感知到的一件事物，联想到另一件事物的介质。对于“人兽母题”图像来说，符号指“人兽母题”纹饰本身。符号所代表的对象是“人兽母题”图像背后隐含的文化内涵、社会功能、审美意旨、时代精神等观念因素，而符号的使用者则是我们——观看“人兽母题”图像的人。

既然符号与符号所代表的对象之间必须通过符号的使用者产生联系，也就是说，只有把“人兽母题”图像置身于特定的环境当中，在原有的时代背景及人文思想的底色下，它的符号性才能相对准确地传达给符号的使用者，其文化属性才有可能被人感知。不仅如此，以自然界中常见的猛兽——虎为例，在中国文化历史发展进程中，虎的文化内涵不断深入丰富并日渐完善，是“人兽母题”文化的重要组成部分之一。虎从自然界客观存在的猛兽，到艺术创作的表现题材，蕴藉特殊的审美价值和时代精神，与人文思想与文化机制息息相关。

---

① 凌继尧：《美学十五讲》，北京大学出版社，2003年，79页。

② 凌继尧：《美学十五讲》，北京大学出版社，2003年，81、82页。

二、视觉隐喻

所谓“视觉隐喻”，是指造型语言不再呈现肉眼常见的真实图景，而是建构视觉上具有特定情境、隐喻含义的特殊图式。作为文化符号，当“人兽母题”纹饰与观者及制作该母题的个人或者群体发生联系时，特定的问题就随之产生。特定意味着“人兽母题”图像成为主题对象被创造时，所具有的特殊成分和因素，即该母题图像暗含的一定历史时期的观念因素。

作为经常在丧葬中出现的商周“人兽母题”图像，它已不是单纯的艺术品，而是较为规范化、模式化的图形语言。通常情况下，它的制作目的不会仅仅为了满足主客体的审美需求，如果仅站在旁观者的角度，脱离时代底色，单纯地通过视觉经验对它作出某些审美判断，那就只能获得浅表性的心理沟通，还远不能真正理解它的文化内涵，认识的割裂在所难免。须知，认识自我的“人”，应当是不断探究自身的存在物，一个在生存的每时每刻都查问和审视生存状况的存在物①。

这种对“人”生存状况的充分重视与肯定，使得视觉图像成为人不断认识自身的载体之一。在卡西尔的论断中，艺术被视为符号，因为人被他定义为符号的动物。符号化的思维和符号化的行为是人类生活中最富于代表性的特征②。在一定范围内，所有关于文化的问题都可以被理解为“人”的问题。因此，作为文化符号的母题图像，它所包含的所有外在因素，将被理解为“人”自身的问题。在“人兽母题”这一文化载体之上，“人”被灌注了关于自身的诸多社会活动和思想认识，包括“人”与自身、“人”与环境、“人”与社会等，“人”在与周围一切因素的不断碰撞中，判断自身的行为与意识，审视自身创造的文化与观念。

当然，作为艺术品而言的“人兽母题”图像（不可否认，“人兽母题”图像确实含有诸多艺术元素），其中的某些表现语言也具有相对独立性。可以肯定，“人兽母题”图像中所蕴含的和艺术相关的视觉价值及思想模式，被化合在同一时期内艺术品的本质中。这涉及视觉表现特征在某种程度上与其存在的环境和社会关系可能有一定的独立性，这种理论已经在艺术史的研究过程中得到实践证实。

沃尔夫林曾富有雄心地证明了一部来自形式自身发展的艺术风格史，他认识到，艺术发展有着“自身的规律”。但是，回应这一理论的质疑也无法避免，因为很多时候，一旦脱离历史情境的制约，母题图像的演变就无法得到相对合理的解释③。因此，

---

① 〔德〕恩斯特 · 卡西尔著、甘阳译：《人论》，上海译文出版社，2003年，10页。

② 〔德〕恩斯特 · 卡西尔著、甘阳译：《人论》，上海译文出版社，2003年，43页。

③ 〔德〕汉斯 · 贝尔廷等著、常宁生译：《艺术史的终结》，中国人民大学出版社，2004年，292页。

尽管母题图像的表现形式和视觉经验存在自身的变化与规律，但是，忽视它与所处时代及社会之间的联系，就等于将它置身于一个真空环境中，这无疑是相当危险的。

正如康定斯基在《艺术中的精神》中说，任何艺术品都是历史的产物，也是时代的孩子[①]。艺术作品是记录人类发展史的物化喻体，人和历史性内容常以隐性方式存在，母题图像的隐喻自然会和“人”发生联系。“人”在母题图像中承担了“主角”的身份。一方面“人”是它的制造者，要实现它的表现方式、内容和视觉价值。同时，“人”还要通过它来传达自身的情感“内容”。也就是说，作为“人”的制造物，母题图像体现的不仅是艺术技能的历史，还是“人”自身的历史的物化观照。因此，审视母题图像，实际上就是探寻它的制作者（人）在创造它的过程中曾经思考和想要表达的问题。

也就是说，要找出母题图像嬗变的历史因革，必须充分关注它生存的物质及人文环境，关注时人的观念、思想与行为意识，探究这些观念因素和思想模式究竟如何影响母题的视觉表现形式，以及这些因素又是如何刺激它发生流变。

隐喻的特征可以形容很多母题的视觉表现形式等外在模式与文化内涵之间的联系。这当然也包括商周时期的“人兽母题”图像，在研究的进程中，我们会越来越深刻地体会到，思想模式与母题图像之间的决定和被决定的关系，而构成这种关系的载体，就是母题图像的视觉隐喻。

李学勤先生在他的《试论虎食人卣》一文中有这样一段话，值得我们从认识论和方法论双重维度思考考古学研探之路与方法：“考古研究需要广泛进行比较，需要引用、借鉴许多学科，如美术史、文化人类学、神话学等方面的方法及成果。只有这样，才能启发我们的思路，去探讨那些无文献可依据的问题。我觉得关于虎食人卣的探索，正充分证明了这一点。沿这条路走下去，虎食人卣蕴藏的秘密。”[②]既然作为文化符号的“人兽母题”图像传达的是一种情感、一种印记、一种隐喻。那么，当观者看到它们的时候，它们就会向我们传达一种特有的信息。这些信息告诉了我们什么？我们会想到什么？我们为什么会想到这些？它是从哪里来的？它的文化内涵又是什么？这些都是值得我们思考的问题。要接近问题的真相，解开商周“人兽母题”青铜纹饰的奥秘，光靠直观臆断稍显无济于事，而从探寻“人兽母题”图像的渊源及时代流变入手，阐明其文化背景与因革，或许有可能更接近历史真相。

---

① 〔俄〕康定斯基著，李政文、魏大海译：《艺术中的精神》，中国人民大学出版社，2003年，1页。

② 李学勤：《试论虎食人卣》，《南方民族考古》1987年第1辑，43页。

第四章　“人兽母题”牵涉的观念厘格

“人兽母题”图像并非一成不变，在文明冲击下，它逐渐被人改造，发生嬗变，出现变异，远离远古的思维意涵。所谓“人兽母题”的嬗变，与文学范畴中的“母题”变体类似，是指在作品流传和创作中，虽然使用了以往母题的某些因素，但在具体语境和功能上却发生了明显改变①。

任何母题的嬗变都离不开文化背景的制约和时代精神的影响，史前时期的“人兽母题”是神圣意念在先民意识形态中的反映。商周璀璨的青铜器艺术渊源于文化交流频繁的史前艺术形式、技术基础与礼仪制度，萌生于“铜石并用时代”的早期铜器艺术；商周青铜器艺术的发展始末，是其艺术形式、技术手段和礼制观念三方面相互协调、影响及渗透的全过程。在这一过程中，观念的蕴蓄、萌动、生发、嬗变与式微是促使“人兽母题”青铜器发生变化的内在动因，逐步成熟完善的铸造技术在不断顺应观念意识的转换与审美趣尚的需求。在前两项基本前提下，又追求功能实用与外形美观的相得益彰，促使“人兽母题”青铜器的形制与纹饰呈现高峰迭起的发展态势。青铜器以礼器身份流行于整个殷周时代，是彼时观念意识的物化关照。自夏晚期青铜礼器功能和意义确立后，其发展先后受商代神权政治与尊神重鬼、西周礼乐制度及尚德保民、东周礼崩乐坏和民本思潮牵涉渗透。以致“人兽母题”青铜器的风格嬗变与商周制度观念的变革近乎同步，而铸造技术的推陈出新又使两者之间的沟通成为可能。

作为观念因素外在表达的图像艺术，它难以割裂前代的遗绪，也无法脱离当下的制约，要梳理商周“人兽母题”青铜器的因革嬗变，剖析各时期的内在流变轨迹和外在艺术表现，必须探源究本，考境溯源，透过现象观察本质，挖掘其中蕴含的艺术规律，从而更好地寻访其文脉源流及文化踪迹。

第一节　新石器时代晚期

一、“三山”岩画

“人兽母题”以其奇巧的外在表现和深远的文化内蕴闻名于世。显而易见的是，

---

① 叶培斯：《中国神话人兽婚母题研究》，中南民族大学硕士论文，2012年，33页。

这一特殊的文化符号并非空穴来风，如前所述，内蒙古阴山、乌兰察布与宁夏贺兰山等地的岩画中的“人兽母题”图像，其风格与后世纹饰存在诸多联系，似乎暗示两者之间存在某种一脉相承的关系。

（一）题材相似

“不狩不猎，胡瞻尔庭有县貆兮？”[①]狩猎是先民重要的生活方式。在题材内容上，早期岩画与商周青铜器都存在描绘人类与动物关系，即“人兽母题”的题材内容，如狩猎、驾驭、搏杀、击刺等。宁夏贺兰山岩画就时常出现渔猎牵马、人兽相搏等情节与场景（图4-1）。春秋时期，伴随着观念意识的转变和铸造技术的进步，青铜器开始出现图画式的装饰纹样，其中有不少狩猎题材图像和早期岩画上描绘的狩猎场景非常相似，无论是场景还是构图，都具有明显的一致性。这类狩猎纹青铜器最早在中国北方一带被发现，带有明显的草原文化特点，随后在中原和南方地区也逐渐有所问世。由于这些狩猎纹青铜器最早出现在北方，且分布多集中在陕西、山西、河南、河北等地，南方发现的数量非常有限，故而不少学者认为它们很可能与北方草原民族的狩猎文化有关。

图4-1 宁夏贺兰山“人兽母题”岩画

美国旧金山亚洲艺术博物馆藏春秋晚期狩猎纹壶，通高39.4厘米，肩部装饰一对环耳垂环，花纹共分八层，其中“人兽母题”图像为射猎纹，圈足上饰斜方格纹，此器造型美观，纹饰清晰，尤以狩猎纹最为引人注目，显得格外生动活泼，是件不可多得的艺术珍品。从画面上看，和早期的北方岩画颇为类似，均表现出先民狩猎斗兽的场景（图4-2）。

图4-2 美国旧金山亚洲艺术博物馆藏春秋晚期狩猎纹壶局部

1923年山西浑源李峪村出土的春秋晚期

① 《诗经·魏风·伐檀》。

镶嵌狩猎纹豆，器形端庄典雅，镶嵌技术成熟，纹饰稳重华丽，表现时人激昂奋进，别开生面的狩猎场景（图4-3）。河南洛阳金村出土错金银狩猎纹铜镜上的《刺虎图》，描绘武士持剑刺向猛虎的场面（图4-4）。台北故宫博物院藏的战国早期狩猎纹壶，腹部以浮雕法装饰刻画出狩猎纹"人兽母题"纹饰，是该类器物的典型代表（图4-5）。

图4-3　1923年山西浑源李峪村出土春秋晚期镶嵌狩猎纹豆局部

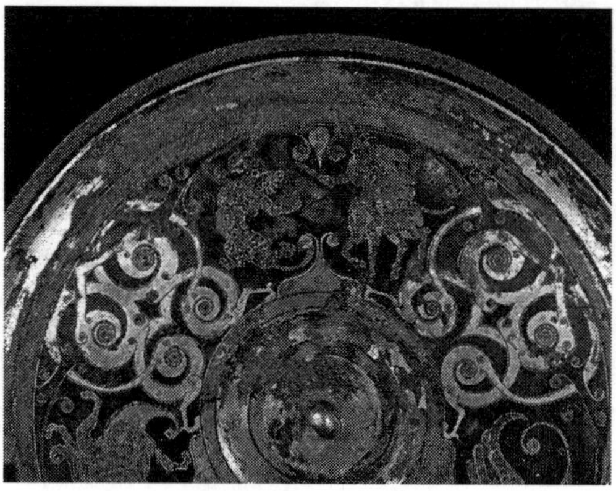

图4-4　河南洛阳金村出土的错金银狩猎纹铜镜《刺虎图》

图4-5　台北故宫博物院藏战国早期狩猎纹铜壶局部

（二）手法承传

在形式上，商周青铜器上的“人兽母题”纹饰和早期岩画的狩猎题材同样存在一定传承关系。例如在“人兽母题”青铜器与岩画中，我们发现大量的“吞噬式”“人兽母题”画面。这些形象多以身形庞大、凶猛强悍的猛兽为主，内容多表现为猛兽对人的捕捉或咬噬场面，以表现猛兽的威武为主要外在形式。通过比较我们发现，宁夏贺兰山的狩猎题材岩画（图4-6）和后母戊（曾称司母戊）鼎鼎耳上的“人兽母题”纹饰（图4-7）。这两种不同载体上的“人兽母题”题材在表现“兽”的外在形态时，无论是岩画还是青铜鼎，其创作主体均对其极尽夸张、变形、渲染之能事，刻意强调“兽”的威猛凶残，突出其身形体量及比例结构，显现其外在形态与自然属性。诸如庞大的体形、喷张的巨口，舒展的四肢，华丽的斑纹、尖锐的爪牙等，两者看似毫无共同之处，却都采用了相同的艺术表现方式，可见在观念形式上暗合一定的延续与传承。

图4-6 宁夏贺兰山岩画上的“人兽母题”（包桂英：《论北方系青铜器动物纹饰与北方民族审美文化》，内蒙古师范大学硕士论文，2005年）

图4-7 后母戊（曾称司母戊）鼎鼎耳上的“人兽母题”纹饰（徐良高：《商周青铜器“人兽母题”纹饰考释》，《考古》1991年第5期，442页）

青铜器上的田猎图像，往往取其局部作为装饰纹样反复应用，此种人兽相对徒搏的场面，带有特写的意味，其中有些作品很见精彩。例如搏鹿一图，两人共搏一鹿，一人自后弯弓而射，一人执剑相向。受了伤的鹿，头颈向上昂举，身体略略后挫，表现除了走投无路的窘状。在这里，鹿前后肢的微妙倾斜，表现出了姿态的由动而静，而又静中有动，描写相当成功[①]（图4-8）。令人最感兴趣的是猎者与野牛搏斗图

① 刘敦愿：《美术考古与古代文明》，人民美术出版社，2007年，243页。

像——中箭的野兽被激怒，怒目圆睁，低首昂角疯狂地冲向猎者。为了突出这种冲击力量的强烈，创作者在布局上有意识地把野牛重复了一条，画面因此伸长，好像猎者抗击的不是一条野牛，而是一群奔突而来的野牛，更显示出了猎者的勇敢沉着、临危而不惧的尚武精神。野牛，也包括一切野生的大兽、猛兽，都是前躯粗壮而后躯瘦削（前者由于需要容纳特强的心肺器官），创作主体如果对此再予以夸张，相形之下就显得躯体庞大而四肢纤细，但是予人的印象却又没有畸形之感，反而更加衬托出野牛躯体的彪壮，四肢的坚劲而善于奔突。西班牙阿尔塔米亚（Altamira）洞穴著名的史前壁画中的野牛正是如此，上述青铜器猎牛画像的造型也不约而同[①]（图4-9）。

图4-8 青铜器上的田猎场面

（刘敦愿：《美术考古与古代文明》，人民美术出版社，2007年，244页）

图4-9-1 青铜器上的田猎场面

（刘敦愿：《美术考古与古代文明》，人民美术出版社，2007年，244页）

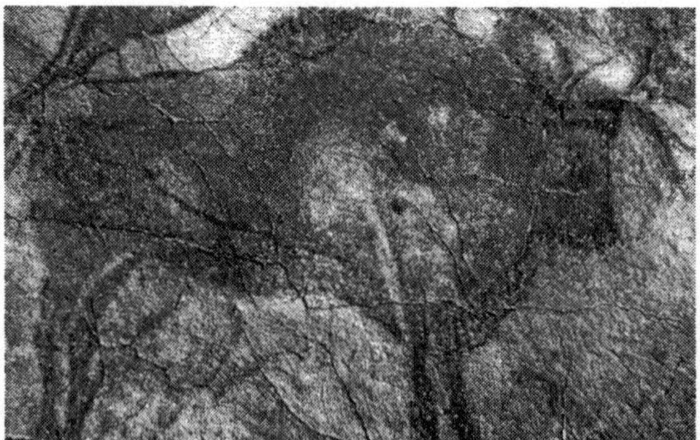

图4-9-2 西班牙阿尔塔米亚洞穴史前壁画中的野牛

① 刘敦愿：《美术考古与古代文明》，人民美术出版社，2007年，244页。

二、濮阳大墓

人类社会早期，生产力低下，认识能力有限，面对神秘莫测、变幻无穷又拥有无限威力的自然界，不可能对它做出合理解释。于是，先民将各种自然物、自然现象与自身加以类比，认为它们也和自己一样具有思想、情感和意志，愉悦时赐以恩惠，愤怒时降下灾祸，使自然被赋予“人格化”。当自然力被当作有人格的、活生生的实体时，最初的“神”便产生了。在我国古籍和民间宗教中，诸如此类的“神”不胜枚举，日、月、星、辰、风、雨、雷、电、山、川、土地、动物、植物，几乎每种与人有一定关系的自然物、自然现象都会被当做神灵，人们向它们供奉祈祷、顶礼膜拜，祈求甘霖福祉，祷告免降祸灾①。

自然界中的很多雄健凶猛的野兽，拥有远古人难以战胜的强大力量，又带有某种时人无法企及的神秘色彩。在与它的长期共生中，人类由恐惧继而产生崇敬，幻想自己是“猛兽”的亲属或后裔，认为这样就能得到“猛兽”的护佑，并希望借助“猛兽”的力量，使自己与天庭沟通。

濮阳西水坡仰韶文化大墓中的蚌塑龙虎图的发现，在一定程度上印证了这一地区的社会历史面貌。据这一时期的考古资料表明，此时生产力水平较前代相比已有较大发展，贫富分化已具雏形，M45无论是从墓葬规模、随葬器皿来说，在当时都代表一定的身份和地位，其中的龙虎摆塑，更是颇为耐人寻味，显然已不仅仅属于纯粹随葬装饰。张光直先生认为：“商周青铜器上的动物纹样乃是助理巫觋通天地工作的各种动物在青铜彝器上的形象。”②而该墓发掘简报也描述道：“20世纪60年代初，学术界对仰韶文化的社会性质，曾进行过一次热烈的讨论，有的同志提出当时已进入父系社会，但多数同志认为仰韶文化时期还处于母系氏族社会。现在看来，母系说的看法与许多考古材料相矛盾。有材料证明，早在裴李岗文化时期，男子就已经是农业生产劳动的主要力量。仰韶文化时期，男子在各项生产活动中都居主导地位，原始手工业已经从农业中分离出来，成为独立的生产部门。尤其是西水坡蚌壳龙虎墓的发现，更加清楚地说明，仰韶文化时期，贫富已经出现，阶级已经产生，当时的社会不仅已进入父系氏族社会，而且可能已经发展到军事民主制阶段。第45号墓中用蚌壳摆塑的龙虎图案，具有很高的艺术价值，摆塑方法也很新颖。这一发现对于研究中国工艺美术史也提供了宝贵的资料。”（图4-10）

---

① 张方：《先秦两汉“天人合一”观述论》，陕西师范大学硕士毕业论文，2004年，13页。

② 〔美〕张光直：《中国青铜时代》，生活·读书·新知三联书店，1988年，324页。

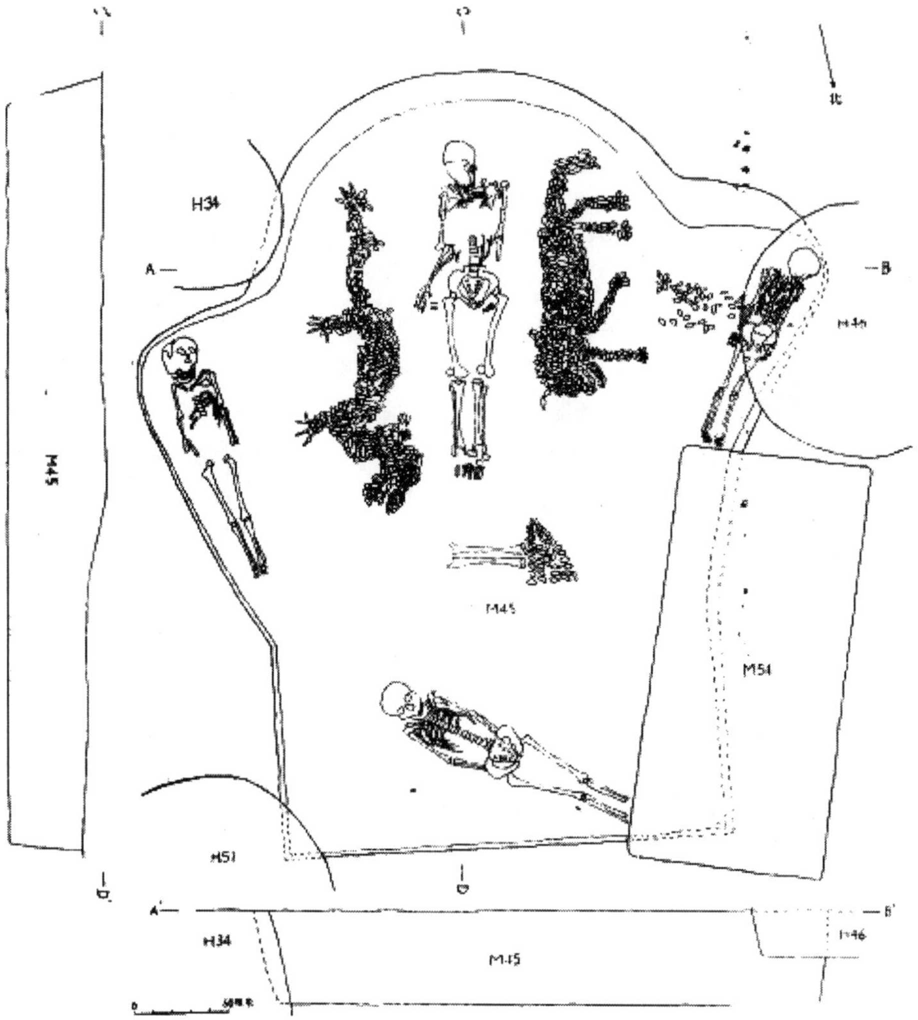

图4-10　河南濮阳西水坡仰韶文化M45平、剖面图

（濮阳市文物管理委员会、濮阳市博物馆、濮阳市文物工作队：《河南濮阳西水坡遗址发掘简报》，《文物》1988年第3期，4页）

此外，龙虎摆塑的出现，还在一定程度上折射出仰韶文化时期我国先民对“虎”的认识已从纯粹的物象层面开始向精神象征层面转化。首先，T215中的人骑龙蚌塑图同史书中记载的“黄帝将亡，则黄龙坠”及“黄帝驭龙升天”的神话场面相似，如果和“颛项乘龙”的传说综合起来分析，濮阳很可能就是传说中的“颛项之墟”。或许早在三皇五帝时代，中国人就已粗具驾龙驭虎遨游天地之间的升仙理念雏形（图4-11）。

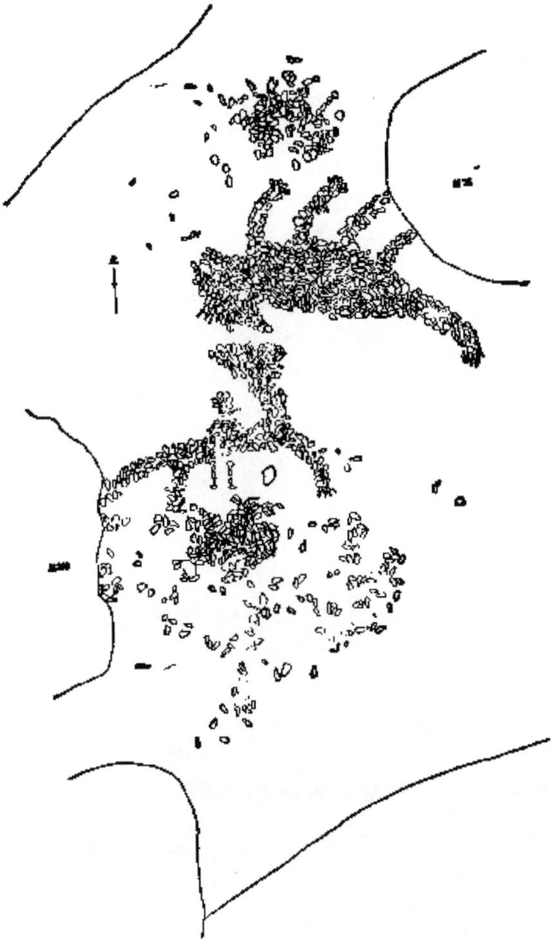

图4-11 濮阳西水坡仰韶文化T215人骑龙与虎图

（濮阳西水坡遗址考古队：《1988年河南濮阳西水坡遗址发掘简报》，《考古》1989年第12期，1060页）

其次，从M45龙虎摆塑在墓室中平行并列的摆放方式看，在当时，“虎”很可能被赋予了和龙同等重要的某种权威和神秘色彩，可以与龙“平起平坐”。只是随着时代变迁，龙虎关系逐渐发生微妙变化。《诗经》中“虎拜稽首，天子万年”虎跪地颂圣的情形，就是龙虎关系在世俗发生剧变的生动写照。那么，到底要怎样评介濮阳西水坡的龙虎摆塑中的“虎”？张光直先生曾撰写《濮阳三蹻与中国古代美术上的人兽母题》一文，提出濮阳的龙、虎、鹿是葛洪《抱朴子》中提到的龙、虎、鹿三蹻。“蹻”是仙人乘坐升天的坐骑。虎的形象第一次出现在美术史上，就是人在神话世界里面驯服的伙伴①。对此，笔者表示认同。

① 孟祥顺：《艺术史中的虎形象》，《中华文化画报》2008年第1期，30～41页。

与此同时，还有学者认为，M45中的龙、虎同时出现于墓主人左右，是象征龙、虎两氏族结合，有某种血缘姻亲方面的暗示[①]。且在T215蚌塑中，还有人骑龙升天、虎奔、鹿走的所谓“三蹻”图案。持这种观点的学者认为，在T176蚌塑龙虎中，有龙虎交媾、羊鸟交尾、蛛龟分立图案。图中下方龙虎缠绕，盘结为一躯，很像交媾图。其上是两种动物，学者认为是一羊一鸟相互叠压，只露头尾，当为鸟羊交尾图。右下方两堆小型蚌壳，据说是一蛛一龟。在M45、T176、T215这三组图形中，龙虎形象均占显要位置，其中T176和T215很有可能是M45龙虎摆塑的重复及发挥。发挥的内容一方面是护佑墓主人灵魂升天，一方面是荫庇其子孙延绵。

在中国传统文化中，龙最早的原形来自于蛇，蛇细长而善钻穴，象征雄性；而虎的形象与传说中西王母神威无比的女王形象很有渊源，其中一支或称“西貘”“西母”，均为白虎图腾。从后代的龙虎交媾纹饰铜镜上，我们也会发现，很多龙虎纹铜镜上装饰的虎头部分有幼虎聚集，似是附着母体而生。由此可知，龙虎摆塑中的龙，很有可能为雄性，而虎则代表雌性。从阴阳五行的角度来看，龙代表东方，为阳性，而“虎”代表西方，为阴性，这也与该理念不谋而合。

此外，在道家方士术语中，常以水或汞喻龙，以火或铅喻虎。《参同契》中所说的龙虎，皆指丹鼎烧炼而言[②]。由此道家诗文中常用龙虎或龙虎斗。如吕岩《七言》中“龙交虎战三周毕，兔走乌飞九转成”及《寄白龙洞刘道人》里“金翁偏爱骑白虎，姹女常驾赤龙身”，皆以白虎为雌性，而龙则喻雄性，以“龙虎斗”喻雌雄交媾、阴阳调和。道家这些关于“龙虎斗”作为两性关系的比喻，究其渊源，也很有可能就来自于濮阳西水坡仰韶时期墓葬中龙虎摆塑体现的原始阴阳观念[③]。

三、良渚神徽

1987年，浙江省文物考古研究所在浙江余杭瑶山发掘了一处良渚文化祭坛遗址，该祭坛位于在瑶山顶上，平面为近方形，残长20米左右，西边和北边仍保存有石砌护坡。祭坛中心有一红土台，长7.6米，宽6米。土台四周环绕一条灰沟，宽约2米，灰沟外是褐土，残留大量散乱砾石。据研究人员推测，原先应为砾石面。建造祭台的红土、灰土和砾石均从其他地方运来，工程量很大[④]。根据土坛位置和建筑方法看，这种建在山顶上的祭坛可能有通天之意。因此有学者推测，这是一处祭天礼地的场所（图

① 汪玢玲：《中国虎文化》，中华书局，2007年，60页。

② 任法融：《周易参同契释义》，东方出版社，2009年。

③ 汪玢玲：《中国虎文化》，中华书局，2007年，43～61页。

④ 浙江省文物考古研究所反山考古队：《浙江余杭反山良渚墓地发掘简报》，《文物》1988年第1期，32～51页。

4-12）。

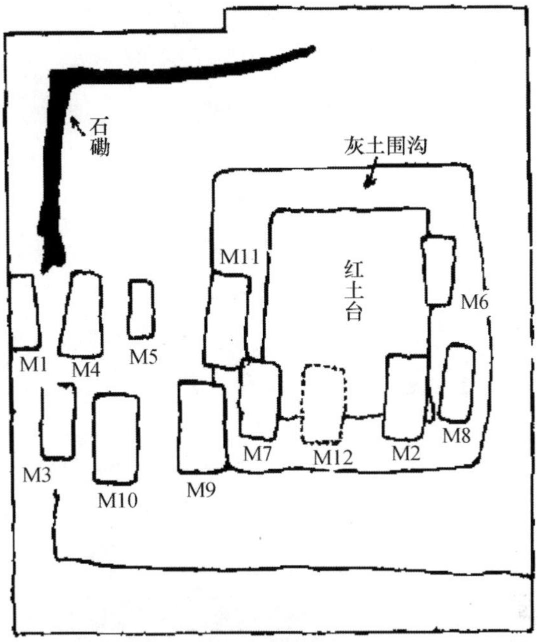

图4-12　浙江余杭瑶山墓葬位置分布示意图
（浙江省文物考古研究所反山考古队：《浙江余杭反山良渚墓地发掘简报》，《文物》1988年第1期，33页）

远古时期，良渚人究竟是怎样举行祭祀仪式的，具体细节已无从考证，然而祭坛的设立显然已标志着原始朴素的宗教生活已成为良渚人精神活动的一项重要内容，他们创制了一套较为完整的祭祷上天的仪式，通过祭祀方式通达天意，祈求上天护佑自身，使其平顺安和，避灾祛祸①。带有宗教祭祀性质的礼器——玉璧和玉琮的出现，就足以证明时人的宗教意识业已萌动生发，且已形成粗具规模的宗教祭祀仪式。

琮是中国古代经典里提到国的一种玉制礼器。《说文》曰：“琮，瑞玉，大八寸，似车釭。”《周礼·大宗伯》：“以玉作六器，以礼天地四方；以苍璧礼天，以黄琮礼地……。”《典瑞》：“驵圭璋璧琮琥璜之渠眉；疏璧琮以敛尸。”《周礼·考工记·玉人》：“璧琮九寸，诸侯以享天子……璧琮八寸，以頫聘；……驵琮五寸，宗后以为权；大琮十有二寸、射四寸、厚寸，是为内镇，宗后首之；驵琮七寸……天子以为权……瑑琮八寸，诸侯以为享夫人。”《白虎通·文质篇》曰：“圆中牙身方外曰琮。”

前文已述，不少学者认为玉琮上的动物纹饰往往充当通天的媒介。事实上，这种原始宗教观在我国新石器时代并不罕见。例如我们前面提到的浙江余杭反山出土的玉琮上的“人兽母题”纹饰：

> 白玉，嫩白色略偏浅黄，一侧有紫红色不规则瑕斑。出土部位与其他琮不同，平正地放置在头骨的左上方。为矮方柱体，俯视近似玉璧形，与常见的璧薄孔大的良渚玉琮不同，直径达17.1厘米～17.6厘米，孔径仅4.9厘米，高8.8厘米。重达6.5公斤。器形之宽阔，为目前已知良渚玉琮之首，堪称“琮王”。其纹饰与常见的玉琮也有所不同，可以分成两个纹饰区。
>
> 纹饰区之一是四个正面的直槽内，上下各有一个神人与兽面复合像，共八个。……神人的脸面作倒梯形。重圈为眼，两侧有短线象征眼角。宽鼻，以弧线勾画鼻翼。阔嘴，内以横长线再加直短线分割，表示牙齿。头上

① 张方：《先秦两汉“天人合一”观论述》，陕西师范大学硕士论文，2004年，17页。

所戴，外层是高耸宽大的冠，冠上刻十余组单线和双线组合的放射状羽毛，可称为羽冠;内层为帽，刻十余组紧密的卷云纹。脸面和冠帽均是微凸的浅浮雕。上肢形态为耸肩、平臂、弯肘、五指平张叉向腰部。下肢做蹲踞状，脚为三爪的鸟足。……在神人的胸腹部以浅浮雕突出威严的兽面纹。重圈为眼，外圈如蛋形，表示眼眶和眼睑……眼眶之间有短桥相连，……宽鼻，鼻翼外张。阔嘴，嘴中间以小三角表示牙齿。两侧外伸两对獠牙，里侧獠牙向上，外侧獠牙向下。鼻、嘴范围内均以卷云纹和弧线、直线填满空档。整个纹饰高约3厘米、宽约4厘米，肉眼极难看清所有细部。这神人兽面复合像应是良渚人崇拜的“神徽”①（图4-13）。

图4-13　浙江余杭反山良渚文化遗址出土玉琮上的“神人兽面纹”线图
（浙江省文物考古研究所反山考古队：《浙江余杭反山良渚墓地发掘简报》，《文物》1988年第1期，12页）

在反山、瑶山等良渚文化遗址出土的许多器物上，均可见到兽面下部具盘腿双足而上部无神人的图像，很难想象良渚先民在简化“神人兽面纹”时，只将“神人”上身省略却单单详尽保留腿部。而“神人兽面纹”上肢为五指平伸的人手形象，下肢的脚却呈指甲长利的爪形，这也说明二者并非一体，而是两种角色的组合。现有研究证明，“神人兽面纹”上半部分刻画的那个头戴羽冠的“人”，很有可能是当时的巫师或酋长。呈现三爪鸟足状的“下肢”应当是兽的前肢，而所谓“带腿的兽面纹”实际上是兽趴伏时的正面形象。反山琮王上的“神人兽面纹”实际上是巫师骑于趴伏的神兽身上，双手扶住兽头两侧的正面形象；其含义很可能是巫师以兽为通天坐骑，乘之往返于天地之间（图4-14）。

① 浙江省文物考古研究所反山考古队：《浙江余杭反山良渚墓地发掘简报》，《文物》1988年第1期，12页。

良渚琮王上装饰的“神人”和兽面组合纹已明确告诉我们，“神人兽面纹”应分为上下两部分。上部为神人，下部为怪兽；怪兽下部那极度弯曲的腿不是“神人”的，而是怪兽的。它很有可能是我们日后看到的“人兽母题”图像的祖形之一。

需要特别指出的是，良渚“琮王”上的兽面纹，圆形大眼、獠牙外露（犬齿发达）爪尖牙利，这些都是食肉动物的典型特征。动物学资料表明，长吻食肉动物（如狼等犬科动物）的正面形象，其嘴唇部分往往显得很小，只有短吻的食肉动物（如虎等猫科动物）的正面形象才有“神人兽面纹”所刻划出的那样的大嘴。“神人兽面纹”中的“兽面”，额部有横纹，口两侧有须，形象酷似现今工艺美术品老虎头像①。在所有的食肉动物中，虎是对人类思想意识影响最深的动物之一。新石器时代及商周时期的文化遗存中，反映人、虎关系的材料比比皆是，后世与良渚“神人兽面纹”含义一脉相承的器物上的兽面纹更是经常表现为虎的仿生型。加之古生物资料表明，新石器时代的太湖流域一带的确有虎活动。由此推断，良渚兽面纹很可能就是“虎”的正面头像的艺术加工。

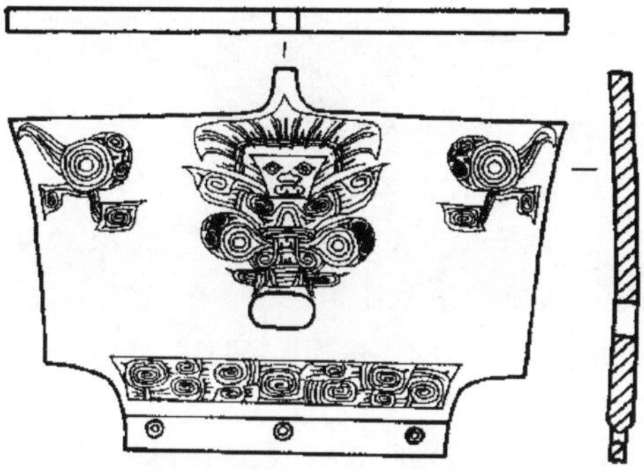

图4-14-1 浙江余杭反山良渚文化遗址出土M2：1玉冠状饰

（浙江省文物考古研究所反山考古队：《浙江余杭反山良渚墓地发掘简报》，《文物》1988年第1期，42页）

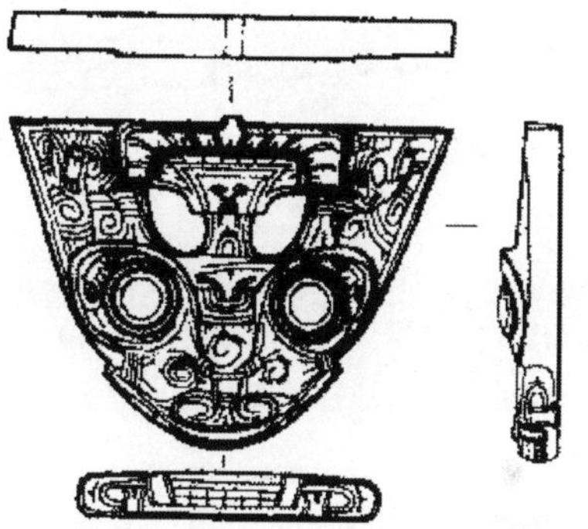

图4-14-2 浙江余杭反山良渚文化遗址出土玉牌饰

（浙江省文物考古研究所反山考古队：《浙江余杭反山良渚墓地发掘简报》，《文物》1988年第1期，46页）

四、龙山玉刀

前文已述，美国华盛顿弗利尔美术馆藏的山东龙山文化怪兽噬人纹玉刀。谢崇安先生在《人兽母题与神权政治——先秦艺术与中国文明起源研究之二》一文中指出，

① 〔美〕张光直：《谈“琮”及其在中国历史上的意义》，《文物有考古论集》，文物出版社，1986年，图三，6。

这种猛兽噬人图像，很可能是兽面纹的雏形[①]。日本学者林巳奈夫先生也在《神与兽的纹样学——中国古代诸神》中指出："这（指头饰，笔者注）和单纯的髻相比身份更加高贵，但究竟属于什么身份很难确定，这可以作为以后的课题加以研究"[②]（图4-15），且该"人兽母题"图像表达的并非肉眼所见的"吞噬"之义。

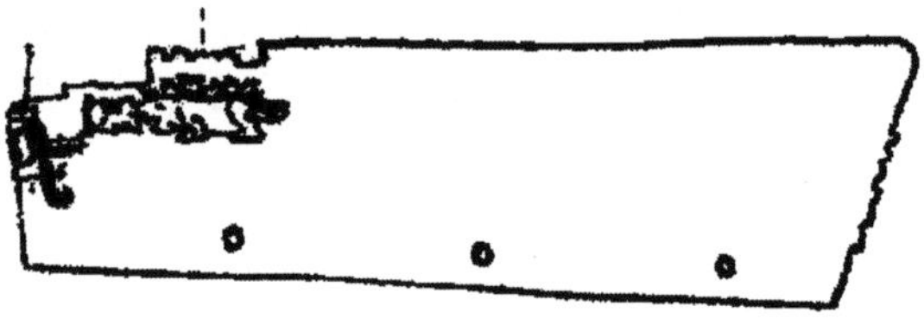

图4-15-1　美国华盛顿弗利尔美术馆藏龙山文化怪兽噬人纹玉刀

（谢崇安：《人兽母题与神权政治——先秦艺术与中国文明起源研究之二》，《广西民族学院学报》（哲学社会科学版）1998年第3期，91页）

图4-15-2　美国华盛顿弗利尔美术馆藏龙山文化人面纹大玉刀局部线图

（〔日〕林巳奈夫著，常耀华、王平、刘晓燕、李环译：《神与兽的纹样学——中国古代诸神》，生活·读书·新知三联书店，2009年，89页）

仰韶晚期至龙山时代，中国地域性的文明已在社会经济空前发达的基础上崛起，处于父权制氏族部落林立纷争的局面，国家的建立必须要以暴力才能摧毁血缘纽带，只有野蛮的民族征服才能建立起文明时代的地域统治。因此，这种军事民主制时代的典型特征，那种动荡不安的情绪，神权和王权的蕴蓄与生发，暴力的象征都给当时的艺术创作打上了深深的烙印，龙山文化礼玉的兴起就是该时代的产物。我们将美国华盛顿弗利尔美术馆藏龙山大玉刀上的神人兽面纹及威严的神王形象，与仰韶文化早中期那些歌颂和平心境的彩陶艺术相比，就能感到两者的时代精神相去甚远。龙山文化玉斧上镌刻着的象征王权的兽面纹，这种表象威慑力和狞厉美的艺术形式，正是神权与王权合一并进一步得到强化的标志[③]。

① 谢崇安：《人兽母题与神权政治——先秦艺术与中国文明起源研究之二》，《广西民族学院学报》（哲学社会科学版）1998年第3期，91页。

② 〔日〕林巳奈夫著，常耀华、王平、刘晓燕、李环译：《神与兽的纹样学——中国古代诸神》，生活·读书·新知三联书店，2009年，89页。

③ 谢崇安：《人兽母题与神权政治——先秦艺术与中国文明起源研究之二》，《广西民族学院学报》（哲学社会科学版）1998年第3期，92页。

第二节 商 周

由于资料匮乏，传说时代留给我们的印象是非常模糊的，尤其是其精神领域，研究时不得不带上些许推测的痕迹。到了有文字可考的商周时期，时人的思想信仰才在我们面前逐渐明晰。根据殷墟甲骨、卜辞包括相关文献记载及考古资料，大致可勾勒出时人的时代风貌①。“人兽母题”图像，是中国艺术史上不可或缺的一环。这类题材的源头虽可追溯至史前社会的中原地区，但直到商周时期的荆楚一带才发育完备，其组合模式的定型经历了漫长过程。从《淮南子》《史记》等文献记载看，该图像在商周中期基本定型，但从考古资料看，它的定型期应早于文献记载，大约在商代中期已粗具规模。无论是以濮阳西水坡“龙虎摆塑”为代表的某种原始信仰，以良渚玉琮“神人兽面纹”为代表的某种古老的巫觋观念，还是以殷商青铜礼兵之器为代表的某种神秘力量，都脱胎于这一母题，其文化源流和审美根源是一脉相承的，只是由于时代背景、观念意识、审美趣尚、技术工艺的不同与差异，使得它们给人的视觉感官及心理感受不尽相同。前两者是在原始宗教信仰的熏陶下诞生，与当时的社会氛围紧密相连，“摆塑”和“兽面”以形写神，气韵生动，充满了神秘意境，有一种内在的精神美和静态美。而后两者则反映了在社会发展及思想观念的转变下，人类们对动物的心理逐渐产生微妙变化。归结起来，不难得出这样一个结论，该“人兽母题”始终处于一个明显的嬗变过程，伴随着历史的行进脚步，不断呈现出异彩纷呈的多样形态。与此同时，它的转变也折射出社会变迁的轨迹，是奏响时代乐章的强劲音符。

纵观夏商周三代“人兽母题”纹饰的流变过程，我们可以敏感地发现，母题图像的视觉表现方式与它所处时代的文化背景及社会风貌密切相关，也与时人的观念因素紧密联系。观念因素影响并决定着图像表现方式的转变，而图像表现方式的转变，又反过来验证了时代风貌与精神意识的变迁。思想模式与母题图像之间，是决定与被决定的关系，图像母题所生存的物质基础及人文环境，时人的思维意识、精神意旨与审美趣尚等观念因素影响了母题的视觉表现形式，并刺激母题表现方式的流变。“人兽母题”图像有着丰富的文化内涵，牵涉政治、军事、文化、宗教等多个领域，涉及生产方式、生活方式、信仰方式和思维方式等多重因素。它建立在自然之道上的文化属性，是人为创造的“另一世界”的物化观照，是“历史意识”的有力见证，它表现为主体创造的文化符号与图像表现，通过主客体双方的物化喻体和视觉传达的生成过程，最终达成一种隐喻的象征，而在背后支持这种隐喻的，就是文化机制与时代精神的根基。

与血雨腥风、骤然突变的政治格局不同，文化面貌的辞旧焕新往往是田园牧歌式

① 张方：《先秦两汉“天人合一”观述论》，陕西师范大学硕士毕业论文，2004年，18页。

的循序渐进，这也致使“人兽母题”青铜器的风格演变与王朝政体的更新换代并非完全一致，新风格的出现均要滞后于新政权的产生。但是，为了具体阐明不同时代礼制与观念的更新对青铜器风格的影响，笔者将以时代发展为纲，以王朝更迭为目，依次论述夏、商、西周、东周的礼制与观念的嬗变。有关二里头文化时期的考古和文字资料非常有限，无法就此深入讨论夏代礼制与观念的详细情况，但从王朝政体的产生、青铜容器的出现，以及后世的“九鼎”传说等方面则可看出一个奠定未来“人兽母题”青铜器发展方向的基础在夏代已然开始蕴蓄。

现有考古资料表明，在被认为是夏文化的二里头文化遗存中，尚未见到直接的“人兽母题”青铜器实例，但其中不乏兽面造型。如在该时期的考古发现中，时常见到兽面纹出现于玉柄饰和铜牌饰之上。同时代的夏家店下层文化的陶礼器上的兽面纹也较多见，风格极似商末周初铜礼器“乙卯尊”上的兽面纹。二里头文化与夏家店下层文化的年代都在距今4000至3500年左右，在时代和文化发展序列上正处于龙山文化与商代中期文化之间①。

商代早期与夏代晚期的发展状况应当大致相同，只是相关研究资料较少。商代晚期由于古代文献记载较多、出土遗物和遗迹比较丰富，还有甲骨卜辞作为依据，使得我们对其神权政治和尊神重鬼的观念有了大致的了解。殷人尊神祀祖的终极目的仍是为了巩固王权，而“人兽母题”青铜器的造型和纹饰则充当了沟通神人之间的媒介。西周早期虽在政治上翦商伐纣，鼎革殷命，但在礼制与艺术面貌上与商代并无太多区别，依然散发着浓重的神秘主义气息。随着周礼的成熟与尚德重人观念的产生，西周中期开始迈出从神治走向人治的第一步，这也导致“人兽母题”青铜器的造型、纹饰均发生嬗变。东周时期，周王室逐步衰微，宗法制度的松散致使礼乐制度崩坏，社会的动荡不安促使“士”阶层崛起，学术思想上形成了百家争鸣的局面，民本主义思潮和道德观念也随即产生，这些变化再一次影响了“人兽母题”青铜器的设计与制作。

一、商　　代

青铜器可以说是商文化和审美风尚最典型的物质载体，在这当中，青铜礼器用以烹煮盛装祭祀物品奉献给诸神，乐器则用于演奏祭神乐曲以娱神。商代的青铜器不仅数量繁多，且品种齐全，然而除一小部分在日常生活中使用外，绝大多数都是在不同场合祭祀鬼神和祖先的礼乐器，这些器物的造型及装饰不仅符合实际功用和审美需求，更是沟通“神”和“人”的窗口。时人处于宗教神权的支配之下，对于神基本上还处于从属地位，在认识上还十分相信神的作用，相信天命。商纣王在商之将亡的时

① 谢崇安：《人兽母题与神权政治——先秦艺术与中国文明起源研究之二》，《广西民族学院学报》（哲学社会科学版）1998年第3期。

刻还在呼唤“我生不有命在天”[①]，就反映了他对天命决定作用的依赖。在这样的时代背景及特殊的载体下，殷商时期的“人兽母题”青铜器，无论是厚重庞大的器形，精妙绝伦的纹饰，还是冷峻神异的动物造型，都给人以威严神秘之感，向观者展现了一个被各种神话动物占据着的图像天地，而在具体的形体处理上，动物凌厉的脚爪、卷曲的翅尾、怒张地目、尖锐地牙又常有意加以突出表现，给人以威慑压迫的视觉效果[②]。当然，这些精妙绝伦的青铜造型纹饰也直接展现了殷人的丰富想象力和超强创造力。

原始的政治与宗教是结合在一起的。政职和神职，政务和神务在商代常常是互相融合的[③]。“人兽母题”图像可以说是商代青铜文化中最引人注目的器物造型之一。在刚刚跨进文明大门不久，生产力尚不发达，一切都必须借助手工操作的商代，铸造如此复杂的器物，其社会功能自然不会仅局限于“悦目”，更重要的还在于“赏心”，亦即以神人以和为最终目的。神权政治和巫风弥漫影响了青铜器的制造，此时的“人兽母题”青铜器，是时人对自然宇宙及主体意识的物质显现，纹饰中的“人”，有时在“兽”下方，处于附庸地位，有时在“兽”上方，起笼罩作用，还有时“人”“兽”各在器物一面。此时“人兽母题”青铜器的铸造，仍具有较浓厚的宗教气息，与具有泛神论性质的原始崇拜有一定关系。正是由于崇拜和敬畏感支配了时人思想，使得“人兽母题”更多见于青铜礼兵之器上。虎食人卣诸器就是其典型代表，表现了“人”“兽”紧密相依的某种神秘关系。其中“人”多以怪异形象出现，虽然身体各部分尚合乎比例，五官的位置也较恰当，然而却被添加了兽角、兽耳，且周身满饰神秘花纹，看上去似乎已非普通人类[④]。另外，“人兽母题”青铜器上的“兽”，则多显得威严、肃穆、神秘。这些现象似乎表明，当时的人对以动物为代表的自然仍颇为恐惧敬畏。自然对人类来说，在某种程度上依然神秘不可知，即便青铜器上有人物纹样出现，也大都被地置于兽口之下，足见“人”与自然相比显得较为被动消极。此时的“人兽母题”图像，更多体现了尊神、事神，乃至借助神权以加强王权的社会功能。“人”在图像中仅能充当配角，处于相对弱势的一方，无法凌驾于“兽”之上。诚然，学者们对此有不同解释。

如前所述，部分学者认为这样的纹饰是“吃人”，另外一部分人则认为是“造人”，甚至是在“交媾”，或者是“人”借助“兽”与上界沟通，各观点虽有差异，但将“人”的地位置于“兽”的威严之下，这点似无异议。可见，在神异祖神居统治

① （汉）孔安国注，（唐）孔颖达正义，（清）徐养原校、黄怀信整理：《尚书正义》卷十《西伯戡黎》，上海古籍出版社，2007年。

② 廖群：《中国审美文化史》（先秦卷），山东画报出版社，2000年，119页。

③ 朱志荣：《夏商周美学思想研究》，人民出版社，2009年，89页。

④ 杨文胜：《物化于商周青铜器造型与纹饰上的先秦思想观念及其转变》，《洛阳大学学报》2002年第3期，37页。

地位的观念中，人的地位在物化表现中通常会显得较为被动，处从属地位。

综上所述，商代“人兽母题”纹饰多以夸张、变形、难以把握的诡谲形象出现。器物表面布满神秘化怪异纹饰，变形夸张地刻画出粗壮的眉，扭曲张狂的角，呈现给人的感受是一种狰狞的美感和神秘的威慑。它们所具有的这种威慑力不是来源于“直接存在的现实中的一件事物”，而是因其符号化地代表了一种超现实力量。“是人的思想和精神的艺术活动”，也即人的宗教观、自然观赋予了它们这种神秘力量。“殷人尊神，率民以事神，先鬼而后礼。”[①]当时人类因自身力量不够强大，感到周围一切自然之物都对自身生存构成影响，从而对自然产生一种崇拜感，认为“万物有灵”，因而代表自然的动物就被描绘成青铜器上那种狰狞、威严、肃穆、神秘且难以把握的神异形象[②]。

二、西　　周

王国维在《殷周制度论》[③]中指出，“中国政治与文化之变革莫剧与殷周之际”。其中变革之中心在周之有德，“殷周之兴亡乃有德无无德之兴亡”，“欲知周公之圣，与周之所以王，必于是乎观之矣”。周人有德之政治基础，其大异于尚者：

> 一曰立子立嫡之制，由使而生宗法及丧服之制，并由是而有封建子弟之制，君天子臣诸侯之制。二曰庙数之制，同姓不通婚之制。此数者，皆周之所以纲纪天下，其旨则在纳上下于道德，而合天子诸侯卿大夫庶民以成一道德之团体。周公制作之本意，实在于此。

西周早期青铜器的装饰性，就器物表面的纹饰而言，必然是周人对灿烂的殷商物质文化大多直接“拿来”的缘故，周初乃至周代早期都明显带有殷商遗风，多种纹饰交织共现的繁缛华美，也还是其绘饰艺术的基本特征风貌。然而，细心观赏体味就不难发现，即使这些直接传承殷商余绪的彝器，与殷商近似的也只是它们外在的造型和纹饰的繁复，狞厉之感没有了，只是让人感到它们精雕细刻、形式华美，纹饰在这里已经失去了原本就只属于殷人自己的宗教性质，留下的只是装饰的意味和功用。与此同时，淡化殷商青铜器的色彩、呈现周器格调的纹饰也开始出现，并逐渐多了起来[④]。

西周青铜器上独立的人物雕像仍然少见，大多仍为器物的附属性装饰，但同样与殷商时代的宗教意味有差别，此时铸造的人物已逐渐淡化怪异神秘的符号化色彩，变

① （东汉）郑玄注、（唐）孔颖达正义：《礼记 · 表记》，《礼记正义》，中华书局，1980年。

② 杨文胜：《物化于商周青铜器造型与纹饰上的先秦思想观念及其转变》，《洛阳大学学报》2002年第1期，37页。

③ 王国维：《观堂集林》，中华书局，1959年，453、454页。

④ 廖群：《中国审美文化史》（先秦卷），山东画报出版社，2000年，216页。

得平易写实[①]。加之受新兴的礼乐制度影响，其表现方式已不同于商代，主要以高浮雕手法表现人物形象，且多较写实，同时也起到一定装饰作用。西周青铜器中具有高浮雕性质的人物形象作品主要见于器足、器物支架、车马器等。其中“人兽母题”图像中的人物纹多以无人身自由且备受奴役的形象出现，其中包括驭手、仆役、奴隶、战俘、刑余之人等，有的衣冠楚楚，也有的赤身露体。他们是现实生活中的人，没有商代青铜人物形象具备的神秘色彩。创作主体站在奴隶主贵族的立场，以赏玩的态度表现被他们驱使劳作的群体表现出来，客观上对西周社会普遍存在的阶级压迫现象作了揭示[②]。比如陕西扶风庄白村西周铜器窖藏出土的刖人守门方鼎，表现的是一个受过刖刑、下肢残断的奴隶（图4-16）。此外，也有刻画侍女形象的，如河南平顶山应国墓地出土的匍盉[③]，盉的一侧以一女子双手抱盖为环纽，足蹬处用一环纽连接器盖与器身，女子刻画精细，头挽高髻，下穿褶裙，形象较为生动[④]（图4-17）。

图4-16 陕西扶风出土西周刖人守门方鼎

图4-17 河南平顶山应国墓地出土西周匍盉

需要注意的是，这些器物上的人物纹，属当时的奴隶，器物带有较为明显的等级机制[⑤]。河南洛阳北瑶出土一件人形车辖，人物附着在车辖上，作叉腰、屈膝而坐姿势，头戴网状束发物，长脸形，高颧骨，嘴微启，已经完全是一个现实中的人物形象。只是人物的表现还略显呆板[⑥]（图4-18）。

西周中期之后的“人兽母题”青铜器较之早期发生重大变化。此时青铜礼器的种类以食器为主，这是周人吸取商人饮酒亡国的教训所做的策略性调整；礼器的组合上

① 廖群：《中国审美文化史》（先秦卷），山东画报出版社，2000年，237页。
② 李松、贺西林：《中国古代青铜器艺术》，陕西人民出版社，2002年，104页。
③ 王龙正、姜涛、娄金山：《匍鸭铜盉与頫聘礼》，《文物》1998年第4期，88～95页。
④ 杨远：《浅谈商周青铜器上的人物形象》，《四川文物》2010年期6期，26、27页。
⑤ 杨远：《浅谈商周青铜器上的人物形象》，《四川文物》2010年期6期，25页。
⑥ 廖群：《中国审美文化史》（先秦卷），山东画报出版社，2000年，238页。

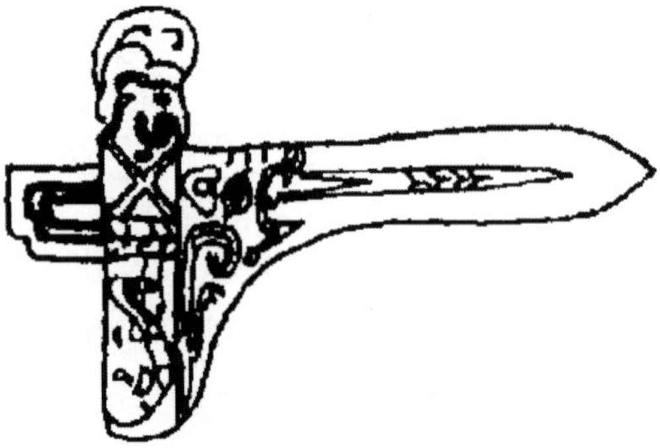

图4-18　河南洛阳北窑西周墓地M210出土戈
（高西省：《论西周时期“人兽母题”青铜器》，
《中原文物》2002年第1期，49页）

出现了“列鼎”和“乐悬”制度，其所用数目不仅反映了森严的等级秩序，融入了当时的礼制观念；纹饰的神秘性开始消失，铭文的记录性增强，反映了轻鬼神、重人事的时代特点。历史步入西周晚期，传统礼制对人们的思想束缚则逐渐被摆脱，强调鬼神宗教的“人兽母题”装饰风格进一步衰落。

周人从“天命不变”到“天命靡常”，与商人有很大区别。殷商时期的“人兽母题”多出现在青铜容器上。人物纹和动物纹之间关系密切、形象写实，在器物表面的装饰位置也较为突出，而到了西周中期以后，人物纹和动物纹的关系较前期略显疏离，装饰地位也不再突出（图4-19）。

图4-19　西周中晚期“人兽母题”青铜车辖

那么，这一变化能说明什么？要对这一问题做出一个合理解释，首先应该从“人兽母题”的文化内涵考虑。毋庸置疑的是，作为一种凝聚了时代特征与精神的文化符号，它们在一定程度上都是某种信仰方式和思维模式的反映，是时人精神生活的一项重要内容。

周人以蕞尔小邦战胜无论人力、物力及文化水平都在其上的殷商，建立了周王朝。这在一定程度上使周人对“天命”观进行了重新认识[①]。事实上，早在殷商末期，神权政治的统治地位便已然开始动摇，上帝的权威犹存，然不信上帝已成为当时思想萌芽，“武乙射天”便是该思想的典型表现。而“人兽母题”图像形式和装饰手法的改变，亦和周人的思想转变有关。

① 杨文胜：《青铜纹饰上的先秦观念演变》，《中州学刊》2002年第5期，83页。

和迷信的商人不同，周人对神教提出质疑，认为“天明靡常”，治理国家时，周人“尊礼尚施，事鬼神而远之”[①]，提出“以德配天”，在周人看来，若要维护巩固统治，统治者必须以民为重，“天视自我民视，天听自我民听”[②]，“民之所欲，天必从之”[③]。“欲至于万年惟王，子子孙孙永保民”[④]。只有重视民意的保民之君才可享国多年。祖甲“爰知小人之依，能保惠于庶民，不敢侮鳏寡”[⑤]得以在位33年。“文王卑服，即康功田功。徽柔懿恭，怀保小民，惠鲜鳏寡。自朝至于日中昃，不遑暇食，用咸和万民。文王不敢盘于游田，以庶邦惟正之供。文王受命惟中身，厥享国五十年。”[⑥]这种观念开启了东周时期民本思想觉醒的先河。

此外，这种变化之所以发生，还与统治阶级的大力推崇，社会风尚的变迁，以及周礼的形成及推广有着密不可分的关系。孙星衍在疏解《尚书·洛诰》时引郑玄语曰：

王者未制礼乐，恒用先王之礼乐。伐纣以来，皆用殷之礼乐，非始成王用之也。周公制礼乐既成，不使成王既用周礼，仍令用殷礼者，欲待明年即政，告神受职然后班行周礼。班讫，始得用周礼[⑦]。

“世界上任何民族的文化，都经历了由以神为本向以人为本的发展过程”[⑧]，礼制的发展正体现了这一文化发展的总体规律。礼制进程中的每一次变革均会影响到礼器的种类、组合、造型和纹饰发生重大的改变。而人们因所处时代和环境的变更所导致的思想观念的变化，亦是导致礼器发生改变的重要原因。但归根结底，时人的内心世界主要还是受到“礼念”的影响，而“礼念”则反映了人们礼仪活动中的思绪、感受和心情。由于“礼”在此时的物化已经渗透到政治、社会、文化、仪式、思想等各个方面，故而对“人兽母题”青铜器表现必然会产生重要影响。

同前代相比，西周中期的“人兽母题”青铜器无论是在对艺术造型规律的认识

---

① （清）董增龄撰：《国语正义》卷三《周语》，巴蜀书社，1985年，65、66页。

② （东汉）赵岐注、（宋）孙奭疏、（清）李锐校：《孟子注疏》卷九《万章上》引《尚书·泰誓》，中华书局，1980年。

③ （晋）杜预注、（唐）孔颖达正义：《春秋左氏传正义》卷四十《襄公三十一年》，中华书局，1980年。

④ （西汉）孔安国注，（唐）孔颖达正义，（清）徐养原校、黄怀信整理：《尚书正义》卷十四《梓材》，中华书局，1980年。

⑤ （西汉）孔安国注，（唐）孔颖达正义，（清）徐养原校、黄怀信整理：《尚书正义》卷十六《无逸》，中华书局，1980年。

⑥ （西汉）孔安国注，（唐）孔颖达正义，（清）徐养原校、黄怀信整理：《尚书正义》卷十六《无逸》，中华书局，1980年。

⑦ （清）孙星衍撰、陈抗、盛冬铃点校：《尚书今古文注疏》卷十九《洛诰》，中华书局，2004年。

⑧ 冯天瑜、何晓明、周积明：《中华文化史》（上），上海人民出版社，1990年，302页。

上，还是表现上形式上都有着巨大而迅猛地变化。经过长期的艺术探索实践，西周的工匠们已经熟练地掌握了青铜器雕塑艺术的基本表达方式，在对艺术法则和艺术规律的运用上，逐步认识到对比、反差、均衡、协调等要素对艺术表现所起到的重要作用。从西周时期的“人兽母题”青铜器中，我们能够更多地发现创作者的主观能动性，作品更多地融入了个人观念和审美①。

具体来看西周时期“人兽母题”图像的流变，我们不难看出。西周早期的“人兽母题”图像，和商时无甚差别，此乃“恒用先王之礼乐”之因②。美国华盛顿弗利尔美术馆所藏铜刀，刀背及部雕镂怪兽食人，人作屈体蹲踞状。此铜刀传出自河南浚县辛村，系西周初年物③。该造型估计就是源自商代玉饰中的怪兽食人造型，其衍变形式还见于甘肃灵台白草坡西周早期墓中所出的“人兽母题”铜钺④。西周早期晚段，特别是中期后，由于周礼的颁行，商代那种奢华、狞厉的色彩逐渐隐退，理性的因素有所增长，人的地位得以提高。礼制的推广使青铜礼器及其纹像走向范式及统一。需要注意的是，此时虽没有了前段时期的庄严华美之风，但也尚未完全具备后段写实主义的生气⑤。这有待战国激情的到来而注入新的活力。

三、东　　周

在中国历史上，东周是一个极富思想性和创造性的时代。春秋时期，周王朝虽依然存在并保持名义上的共主，但实际上已失去了对各诸侯国的支配地位，社会进入了革新期。“礼崩乐坏”带来了周礼的衰弱，思想观念开始发生了重大变化，人本主义得以加强。“民之所欲，天必从之”⑥，“天视自我民视，天听自我民听”⑦ 等无不说明“民”（也就是人）的地位被提高到了一个前所未有的高度⑧。

东周是一个社会动荡变革的时代。“百川沸腾，山冢萃崩；高岸为谷，深谷为

---

① 周博：《浅析商周青铜器动物雕塑的造型特征及演变》，北京服装学院硕士毕业论文，2014年，5页。

② 杨文胜：《青铜纹饰上的先秦观念演变》，《中州学刊》2002年第5期，84页。

③ 〔美〕张光直著、郭净译：《美术·神话与祭祀》，辽宁教育出版社，1988年，48页。

④ 谢崇安：《人兽母题与神权政治——先秦艺术与中国文明起源研究之二》，《广西民族学院学报》（哲学社会科学版）1998年第3期，93页。

⑤ 杨文胜：《青铜纹饰上的先秦观念演变》，《中州学刊》2002年第5期，82页。

⑥ （清）董增龄撰：《国语正义》卷十六《郑语》，巴蜀书社，1985年，65页。

⑦ （东汉）赵岐注、（宋）孙奭疏、（清）李锐校：《孟子注疏》卷五《万章》，中华书局，1980年。

⑧ 杨文胜：《青铜纹饰上的先秦观念演变》，《中州学刊》2002年第5期，83页。

陵。”[①]由于王室衰微，诸侯争霸，导致战争频仍，社会局势动荡不安。剧烈的社会变化打破了传统的生活和观念，促使人们不断深入思考应该如何看待经验的过去，怎样面对未知的将来，以及如何建造一个相对理想的生存环境。于是，各阶级、阶层的人从各自的立场出发，通过讲学和著述宣传自己的观点和主张，从而形成了儒、墨、道、阴阳、名、法等各种学派。这些学派都以政治、社会、伦理、历史等方面的学术为共同主题和基本内容，带有极浓厚的为政治服务的色彩。在这种背景下产生的“人兽母题”图像，与当时的社会文化倾向应该是一致的，同样不可能离开现实，离开政治[②]。此时的礼崩乐坏，直接结果不仅是雅乐的“失落”，还有固有青铜礼器的“冷落”。那些具有神秘意味和王室尊严的厚重大鼎，随着传统祭祀仪礼的形同虚设，甚至省俭废置，已然结束了作为特定时代审美文化重要的载体使命；解除了礼制的限定和束缚，人们开始在各种日用、摆设器物的装饰美观上下工夫，其结果便是“人兽母题”青铜器工艺造型世界的“百花齐放”[③]。

青铜纹饰最能反映出东周民本思潮的流行，春秋战国时期，青铜铸造不再由王室独控，各地诸侯大造其器，器形开始有所改变，造型和纹饰都不再像西周那样神秘狰狞，取而代之的是华美写实的世俗气息，礼制没落，诸侯野心勃勃，对人的价值和人的力量开始逐步加以肯定，青铜器具更加走进日用生活和人群，造型风格也由粗笨厚重转为简朴轻便[④]。春秋早中期，人物纹与动物纹的造型承启西周末期之风，否定了神秘、威严的气氛和呆板、范式化的作风，走向写实主义，多以现实生活中存在的形象为主。这是由于生产力的发展使人对自然更加了解的结果。此时的自然对人类而言不再那么神秘，已成为较为可知的现实，人的价值被重新定义，自然对人类的束缚稍加解脱，人与自然的关系由消极被动转而开始拥有一定的主动性[⑤]。

此时的“人兽母题”青铜器明显脱离礼制规范，呈现自由舒展的变化趋势。就题材而言，承继西周以来从神秘走向现实的方向，作品由写实到追求生活情趣化；就风貌而言，一改西周的朴实平易，崇尚精雕细刻、镂金错银、奢侈豪华，显示出进一步摆脱实用束缚、进一步美术化、进一步追求观赏享受的审美倾向。当然，具体到某一器物、某一件作品，它们或极度写实，或怪异变形，或规矩，或洒脱，风格很难统一，而这种打破格局，各显神通，恰恰就是东周的“性格”[⑥]。自春秋中期开始，“人兽母题”青铜器的纹饰一反西周疏朗通达、秩序规整的格调，变得清新俊朗，神异色

① 王秀梅译注：《诗经·小雅·十月之交》，中华书局，2006年。

② 张方：《先秦两汉“天人合一”观述论》，陕西师范大学硕士毕业论文，2004年，11、12页。

③ 廖群：《中国审美文化史》（先秦卷），山东画报出版社，2000年，371页。

④ 向中华：《青铜的历史》，新世界出版社，2006年，43页。

⑤ 杨文胜：《物化于商周青铜器造型与纹饰上的先秦思想观念及其转变》，《洛阳大学学报》2002年第3期，38页。

⑥ 廖群：《中国审美文化史》（先秦卷），山东画报出版社，2000年，368页。

彩消失不见，涌现渔猎、狩猎等新式纹样。这一时期的“人兽母题”图像，从母题图像的视觉表现折射出该阶段思想观念的变革。“人”逐渐成为图像主体，“兽”则成为被人狩猎的对象或补空勾边之用，即使是“怪兽”也主要突出的是装饰性，基本已不具备早期阶段那种神秘威严之感①。此时的人已逐渐摆脱神化桎梏，人性逐渐开始受到重视。“人兽母题”图像已变成了人抚兽、人驭兽的亲昵状，基本上可以说是由“敬”转变为“驯”，并最终转变为写实性的人物纹饰。

这一时期的“人兽母题”青铜器上的人物画像是用写实的描绘出当时的贵族的日常生活和勇猛作战的场景，已经初步摆脱了规律化的对称图案，而是用流畅的线条，结合绘画和雕刻手法，描绘出合作场景。这些用绘画形式表现的画像，是以后绘画艺术的先驱②。该时期最为典型的“人兽母题”器物是考古研究所洛阳发掘队1957年5月在洛阳小屯村东北汉河南县城东北城角外发掘的积石积炭战国中期M1号墓出土2件伏兽玉人，1件高3.4厘米，长5.5厘米，宽1.4厘米，头上梳发髻，裸体，骑卷尾兽上；另1件高2.6厘米，宽0.9厘米，裸体，骑虎上，出自墓道接近墓室一端乱土中。两件皆白玉雕成，晶莹润泽③。骑卷尾兽玉人为圆雕，人物手执兽耳。兽首宽大，双目前视，身侧琢刻卷云纹，背臀部有阴线斜格云纹，腹下有细如毫发的卷云纹，流畅生动。自人物顶至兽腹纵凿一穿孔。此器虽小，但造型与工艺均极精（图4-20）。骑虎玉人造型与上器大同。而此器质地优良，造型优美，雕琢精细，亦堪称佳作④（图4-21）。

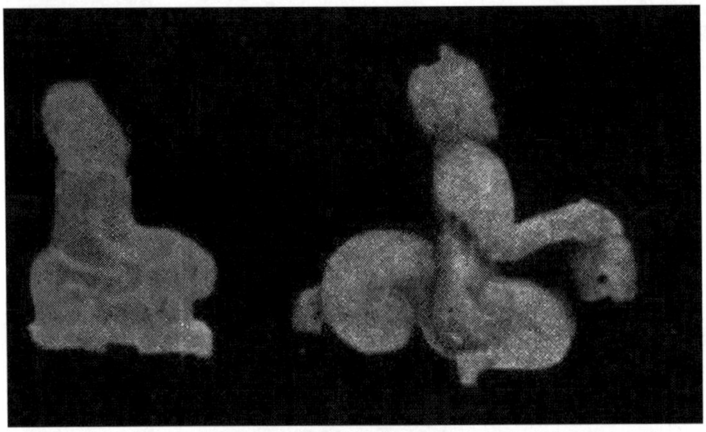

图4-20-1′ 1957年河南洛阳小屯村M1出土战国伏兽玉人

（考古研究所洛阳发掘队：《洛阳西郊一号战国墓发掘记》，《考古》1959年第12期，图版叁，5）

① 杨文胜：《物化于商周青铜器造型与纹饰上的先秦思想观念及其转变》，《洛阳大学学报》2002年第3期，39页。

② 马承源：《中国青铜器》，上海古籍出版社，2003年，334页。

③ 考古研究所洛阳发掘队：《洛阳西郊一号战国墓发掘记》，《考古》1959年第12期，657页。

④ 徐春苓：《古玉人兽合体造型研考》，《中原文物》2011年第6期，37～39页。

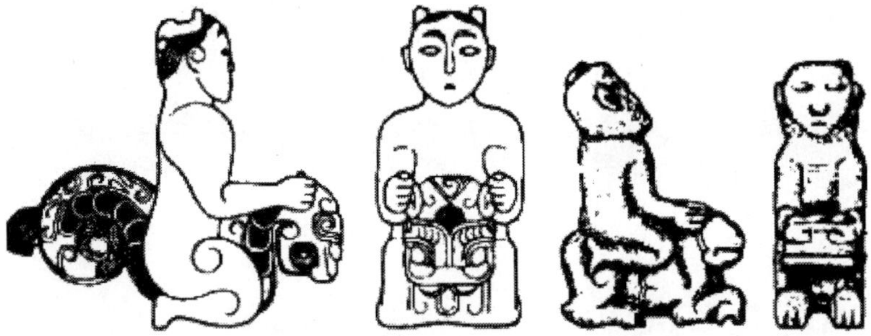

图4-20-2　1957年河南洛阳小屯村M1出土战国伏兽玉人线图
（考古研究所洛阳发掘队：《洛阳西郊一号战国墓发掘记》，《考古》1959年第12期，657页）

图4-21-1　1957年河南洛阳小屯村M1出土战国伏兽玉人

图4-21-2　1957年河南洛阳小屯村M1出土战国伏兽玉人

关于这两件玉器的文化内涵，东晋葛洪《包朴子·内篇·杂应》曾有“若能乘蹻者，可以周游天下，不拘山河”[①]的记载。良渚文化“神人兽面纹”玉琮上的人物，所骑的虎即虎蹻，人欲驾虎升天，与天神相沟通。然而，一部分学者认为，童子骑虎造型玉雕另有内涵。其一，古代传统造型艺术中，童子形象作品十分兴盛。这两件玉雕，是迄今所知最早的骑虎童子。古时崇虎观念，皆源发虎的自然属性，即威猛之性，因它是山林猛兽之最强者，故有“山兽之君”的称誉。虎之威猛，可喻男孩成人后雄健奋发而大有作为，犹若大人君子之行止，又有“大人虎变”之谓。这两件玉雕，乃专为男童所制，用以祈祷良愿。其二，战国中期玉器上的云纹，多属天际云彩

① 王明撰：《抱朴子内篇校释（增订本）》卷十五《杂应》（《新编诸子集成》本），中华书局，1985年，68～70页。

的模拟。玉虎有饰云纹，最早见于妇好墓所出的玉虎。早在远古时代，云就是先民们心目中的“神”。红山文化的勾云形玉珮，即是崇拜云神，并祈它降下甘霖所用的礼玉之器。妇好墓的云纹玉虎和男童跨云纹玉虎，很可能都是欲借云纹（神）把玉虎当成虎神，那么，童子就可得到神虎的庇佑而获祥①。另外，该时期还有江苏淮阴高庄战国墓的刻纹铜器上的象人②戏兽图像③，这些典型例证都表现出人的进取精神及人同自然斗争意志的萌发。

需要注意的是，这一时期的“人兽母题”图像虽然已开始具有一定的生活化、动态美的气氛，不似前代那么庄严肃穆、神秘莫测，但依然是统治者为达到某种宗教目的和政治目的的工具，是统治者通往天国的“桥梁”。当然，这些器物还突显了人性的力量，映射出人类自我精神的萌芽与觉醒。

春秋晚期以后，特别是战国时期是中国社会的重要变革期和转型期，对后世产生了深远影响。铁制工具的出现使得生产力得以进一步发展，从而促进了社会生产的进步。社会的变迁又决定了思想观念的变化，人们开始对自然进行重新的理解和认识④。此时的“人兽母题”青铜器造型出现了两种并行发展趋势：一是器物由于采用了多种表面加工工艺而变得异常华美，成为贵族阶层把玩的珍奇之物；二是器物摒弃了神秘诡谲的审美风尚，朝自由活泼、轻灵细致方向发展，更加突出了实用功能。

图4-22 鄂尔多斯博物馆藏战国鄂尔多斯鎏金虎牌饰

另外，“兽”的形态也发生着变化。如果说，商代“人兽母题”青铜器中的“兽”多是庄严肃穆的蹲踞姿态，那么东周时期的“兽”则充满动态美。铜牌饰上的虎，不是正在食羊就是正在扑鹿（图4-22），铜虎符是实用器物和造型的完美结合（图4-23）。现藏上海博物馆的战国时期四虎纹镜，桥形纽，圆纽座，四虎乃高浮雕装饰，虎身皆为同一朝向，虎头面向镜纽且咬住纽座，首尾相连、爪牙屈伸，充满动感（图4-24）。很显然，此时青铜器上的动物纹已在某

① 徐春苓：《古玉人兽合体造型研考》，《中原文物》2011年第6期，34、35页。

② 象人：即头戴假面具之人，是表演者装扮成神怪的活动，也是商周角牴百戏的重要内容。

③ 王厚宇：《淮阴高庄墓刻纹铜器上的神人怪兽图像》，《东南文化》1994年第4期，71页。

④ 杨文胜：《物化于商周青铜器造型与纹饰上的先秦思想观念及其转变》，《洛阳大学学报》2002年第3期，40页。

种程度上淡化了“神性”。

图4-23 陕西历史博物馆藏西安出土战国秦杜虎符

图4-24 上海博物馆藏战国四虎纹铜镜

总体来说，这一时期的“人兽母题”图像，已逐渐开始挣脱原始宗教的外衣，虽然本源的功能尚未完全消退，其原始内涵的遗痕仍在底层积淀，但它的文化属性却已由顶礼膜拜的信仰转至世俗情怀的精神追求。

战国青铜器画像似浮在器物表层上的绘画，诸如园林、宴饮、舞乐、攻战、狩猎乃至采桑等错综复杂的场面，以范铸、镶嵌或直接雕刻的手法表现出来，显得生动活泼，晶莹耀目，闪烁着现实主义的光华①。与此同时，由于时人对形制、风貌多样化的需要，刺激了青铜铸造技术的多元发展，除失蜡法之外，还出现了层叠铸造、金属型铸造等多种铸造方法，锻打、镂刻、钎焊、镶嵌、错金银、鎏金银，以及淬火技术，均得到了较大突破，既能镶嵌上各种饰品，又能鎏金错银，这就把整个“人兽母题”青铜器的器表打扮得五光十色、光艳夺目。另外，随着铸造技术的多样灵活，工艺造型也有了更加宽广的发挥空间，形态各异、表现生活情趣的造型也大量出现在审美艺术的田地里。它们不但摆脱了礼制，也在一定程度上摆脱了日用，更多的是作为把玩观赏的工艺品②。伎乐铜屋就是这类器物的典型代表。

通过对史前时期到先秦时期“人兽母题”图像流变的系统梳理。笔者认为，“人兽母题” 图像，很可能肇始于新石器时代中晚期，历经夏商周三代发展，至商周开始丰富并转型。从中可以看出，从新石器时代的仰韶文化，经过较晚的良渚文化，龙山文化，经历青铜时代，再到春秋战国，中国古代有过一个连续出现的重要母题图像，即“人兽母题”图像。

青铜器并非由古代工匠的凭空想象和即兴创造，其造型纹饰也并非为了纯粹的审美意旨，而是由夏商周独特的政治背景和文化氛围共同孕育而出。青铜器不仅以其独立而特有的艺术气质震撼并影响着几千年的华夏文明，更为重要的是，它们所承载的

① 张英群：《试论河南战国青铜器的画像艺》，《中原文物》1984年第2期，4页。
② 廖群：《中国审美文化史》（先秦卷），山东画报出版社，2000年，372页。

制度和精神，为我们从侧面了解我国早期文脉源流提供了宝贵资料。夏商周是中国古代典型的礼治社会，作为社会运行规范和等级秩序表征的“礼”是在不断的损益增删中逐步形成、定型而又衰落的。“从礼的萌芽到形成成熟形态的礼（周礼），其间经过了约二三千年的时间。在这个过程中，一方面‘礼’与‘巫’杂糅在一起，而另一方面‘礼’的种种特质和特点又表现出不同于‘巫’的文化内涵，并清晰地展示出一种特有的文化发展方向。”[①]夏商之时的礼脱胎于原始社会晚期的宗教与巫术活动，所以充斥着神秘主义色彩；西周中期之后礼已成熟化和定型化，更加关注人类社会自身的等级亲疏关系；春秋中期以后人们从周礼的束缚中解脱出来，思想和行为更加自由。所有这些观念意识均物化地灌注到了“人兽母题”青铜器之中，为我们展示出一幅幅独具魅力的青铜时代文化图景。

① 杨志刚：《中国礼仪制度研究》，华东师范大学出版社，2001年，69页。

第五章　“人兽母题”隐喻的文化机制

商周青铜器是该时期生产力最高水平的标志之一，尤其是铸刻其上的精美纹饰，更是生产技术、社会心理和精神生活的物质体现，我国有关青铜器纹饰内涵的最早记录，见于《左传·宣公三年》：“昔夏之方有德也，远方图物，贡金九牧，铸鼎象物，百物而为之备，使民知神奸。故民入川泽山林，不逢不若；魑魅魍魉，莫能逢之。用能协与上下，以成天休。”①《吕氏春秋》一书论“周鼎”所著就有五处之多，列举了饕餮、窃曲、倕、象、鼠等纹样的名称及其之所以作。散见于经传中的有关装饰纹样的名称也为数不少。如：《书经·益稷》有“日月、星辰、山龙、华虫、作会宗彝，藻、火、粉、米、黼、黻、絺绣”的记述（“火、龙、黼、黻”也见《左传》桓公二年），《周礼·考工记》论“画绘之事”，说“火以圜，山以章，水以龙”等，也保留下来一定数量的古代装饰纹样的名称。尽管这些名称如何与考古发现互相印证，十有八九还有待考订，但有一点却非常明确，那就是中国古代的装饰纹样都是有专名可以称呼的。这一方面是由于古代的工艺师为了工作的方便，需要创造一批技术上的术语；另一方面也说明这些纹样，又都具有特定的含义，因此概念明确，可以使用简括的语言来加以称谓②。商周“人兽母题”青铜器在演变轨迹中，蕴藉神秘丰富的图像符号，吸引了众多中外学者对其探讨研究，力图破解背后潜藏的历史文化暗码，然而由于其内在隐喻和文化机制颇为复杂，至今仍众说纷纭，莫衷一是，难以定论。笔者在总结前贤学者研究成果基础上，对此问题展开梳理。

第一节　青铜器上的饕餮纹

张光直先生就曾经就青铜器的具体研究方法和思路指明了一个有效而正确的方向。他认为，要了解青铜器的文化意义与社会功能，把神话中或美术中所见的动物孤立起来研究是不充分的。我们不但得把神话中与美术中所见的动物都拿来讨论，而且要考虑神话中的动物与美术中的动物之间的相互关系，以及它们与商周文明其他各方面的特征的关系。另一方面，这种种的关系，要想一一认明，非得不仅是在静态的情

---

① 杨伯峻：《春秋左传集解》（修订本），中华书局，1990年，669、670、1192页。

② 刘敦愿：《说“文”与“文字”》，《美术考古与古代文明》，人民美术出版社，2007年，32、33页。

况之下，而且要在变迁的环境之中加以研究不可。在商周的神话与美术中，动物占有很重要的地位。这件事实，大家都已承认，不待多举例子来证明。在神话里，动物所扮演的角色，从族群的祖先，一直到上帝的使者；从先祖英雄的伴侣，一直到为英雄所征戮的恶魔。动物在神话中的重要地位，甚至比表面看得出来的还要大些。若干历史学家，如杨宽认为，在中国古代圣贤豪杰的传说中，十个中有九个原是动物神灵的化身；认为许多神话传说中的英雄人物，本是以动物为图腾始祖的族群的酋长。不论这种解释是否可以全部接受，我想要说动物是商周神话中最重要的角色之一似乎不能算是言过其实的浮言。在美术上，亘商周两代，种种的动物，或是动物身体的部分，构成装饰美术单元的一大部分，而出现于青铜礼器、兵器、车马器、乐器等[①]。青铜器上的动物纹样类别很多，爬行动物（以龙蛇为主的各种神话动物）、鸟类（凤鸟与鸱鸮）、两栖类（蛙与蟾蜍）、鱼类、昆虫（只蝉一种），兽类主要是牛、羊、象、虎，其他极为罕见（如鹿、马、犀、猪等）。龙、凤与虎，在商代与西周初期的青铜器装饰艺术中，不过是若干重要的纹样母题之一，但在日后的发展中，这几种动物纹却成为最主要的青铜器纹饰，一直沿用到了今天[②]。在动物母题中，饕餮纹长期流行并占统治地位。值得强调的是，作虎形的饕餮纹样，最初不过是青铜器上饕餮纹样的一种，并不特别突出，但在日后的发展中，也就是秦汉以后直到近代，饕餮纹样主要是以虎面纹样呈现。

虎是大型野生食肉猛兽，它勇猛威武，是“兽中之王”。许慎《说文解字》称它为“山兽之君”。在生态学上，虎处于食物链金字塔的顶级，动物学分类上是哺乳纲猫科动物中个体最大、最凶猛的野兽。在山野众兽之中，拥有“百兽之长”“山中王”的桂冠。据动物学资料表明，成年虎的体长一般在120～200厘米左右，尾长100厘米左右，体重100～200千克，最重可达320千克。虎头圆大，颈粗短。虎齿坚硬锋利，长约6厘米。虎舌长约5厘米，舌上长有许多角质倒刺，舌底部大而软，端部尖而硬。虎嘴边长有白色的硬须，长约15厘米，是灵敏的触觉器官，便于夜间在茂密的丛林中潜行。虎的眼虹膜呈绿褐色，光强时瞳孔缩成小圆状，夜间能发出绿色磷火般的亮光。四肢强壮有力，前足5趾，后足4趾。趾、掌下为表面无毛、柔软的足垫。趾前为镰刀形角质钩爪，长约10厘米。行动时，钩爪收缩在爪壳内，仅趾肉着地，行走时静而无声。健康的成年虎行走能力极强，一昼夜能行40～45千米。跳跃性非常发达，一次完整跳跃最远可达8米，可翻越2米高的障碍物。虎的体色为淡黄色、深黄色或棕黄色，上有许多黑色斑纹。雄性虎花纹颜色略深，雌性虎花纹色泽光滑。眼上方和中间有许多零碎黑斑纹，额部有几条较为明显的黑色横纹，纹的中部较粗，几相连，两

---

① 〔美〕张光直：《中国古代青铜器》，生活 · 读书 · 新知三联书店，1999年，397页。

② 刘敦愿：《说“文”与“文字”》，《美术考古与古代文明》，人民美术出版社，2007年，124页。

端细。这种斑纹，可使其隐藏在草丛中时不易被猎食对象发现。作为食肉动物，虎以捕食有蹄类野生动物为主，有时也袭击猪、狗、耕牛等，甚至伤害人类。虎猎取食物时，行动迅速凶猛，往往采取隐蔽追踪方式。发现猎物后，悄悄潜至附近，然后突然袭击，先用前掌将猎物扑倒，再用巨大的犬牙咬断其咽喉，通常先食其内脏，再吃肉皮，一次饱食后，可数日不食①。

饕餮纹也叫兽面纹，是青铜器上非常重要的一种纹饰，主要盛行于二里冈文化期至西周早期。有学者认为，中国文化史中最突出的动物形象，除了龙凤就要数饕餮了。那么，饕餮究竟是什么呢？我们说，饕餮是我国古代传说中的一种神秘怪兽，是我国原始先民人想象出来的。这种怪兽没有身体，只有一个大头和一个大嘴，头部的形象是几种大型兽类动物的结合（虎、牛、鹿、羊等），在现实生活中并不存在。饕餮十分贪吃，传说中它由于吃得太多，最后被撑死。关于饕餮渊源的传说有很多，人们的观点众说纷纭，莫衷一是。有的人认为饕餮是蚩尤，有的传说认为饕餮是龙的儿子。传说中龙有九子，子子不同，饕餮就是龙的第五个儿子。

虽然这些观点有所不同，但都有一个共同之处，即：饕餮的性情残忍贪婪。他极度贪吃，见到什么就吃什么，到最后连自己的身体都吃掉了，所以只剩下一个头。也就是说，它有首无身。因此，我们今天看到饕餮的造型纹饰，通常只显示一个大大的脑袋。

饕餮本身就有着浓厚的神秘色彩。研究者认为，我国自古流传的神话传说和文献记载中，关于饕餮的各种提法很多。最早出现饕餮的文献是《山海经·北山经》。“鉤吾之山其上多玉，其下多铜。有兽焉，其状如羊身人面，其目在腋下，虎齿人爪，其音如婴儿，名曰狍鸮，是食人。”据晋代郭璞注“……食人未尽，还害其身，像在夏鼎，《左传》所谓饕餮是也”可见，《山海经》里的“狍鸮”指的就是饕餮。另外，由“羊身人面”“虎齿人爪”两句。我们可以看出，饕餮是一个兼具有“羊”“人”“虎”等特征的形象。到了春秋时期，《左传·文公十八年》载：“缙云氏有不材子，坛于饮食，冒于货贿，侵欲崇奢，不可盈厌，聚敛积实，不知纪极，不分孤寡，不恤穷匮。天下之民，以比三凶，为之饕餮。”杜预注：“贪财为饕，贪食为餮。”在这段文字中，人们把贪得无厌的人叫做饕餮。可见，饕餮在当时已被广泛的当做凶恶狰狞与贪婪无耻的象征。《吕氏春秋·恃君览》又曰：“……燕北之门，鹰隼所鸷须窥之国，饕餮、穷奇之地多无君，……少者使长，长者畏壮，有力者贤，暴傲者尊，日夜相残，无时休息，以尽其类。”此处的饕餮，即指野蛮蒙昧的“凶族”，而《吕氏春秋·先识览》（卷十六）里说：“周鼎铸饕餮，有首无身，食人未咽，害及其身，以言报更也。”这段话说得很清楚，饕餮因贪吃祸身，所以它被镌刻在周鼎上，作为对人们的告诫。至于为什么饕餮“有首无身”则没有记载完整。

① 易兰：《中国崇虎习俗初探》，湘潭大学硕士论文，2002年。

宋人罗泌《路史 · 后纪四 · 蚩尤传》中提到蚩尤被杀之后“身首异处，以故邱代圣人著其像于尊彝，以为贪戒”。此描述与前面《吕氏春秋 · 先识览》结合起来看很有意思。蚩尤的头部和饕餮都是戒“贪”的警示。

另外，值得注意的是，传说中的蚩尤是牛与人的综合体，这与饕餮的形象也有类似之处。从中我们多少可以看到蚩尤与饕餮的奇妙联系。也就是说，饕餮并不完全是一种偶然产生的臆想中的神话生物，它有自身的文化和神话渊源，表现了我国先民们对暴虐贪婪之人的恐惧与愤恨。同时，也反映出人们对动物的一种原始崇拜及原始淳朴的想象力。

古人对于饕餮的具体形象并无概念，他们只是在现实生活中的各类动物（尤其是大型禽兽）身上发现了其应有的特质，于是在塑造饕餮形象时，整合了羊（牛）角（代表尊贵）、牛耳（擅辨）、蛇身（神秘）、鹰爪（勇武）、鸟羽（善飞）等（图5-1）。一个现实中不存在的神秘怪兽有了人们熟悉的动物的器官，这就使人们能够迅速意识出应对饕餮纹怀有怎样的情感。青铜器上的饕餮纹，体现了浓郁的原始神秘色彩。正是因为它神秘的来历和夸张的外形，才显得狰狞恐怖，神秘威严，令人望而生畏[①]。

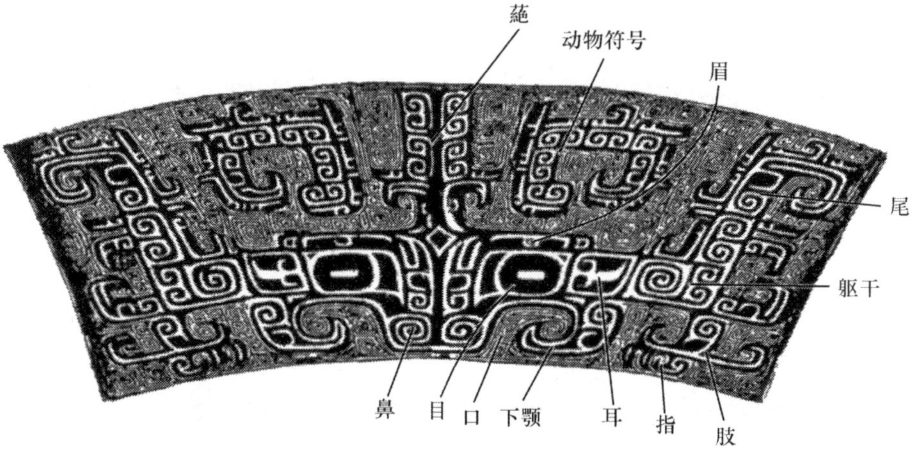

图5-1　商代后期的饕餮纹

（〔日〕林巳奈夫著，常耀华、王平、刘晓燕、李环译：《神与兽的纹样学——中国古代诸神》，生活 · 读书 · 新知三联书店，2009年，8页）

商周青铜器中最常见的动物母题为饕餮纹，而饕餮面形常常构成一个铜器全部装饰花纹的中心，为比较小而次要的装饰母题所环绕。神秘、神奇、生动、有力与感人，是一些常常用来形容这种古典式的动物美术的词语，而其中之动物的确有一种令人生畏的感觉，显然具有由神话中来的大力量[②]。饕餮纹在青铜器上的基本形象特征

① 裴小亮：《浅探商周青铜器饕餮纹图像》，《科学之友》2006年第8期，91页。

② 〔美〕张光直：《中国古代青铜器》，生活 · 读书 · 新知三联书店，1999年，401页。

是：以浮雕或扉棱做鼻，鼻两侧配置凸出的圆眼怒目，双眉与双耳作卷曲状陪衬在双目之侧，或是以相对称的一对夔纹组成一个兽面，使动物形象图案化（图5-2）。

图5-2 青铜器上的饕餮纹

在盛行时期，饕餮纹通常装饰于青铜器的主要部位，即腹部、颈下，作为器物的主题花纹。而在其衰落后，则一般出现在器物的耳、足部。其图像或仅有首部，或在首部外装饰躯干和尾部。青铜器上的饕餮纹，其形态特征多数都类似于牛、羊、鹿，主要由牛、羊、虎、鹿、山魈等动物的某些特征综合而成。一般认为，其原因大概是与当时奴隶主贵族在举行祭祀典礼时，牛、羊、鹿之类多用于“太牢”和“少牢”有关。有的学者还认为，饕餮是传说中的雷鸟象征，是商人崇拜鸟的一种反映。那么，饕餮纹究竟是鸟还是兽呢？有关这一点，学术界论者不一，虽然大多数人认为它是商人用以趋吉避凶的崇拜物和吉祥物。但是，对于它究竟是一种什么动物，仍旧感到困惑不解。笔者认为，其实在大多数情况下，把饕餮具体归入哪一类动物是困难的，也是不必要的。我们只要认识了它的宗旨、含义和由来，也就够了。

作为商至西周早期青铜礼器中显要主题纹饰的饕餮纹，关于它的含义，到目前为止，学术界中说纷纭，尚无定论。比较流行的观点主要有以下这几种：

第一，认为饕餮纹反映了“神人以和”的抽象理论。杜道明先生指出，在青铜礼器中占重要地位的饕餮纹就是祖神和图腾的象征，它每每在不同的场合，象征性地接受人、畜、牺牲的报祭，它反映的是时人回报祖先或神灵恩赐的宗教情结，是“神人以和”的一种重要表现形式。它既满足了人们对宗教目的的追求，客观上也适应了人们的审美需要。“神人以和”的实质是媚神与自娱的统一，即人们在媚神的同时，也获得了心理上的平衡和情感上的愉悦。

第二，认为饕餮纹反映了王权神授。谢崇安先生提出，饕餮纹象征的是神圣王权以及祖先崇拜。商周的神权政治盛行祖先祭拜。祖先祭拜高于一切自然崇拜。在商人心目中，除了无形的上帝，还有人间的下帝。下帝到了冥世，一样德配齐天，甚至凌驾于王之上。而饕餮纹作为青铜礼器中最显赫的神灵象征，指的就是下帝。

第三，李光安先生在他的《试论青铜器饕餮纹的狞厉美》一文中说，以饕餮为代表的青铜器纹饰具有肯定自身、保护社会、“协上下”“承天体”的吉祥含义。它是一种变形了的、风格化了的、幻想的、恐怖的动物形象。这种象征一方面是恐怖的化身，与此同时，另一方面又是保护的神祇。它的存在和繁荣体现了超世间的权威神力的观念，成功地反映了当时“有虔秉钺，如火烈烈”的时代氛围。

第四，认为饕餮纹如同半坡仰韶文化地址中的人面纹一样，是一种傩面具。也可以说饕餮是商人的一种图腾。

上述几种观点均是在阅读搜集了较为丰富的资料后，经过详细周密的论证才得出的。虽然结论有所差异，但都有其合理性和价值。

作为礼制重要载体的青铜器，在商周礼器制度中起着不可代替的作用。首先，青铜器本身是一种贵重财富，战争的时候，以青铜器铸造兵器，祭祀的时候，以青铜器铸造礼器。青铜器为奴隶主贵族所独占，是他们拥有的无限权势——军权、政权、神权之象征物，是用以帮助神与人沟通的仪式用具。因此，青铜器上的人物与动物纹饰都有其内在含意。要了解这种蕴含其中的含义，必须结合它所处的历史环境。

笔者认为，饕餮纹是时代精神的体现，具备特有的历史面貌和时代风格。青铜器物上的纹饰，应该是它所处时代的社会生产、生活及思想仪式等特定时代的精神反映。在商周奴隶社会，“每一件青铜容器——不论是鼎还是其他器物——都是在每一等级随着贵族地位而来的象征性的徽章与道具”。因此，它是维护奴隶主统治，保障权利财富合“礼”分配的政治权利的一部分。青铜纹饰在一定程度上也体现了奴隶主阶级的宗教祖神和神权政治思想，它不光是为奴隶制国家的政治服务，还寄托着奴隶主贵族的信念和期望。饕餮纹也是如此，这种纹饰以不同于彩陶上或几何或抽象的纹饰，以一种具体的动物形象出现，应该是早期宗法社会的统治者为巩固其统治需要，想象出来的图饰。这种图饰是以超人间的，神化了的动物形象呈现出来的。

据商代青铜器铭文与甲骨文推测，青铜礼器主要用以祭慰先祖及神灵。在商人看来，青铜礼器是沟通神人关系的重要媒介，青铜器上的动物形象被赋予了神圣使命，是神灵和祖神的化身。商代青铜器的纹饰、造型大都包含祈求纳吉辟邪、种族昌盛、生产丰收、战争胜利等含义，这一切都是在神灵的庇佑下取得的，至于采取什么样的形象来表示这个神的存在则是其次。这些“神圣的”异彩，对于统治者来说，是实现主体意识的重要工具。殷商青铜器用作“礼器”，作为契刻或铭记武力征伐胜利的工具，即应时而生，而那些神秘诡谲的怪兽——饕餮，正好可以当做这个时代特殊的标志符号，作为“人兽母题”青铜器文化内涵的依托及佐证，刻铸于青铜器上，与神权政治、巫风弥漫的社会氛围相吻合①。

第二节　商代“人兽母题”青铜器

笔者在本书第一章中大致梳理了20世纪70年代以来学界对“人兽母题”青铜器

① 刘志荣：《殷周青铜器怪异动物纹饰的意蕴》，《华夏文化》1997年第4期，38～40页。

的研究成果，前辈学者曾对此各抒已见，各方家观点众说纷纭，如著名青铜器虎食人卣，龙虎尊、妇好钺等，针对其象征意义和文化功用，不断就相关问题提出看法。其中，尽管关于“兽”的象征意义的具体所指仍有不同看法，然而其应属某种具有特殊能力的“神兽”几乎已毋庸置疑，分歧点主要集中体现在“人”的身份上。其核心是兽与人之间究竟为何关系？以及这种关系对人的影响到底是“压制消弭”还是“佑护助力”？

首先我们来看看商代礼器上的“人兽母题”。该时期“人兽母题”青铜器上的人、兽关系相对较为紧密，有“人兽互动”“人兽同体”两种类型，其中“人兽互动”的外在形式表现为一兽或两兽正扑向一人或一人头，做“吞噬”状。

商代“人兽母题”青铜器几乎全部出现在青铜礼器上，兵器目前仅见一例（妇好钺），且为象征权力威仪的礼兵之器，并非作战工具。这种情况与西周时期此类题材多见于车马等实用器截然不同。

那么，殷商时期“人兽母题”中的“人”究竟应该怎样理解？笔者根据各家关于“人”的身份的分析，归纳出两类截然不同的解释，分别为“压制消弭”和“佑护助力”，而划分的关键依据就在于“人”到底是创作者的“敌方”还是“己方”。

（一）第一类：“人”为敌方——压制消弭

支持这类观点的学者认为，“人兽母题”中的“人”象征奴隶，战俘，或鬼魅，属创作主体的敌对方。兽的“吞噬”动作意味着对这些人的损害与消弭。“人兽母题”青铜器是在竭力体现创作主体不容冒犯的威仪及其至高无上的权力。

其中，马承源先生和何新先生为代表的“驱凶避邪说”出现较早。马先生认为这里的“人”是鬼魅，“人兽母题”意在驱邪辟凶①。何新先生认为“兽”表示由虎方——徐、巴国图腾演变而成的虎食荼，“虎所食人者，虽具人形，但形象狞厉，周身绘有怪纹——应该是鬼魅的象征”②。

随后，巫鸿先生在《一组早期的玉石雕刻》一文中，通过对一组流失海外的新石器时代晚期玉器的图案形制进行分类，并对其文化含义和象征意义展开研探，在此基础上得出商周青铜器“人兽母题”纹饰的文化含义和社会功能在于“威吓”，实际上是一种“人祭”。他认为，虎食人卣中的“人”是奴隶或囚犯，此类铜器想传达的是先民的献祭仪式。“人兽母题”青铜器是“人祭”（伐祭）图像。这里的“人”代表制作主体的“敌对方”，即战服、囚犯或奴隶。而食人的“怪兽”则象征奴隶主祭祀的神灵，或奴隶主的祖先③。

① 马承源：《商周青铜器纹饰》，文物出版社，1984年，178页。何新：《诸神的起源》，生活·读书·新知 三联书店，1985年，166页。

② 何新：《诸神的起源》，生活·读书·新知三联书店，1985年，167、168页。

③ 〔美〕巫鸿：《一组早期的玉石雕刻》，《美术研究》1979年第1期，67页。

“这种‘怪兽食人’（鹰攫人首玉饰，笔者注）图像一直到商武丁时期仍被装饰在礼器和武器上。这实际上是一种‘人祭’图像。在商代则是当时盛行以人头祭神——‘伐祭’——的直接反映，图案中的食人者是奴隶主祭祀的神灵，甚至就是奴隶主，祖先神的象征，而被吞食的是被砍下的奴隶头部。两器上的鹰兽食人图像也具有同样的意义。”巫鸿先生认为：“伐祭在我国是一种极为古老的祭祀仪式，并不始于商。《礼记·明堂位》记载：‘有虞氏祭首，夏，氏祭心，殷祭肝，周祭肺。’可见这种祭祀在传说中是相当原始的。考古发掘也证实了这种现象早在龙山文化时期就已存在，如河北邯郸涧沟、陕西长安客省庄等龙山文化遗址中都有利用废井、窖穴乱葬人首及人首分离的砍头人骨情况。应该说，这组玉器上的“食人”图像就是这种社会现实的反映。”商周以降，青铜器早已不再是单纯的器皿，而是化身为王权象征的物化喻体，被统治者视为巩固权力的重要工具。创作主体用“人兽母题”纹饰表现王权的至尊无上，同时显示其对政权、地位及财富的占有。可以说，统治者在这些“带有某种血腥残酷意味青铜器造型纹饰中，寄托了全部的威严、意志、荣贵、幻想和希望”[①]（图5-3）。

图5-3　故宫博物院藏鹰攫人首形玉佩
（〔美〕巫鸿：《一组早期的玉石雕刻》，《美术研究》1979年第1期，69页）

（二）第二类：“人”为己方——佑护助力

支持这类观点的学者认为，“人兽母题”中的“人”是奴隶主贵族，其地位尊崇，位高权重，甚至是拥有特殊权利的巫师或国君，即创作主体自己，和“兽”的组合是主动献祭或合作，并非被迫压制，“兽”看似“吞噬”的动作其实是对人的“佑护助力”，通过这种“吞噬”过程，使“人”或上宾于天、巫蹻合作；或自我升华、人神合一；或报祭仪礼、献奉祈福；或寻求保护、神灵庇护；或殉人升天、神人以和。

1. 上宾于天，巫蹻合作

张光直先生在《濮阳三蹻与中国古代美术史上的人兽母题》一文中通过对瑶山、反山出土的玉器上的“人兽母题”纹饰及其他研究者[②]的研究成果分析指出：“从新石器时代的仰韶文化，经过较晚的良渚文化，一直到青铜时代，中国古代艺术里面有过一个赓续出现的重要母题，即人兽在一起出现。有的人形在上面或占笼罩性的地位，

① 〔美〕巫鸿：《一组早期的玉石雕刻》，《美术研究》1979年第1期，67页。
② 车广锦：《良渚文化玉琮纹饰探索》，《东南文化》1987年第3期，4、5页。

有的在下面或处于附庸的地位，也有的人一兽各在器的一面。关于这些人兽纹样的宗教意义，历来美术史家很少讨论。”

“写实性的人兽符号是在战国时代写实性的艺术风格之下产生的。向上把这个母题追溯到商周，我们在艺术纹样中所看到的人兽符号便有了比较丰富浓厚的宗教气氛，其中最有名的便是由‘乳虎食人卣’和安徽阜南出土的龙虎尊所代表的人兽相依母题。……濮阳的新发现，与濮阳资料与古代道教中龙、虎、鹿三蹻的密切联系，使我们了解到古代美术中的人兽关系就是巫蹻关系。人便是巫师的形象、兽便是蹻的形象；蹻中以龙虎为主，其他动物（包括鹿）在古代美术形象中种类也很多。在美术母题中人、兽放在一起便表示巫蹻之间密切和互相依赖关系。”①

关于这个母题，过去的研究较多，我在《中国青铜时代》一书中已有较详细的讨论，在这里就不重复了。书中对这母题的解释是：“有人指出张开的兽口在世界上许多文化中都作为把两个不同的世界（如生、死）分割开来的一种象征，这种说法与我们把怪兽纹样作为通天地（亦即通生死）的助理的看法是相符合的。而且这几件器物所像的人很可能便是那作法通天的巫师，他与他所熟用的动物在一起，动物张开大口，吐气成风，帮助巫师上宾于天。

此外需要注意的是，张光直先生还以美术考古的角度为切入点，认为：“濮阳墓葬中随葬的蹻不是真的兽骨而是用蚌壳作的艺术品，这一点也应有重要意义。固然龙的骨骼不能得到，可是虎和鹿是可以用真兽随葬的。但三蹻在濮阳都用艺术品表示，使我们了解到在古代巫师的活动中，艺术形象似乎也可以发挥实际的作用。”②另外，张先生还指出，人形在美术品上很罕见，偶尔出现时，他们对于装饰的动物而言似乎仅占有一种隶属性与被动性的地位③。

2. 自我升华、人神合一

“仰则观象于天，俯则观法于地。”④早期人类社会，先民们表达了对虚幻神灵的崇拜和敬畏，蕴含朴素的人文心态。李学勤先生曾就器物定名在《试论虎食人卣》一文中强调：“‘乳虎卣’之名，以《左传·宣公四年》令尹子文的故事为依据。按

---

① 〔美〕张光直：《濮阳三蹻与中国古代美术史上的人兽母题》，《文物》1988年第11期，11页。

② 〔美〕张光直：《濮阳三蹻与中国古代美术史上的人兽母题》，《文物》1988年第11期，10页。

③ 〔美〕张光直：《中国古代青铜器》，生活·读书·新知三联书店，1999年，401页。

④ 《周易·系辞下传》：“古者包牺氏之王天下也，仰则观象于天，俯则观法于地，观鸟兽之文，与地之宜，近取诸身，远取诸物，于是始作八卦，以通神明之德，以类万物之情。”这是《周易》提出的美学命题。

传文载，子文生后被遗弃在云梦泽中，有虎给他哺乳。这个传说未必有普遍意义，在卣上也看不出哺乳的样子。但此说以卣的兽形为虎，是确不可移之论。樋口隆康教授在《酒器》一书中称此器为‘虎食人卣’，更为妥帖。”[①]李学勤先生认为，虎食人卣从侧面反映了原始先民希冀自身被崇敬膜拜的动物吞噬的情感心理和朴素的“人神合一”宗教信仰。“在虎食人之外，还有作龙食人的。例如一件商代玉饰图，上有人形，姿势和虎食人卣、龙虎尊的人像一样，背后有一‘瓶形’角的龙，张口噬食其首。”王小盾先生在《中国早期思想与符号研究——关于四神的起源及其体系形成》一书中认为该玉饰应为长有“瓶形角”的虎吞噬人物[②]（图5-4）。

为了旁征博引、支撑论点，李学勤先生还专门列举了其他地缘文化中类似“人兽母题”图像的实证，例如新几内亚萨沃斯人所绘戴假面具的人形，并指出其体态和虎食人卣中的“人”非常相似，不同之处只是臀部着地[③]（图5-5）。

图5-4　商代玉饰
（李学勤：《论虎食人卣》，《南方民族考古》1987年第1辑，41页）

图5-5　新几内亚的萨沃斯人所绘人形图
（李学勤：《论虎食人卣》，《南方民族考古》1987年第1辑，41页）

李学勤先生还根据中国古代传统风俗，特别指出萨沃斯的这件人物佩戴假面具的“人兽母题”图像中的人，其体态如按中国古语的说法属于“箕踞”，而虎食人卣等青铜器中的“人”则为“蹲踞”。“关于坐跪、蹲踞、箕踞几种姿态的分别，清代学者段玉裁有明确界说。《论语·宪问》有‘原壤夷俟’的故事，‘夷俟’即蹲踞而俟。在中国古代，“蹲踞”并不像“箕踞”那样不敬。”为此，李先生还特意印证了

① 李学勤：《试论虎食人卣》，《南方民族考古》1987年第1辑，41页。

② 王小盾：《中国早期思想与符号研究——关于四神的起源及其体系形成》（上），上海人民出版社，2008年，356页。

③ 李学勤：《试论虎食人卣》，《南方民族考古》1987年第1辑，41页。

美国哥伦比亚大学弗莱瑟教授引用的几个例证。诸如由同一创作者制作的两件美国西北岸夸秋托印第安人的“怪兽食人”雕刻（图5-6），以及苏门答腊巴塔克人短剑象牙柄端的“怪兽食人”雕刻等（图5-7），“在虎食人卣上，虎与人好像互相搂抱，而在其他各器上，人形的方向转了一百八十度，姿态还是一样，可见卣只是体现虎从前方攫食而已。人的两臂总是略曲而分举，手向上扬，双腿则分开折曲。特别要注意的是人的臀部不着地，不管是背面的如虎食人卣，正面的如龙虎尊，侧面的如玉饰、钢刀，无不如此。……这些器物与虎食人卣等的相似，是一望可知的”①。

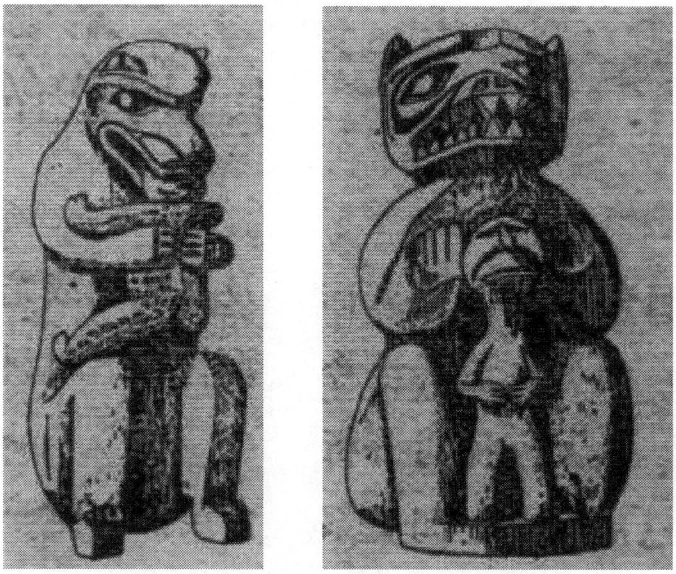

图5-6　美国西北岸夸秋托印第安人雕刻
（李学勤：《论虎食人卣》，《南方民族考古》1987年第1辑，41页）

图5-7　苏门答腊的巴塔克人短剑象牙柄端的雕刻线图
（李学勤：《论虎食人卣》，《南方民族考古》1987年第1辑，41页）

李学勤先生援引道格拉斯·弗莱瑟（Douglas Fraser）的观点，通过印第安人“人兽母题”雕刻的文化属性，将所谓的“吞噬”过程解释为人经历了被怪兽吞噬的过程后获得了该动物的保护，这种吞食现象是人类自我与具有神性动物的合一②。

> 弗莱瑟氏认为这些雕刻均属于所谓“他我”（alter-ego）的类型，即设想他物转变为另一自我。夸秋托人的两件雕刻，其意义是：第一件表现熊正从首部开始，吞食一人（图5-8左，笔者注）；在第二件上，熊坐于人后，将前爪放在面向前的人顶上（图5-8右，笔者注）。……作为新手的这个人被熊

① 李学勤：《论虎食人卣》，《南方民族考古》1987年第1辑，42页。

② 谢崇安：《人兽母题与神权政治——先秦艺术与中国文明起源研究之二》，《广西民族学院学报》（哲学社会科学版）1998年第3期，92页。

吞食了，但过这一过程便取得该动物的保护①。

吞食象征自我与具有神性的动物的合一。龙、虎常见于商周纹饰。龙本身就是神话动物“历来即代表一种权威或势力”②。纹饰中的虎也神话化了，不是寻常的大虫。虎食人或龙食人意味着人与神性的龙、虎的合一，这不失为一种可能的解释③。

3. 报祭仪礼，献奉祈福

谢崇安先生在《人兽母题与神权政治——先秦艺术与中国文明起源研究之二》一文中指出，虎食人卣体现的是先秦时人对虎图腾的崇拜。他将《左传》所载楚令尹子文被弃在云梦泽中，有虎给他哺乳的传说与商代著名青铜器虎食人卣的定名加以联系，“原始社会的动物图腾祖先崇拜由来已久，中国史前人也不例外……出自湖南的晚商礼器虎食人卣，就是以此为依据定名。此定名虽然不十分确切，却反映了先秦楚人对虎图腾崇拜的信仰”④。

谢崇安先生认为，神兽吞噬人类常见于世界许多地方原始民族的风俗仪礼和艺术品中，他根据李学勤先生在《试论虎食人卣》一文中的观点和苏格兰人类学家詹·乔·弗雷泽在《金枝》里的论断，强调“神兽食人源自图腾崇拜的宗教礼仪，即基于灵魂与图腾转换的原始宗教观……”随后又深入分析西班牙北部巴斯克猎人的风俗习惯，新几内亚人的成人礼的观念因素，以及原始宗教信仰和早期政治基本特征，得出“从本质上说，这时的人兽母题就是对原始宗教礼仪中祭祀形式的再现。……商周时代礼器上的人兽母题是再现‘报祭’的艺术形式，……商代虎食人卣诸器的人兽母题，事实上是龙山文化礼玉怪兽食人图像的承继和发展，即是对血祭礼仪的忠实记录”⑤。

合乎目的性是礼制艺术的功能美学意义，艺术形式是时代精神的体现，只有较完整地揭示艺术品本身的文化形态，才可能得出令人信服的结论。人兽母题中的怪兽是为神灵，学者无异议。但它究竟源于何神？为何神要食人

① 〔英〕弗莱瑟（Douglas Fraser）：《美拉尼西亚有中国古代艺术影响？》，《中国古代艺术及其在太平洋地区的可能影响》（英文），台湾，1974年，转引自李学勤：《论虎食人卣》，《南方民族考古》1987年第1辑，43页。

② 沈从文：《龙凤艺术》，商务印书馆香港分馆，1986年，26页，转引自李学勤：《论虎食人卣》，《南方民族考古》1987年第1辑，43页。

③ 李学勤：《论虎食人卣》，《南方民族考古》1987年第1辑，43页。

④ 谢崇安：《人兽母题与神权政治——先秦艺术与中国文明起源研究之二》，《广西民族学院学报》（哲学社会科学版）1998年第3期，90页。

⑤ 谢崇安：《人兽母题与神权政治——先秦艺术与中国文明起源研究之二》，《广西民族学院学报》（哲学社会科学版）1998年第3期，93页。

呢？这只能从史前人的原始宗教观念去寻代答案。原始民族的动物图腾祖先崇拜由来已久，中国史前人也不例外，这在商周时代仍有遗留。

……

希冀被人所崇拜的神性动物所食，习见于世界许多原始民族的风俗礼仪和艺术品中。例如，美洲印第安人和苏门答腊的巴塔克人的雕刻品中，都有似熊之类的怪兽食人的造型，它意味着人经历被巨兽吞食的过程便获得了该动物的保护，这种吞食象征自我与具有神性的动物的合一。李学勤先生认为商代的人兽母题或可能就具有相似的性质。詹·乔·弗雷泽曾明确指出，神兽食人是源自图腾崇拜的宗教礼仪，即基于灵魂与图腾转换的原始宗教观。例如，西班牙北部的巴斯克猎人，自称被熊杀死，熊的灵魂进入猎人体内，熊的肉体死亡了，猎人死而复生就变成了那熊。出自相同的信仰，新几内亚的土人则是在树林偏僻处或村子里，建造一座形似怪兽的棚子，棚子的一头装饰成两只睁得老大的眼睛和一只大张的嘴巴，凡须经受成年礼的青年，都要被送到这怪兽的大口前，象征性地经历“怪物吞噬受礼者”的过程。值得注意的是“怪物”的字眼有几重含义：一指死人的灵魂或幽灵；二指“祖父”①。这说明，成年礼中吞吐受礼者的怪物都是被时人作为有威力的鬼怪或神圣的祖先来对待的。可见，人兽母题造型是源自原始社会的向图腾神作象征奉献的仪礼。

原始宗教信仰和早期神权政治的基本特征，就是时人认为人间的祸福灵异与因果报应，皆出自神灵的意志和作用，由此便产生出繁琐而隆重的贿神娱神的祭祀礼仪，时人认为向神灵的礼献愈慷慨愈虔诚，就愈能获得福祉和消除灾祸；而主掌祭礼的首领祭司则藉此达到施礼行政的目的。因此，从本质上来说，人兽母题就是对原始宗教礼仪的“报祭”形式的忠实记录和再现。

……

事实上，源出原始宗教礼仪的所谓“国之典祀”，从本质上说都与时人贿神娱神以求祈福祉和消祛灾祸的心理观念有关，因而各种原始宗教礼祀虽名目繁多，但对各种神灵的礼献必须慷慨虔敬则是共通之举。礼神的佳品包括人、畜牺牲和各种贵重物，其中又以人牲为最佳，因为在许多原始民族的信仰中，人血最具有非凡的活力，人们在举行祈年、报祭等诸多礼祀神灵的仪式中，往往不惜用各种方法去找寻祭祀的人牲。考古发现中，距今五六千年的仰韶文化晚期遗址，已见有人、畜作牺牲的例证，其后到龙山文化和夏商文化时期愈演愈烈，甲骨文中以人、畜作牺牲用于各种祭礼的卜辞可谓多

① 〔英〕詹姆斯·乔治·弗雷泽著、赵阳译：《金枝》，中国民间艺术出版社，1987年。

不胜举。用作报祭的艺术形式，似可追溯到仰韶文化早期彩陶中的人面衔鱼纹，其画面中的人面当代表神灵，其口衔双鱼，两侧配以张开的渔网，艺术家表现时人贿神祈福的用意再明显不过了。漫长的岁月过去，到了龙山文化时代，环境与社会背景的变迁，使得报祭的艺术形式由人面神灵演变成了似龙似虎的怪兽，动物牺牲也变成了人牲。这种艺术形式的嬗变，恰恰是反映了中国历史上，从原始礼俗（仰韶时期）演化到神权政治初现（龙山时期）和王权得到神圣化的文明进程。

与此同时，谢先生还认为商代“人兽母题”中的“人”应是商人自己，为东方夷族，身份地位较高。由于“商贵族的发式不仅有辫发，也有披发[①]。商周时代虽已进入文明国家阶段，其祭祀与随葬之牺牲虽仍以战俘奴隶为主，但贵族也在从死之列。……贵族献身神灵或祖神，时人对之并无贬义……以奉献获福消灾才是‘报祭’殉死的本义”。况且“出自安徽阜南的商代龙虎尊，被虎吞噬之正面蹲踞的人物居于供礼祭的显要位置。……法国巴黎赛努斯基博物馆藏玉人，高20.8厘米，裸身披发，头戴长羽状饰品，作侧面蹲踞抱肘之形。应比单纯梳一发髻者身份高贵”[②]。因此，商代虎食人卣的人形作披发蹲踞之象也有可能为东夷旧俗，不在羌人之列[③]（图5-8）。“过去，有人一再提及商人出自东夷部族，并通过商代礼器的人形与山东龙山文化玉刀上的人像之联系加以确认。《礼记·王制》说：‘东方曰夷，被发文身’；《广雅·释诂三》云：‘夷，踞也’，这和以‘被食’之人发型为羌人常用的披发推断出‘人’的为羌人或俘虏显然存在一定出入。”

另外，日本东京泉屋博古馆藏虎食人卣和法国巴黎赛努施基博物馆藏虎食人卣，其服饰都十分华丽，前者还可以同晚商妇好墓M372号贵族玉俑相对照。该玉人身高8.5厘米，宽4厘米，呈跽坐，穿窄长袖花纹短衣，是商代贵族的流行服饰。头顶中心梳小辫，辫上似缚有发绳，“辫发”也是商代玉人常见发型。玉人头顶还有一个左右相通的小孔，两腿之间有一较大圆孔，可供插嵌（图5-9）。

在虎食人卣中，被虎所“食”者既衣着华丽，又镇定自若，更处在供祭的中间显要位置，且和河南殷墟妇好墓出土M372号贵族玉俑在服饰上颇为相似，且两者的腿及臀部一侧各饰一龙蛇纹，身份应该为衣着华丽的贵族，不太可能是普通贫民，也不会是奴隶或战俘，应该是身份尊贵、地位显赫的人。

出自安徽阜南的商代龙虎尊，被虎噬之正面蹲踞的人物居于供礼祭的显

---

① 谢崇安：《人兽母题与神权政治——先秦艺术与中国文明起源研究之二》，《广西民族学院学报》（哲学社会科学版）1998年第3期，93页。

② 〔日〕林巳奈夫著，常耀华、王平、刘晓燕、李环译：《神与兽的纹样学——中国古代诸神》，生活·读书·新知三联书店，2009年，90页。

③ 谢崇安：《人兽母题与神权政治——先秦艺术与中国文明起源研究之二》，《广西民族学院学报》（哲学社会科学版）1998年第3期，93页。

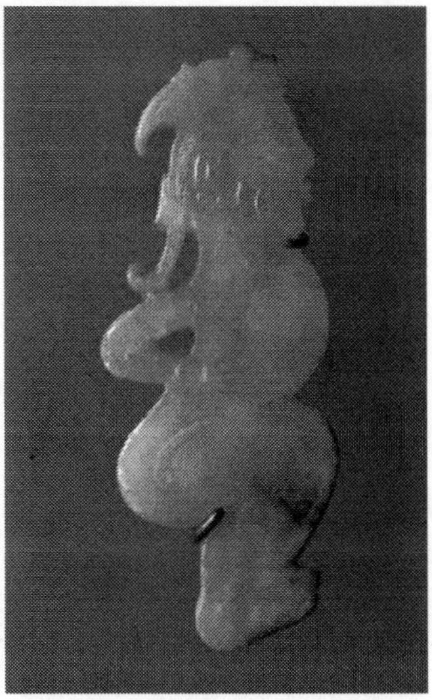

图5-8-1 巴黎塞努斯基博物馆藏中国商代人形玉饰

图5-8-2 巴黎塞努斯基博物馆藏中国商代人形玉饰线图

（〔美〕巫鸿：《一组早期的玉石雕刻》，《美术研究》1979年第1期，69页）

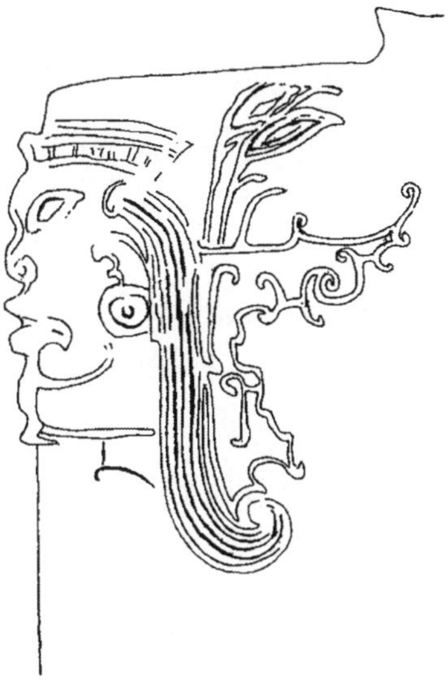

图5-8-3 美国华盛顿弗利尔美术馆藏龙山文化人面纹大玉刀局部线图

（〔日〕林巳奈夫著，常耀华、王平、刘晓燕、李环译：《神与兽的纹样学——中国古代诸神》，生活·读书·新知三联书店，2009年，89页）

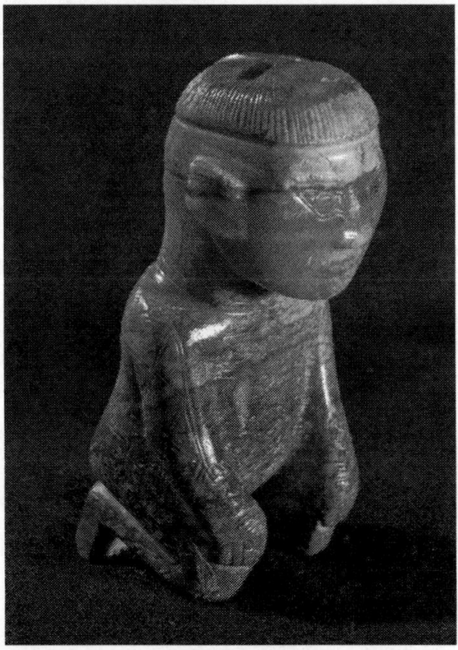

图5-9-1 河南殷墟妇好墓出土M372号贵族玉俑

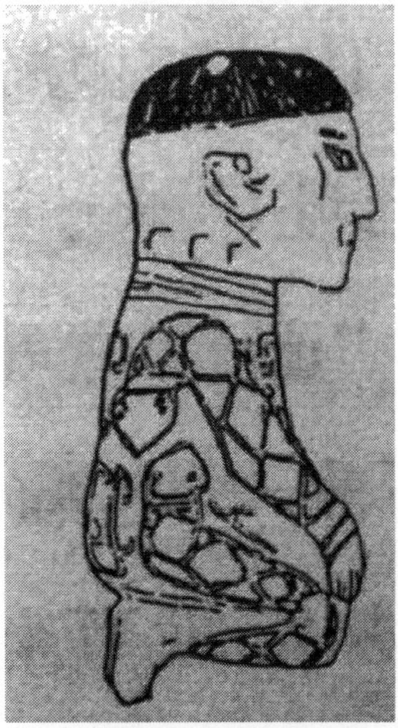

图5-9-2 河南殷墟妇好墓出土M372号贵族玉俑线图

（刘敦愿：《美术考古与古代文明》，人民美术出版社，2007年，31页）

要位置，其地位非王莫属……商王成汤以身祷于桑林之祀就是有力的佐证。若以奴隶视之，显然不合情理。

另外，我们也注意到虎食人卣和龙虎尊之人形，其服饰都十分华丽，前者还可以同晚商妇好墓的372号贵族玉俑相对照，两者腿及臀部一侧均各饰一龙蛇纹，当为衣着华丽的贵族。而且，其兽食人与贵族的披发之像也可以在山东龙山文化的玉刀图像上找到其原型。过去，我们一再提及商人出自东夷部族，这一史实也可通过商代礼器的人形与山东龙山文化的玉雕人像的联系加以确认。《礼记 · 王制》说："东方曰夷，被（披）发文身"；《广雅 · 释诂三》云："夷，踞也。"现藏巴黎的赛努奇玉人即作戴冠披发蹲踞之形，其人像造型风格很接近弗利尔人面纹大玉刀的图像，故通常两者都被断定为山东龙山文化遗物。出自江西新干大洋洲商代中期墓的玉雕人像，也作蹲踞之形，风格也神似赛努奇玉人。因此，商代虎食人卣的人形作披发蹲踞之像也可视为东夷旧俗。

另外，商代龙虎尊上的人形与数件商代兽面神人雕像皆作蹲踞之像，也可说明商代仍为夷夏礼俗杂陈混同的时期，远未达到东周时代那种要求礼俗统一的程度。所以《论语 · 宪问》中孔子才会说："微管仲，吾其被（披）发左衽矣。"

刘敦愿先生在《说"文"与"文字"》一文中说：文身是史前时期普遍存在的习俗，出土遗物证明，商代还是有这种习俗的残存，至于后世在许多地区，由于社会发展不平衡，延续时间还相当长久。文身对于原始人来说，是件人生大事，他们用身上的纹样来区分氏族、年龄、性别及社会地位的不同，并借此规定各自的权利与义务。进行纹饰也是一项艰苦细致的工作，对于进行文身的人来说，往往必须忍耐巨大的痛苦，因此文身成为"成丁礼"的考验手段之一。人体结构是对称的，因此，这种刺刻或涂绘在身上的形象大多是装饰性的，而很少是写实性的绘画，尤其是那些模仿图腾动物羽毛鳞甲的纹样，更是富于装饰性的天然图案，这对于文身艺术的创作，定然也会起到重大的启发作用①。

再往前说，我们细审龙山文化大玉刀上的怪兽欲"吞食"的人首，其为戴冠之形，造型风格与玉刀一侧刻画的神态威严的人形是一致的，可见被食之人未必就是奴隶或战俘，刖人守门鬲上受过刖刑的战俘或奴隶形象和此就截然不同，如陕西扶风所出、现藏陕西历史博物馆的著名青铜器它盘，器足为四名裸体男子。早年流落海外，为美国芝加哥美术馆所藏的西周中晚期铜盘，以三名裸人为器足，其中有一男一女，

① 刘敦愿：《说"文"与"文字"》，《美术考古与古代文明》，人民美术出版社，2007年，31页。

另外一人性具为铜锈所掩无法识别[1]。它盘的四足，四个裸体男子均为受过刖刑的奴隶形象，作跽式，两手扶膝，眉眼俱全，也和虎食人卣上的人物完全不同（图5-10）。总而言之，商代“人兽母题”青铜礼器上的“兽”是受世人崇敬倚赖的灵物，与人的紧密关系是一种特殊的报祭娱神手段，其人物形象很有可能是本族贵族。

图5-10-1 法国巴黎塞努斯基博物馆藏商代晚期虎食人卣局部

（法国巴黎塞努斯基博物馆官网）

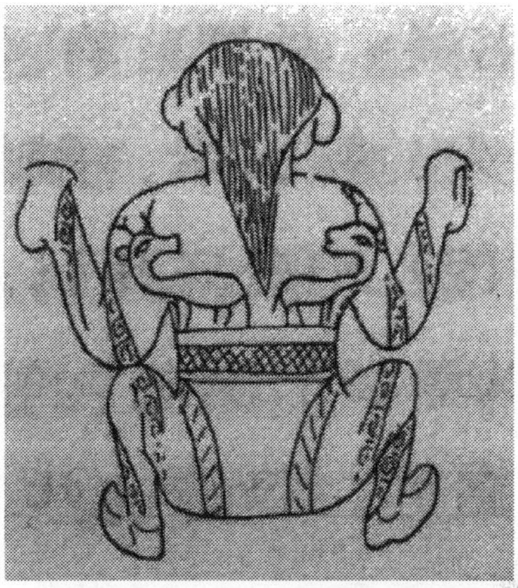

图5-10-2 陕西宝鸡茹家庄M1、M3车马坑出土人兽形车軏局部线图

（刘敦愿：《美术考古与古代文明》，人民美术出版社，2007年，31页）

图5-10-3 陕西宝鸡茹家庄西周遗址区发现刖刑奴隶守门方鬲局部

图5-10-4 西周晚期它盘刖人状足

① 李松、贺西林：《中国古代青铜器艺术》，陕西人民出版社，2002年，107页。

4. 依附神灵，寻求庇护

杨文胜先生在《青铜纹饰上的先秦观念演变》一文中根据人类学理论，将美洲印第安人“人熊图腾柱”的文化内涵和象征意义与我国商周“人兽母题”青铜器联系起来。认为“人兽母题”青铜器中的人，位于虎口之下，正立蹲踞，表情满脸肃穆，无丝毫恐惧。可推知人与虎的关系很有可能无虎食人的意义。虎是人的保护神，人在虎口下与虎相拥，得到了神的庇护①。

在动物世界中，虎是会主动袭击人并吃人的少数肉食动物之一，虎食人卣就体现了虎的这一强者的威势。“人兽母题”中的人虎一体类纹样，因人头被置于凶猛的虎口之下被不少学者解释为“虎食人”。

然而，青铜器虎食人卣中，虎口下之人首先是正立的，人的表情亦无丝毫恐惧，满脸肃穆地蹲踞于虎口下，卣上之人更是双手拥抚虎肩。比较图腾柱上的人与熊的关系，可推知人、虎关系应无“虎食人”意义。

中国先民认为，人死犹如入鬼门关，转入阴间地府，人鬼殊域，黑白两道，其间有一条生死鸿沟。中国西南的纳西族保存至今的原始宗教能为虎崇拜提供有力的民族学旁征。彝族、纳西族人崇拜虎图腾，认为虎是祖先，供奉虎皮，虎头被装饰于房门上，人名、地名亦常以虎命名②。这一切都可以更好地帮助理解人与兽的关系：虎是人之保护神，人在虎口下与虎相拥正是得到了“虎神”的庇护。

此外，杨先生还指出，“在北美印第安人熊组合图腾柱上，熊处于上方，其怀中抱置一人，被抱之人有头向上和被倒置两种姿态，因姿态不同图腾柱代表之意义亦不相同。人被倒置于熊口有两种意义：其一表示对在狩猎中死于熊口的勇士的纪念；其二则表示对敌人的诅咒。相反，另一种姿态的图腾柱是一长舌外露的熊拥一头戴高帽之人，人首正处于熊舌下，此图腾的意义是表示图腾熊对某一氏族或家庭的庇护”③。

与此同时，在埃及第四王朝时代也有相同含义的人与动物关系雕像，出土于吉萨的哈夫拉神庙地下一深坑中的国王哈夫拉雕像的御座背上，栖息着一雄鹰，这就是鹰神荷鲁斯，鹰神大展双翼拥着法老，象征着法老以鹰神为依靠。

杨先生还指出，商及西周早期“人兽母题”中的“兽”多以威严、神秘形象出现，当时的早期先民对以动物为代表的自然具有恐惧感，自然界在当时对人类来说还是神秘不可知的。虽有人物纹像，但多以神秘的“神人”形象出现，且被动地置于“兽”口下。这表明人与自然的关系相对被动消极，人被笼罩在“天命”之下④。

---

① 杨文胜：《青铜纹饰上的先秦观念演变》，《中州学刊》2002年第5期，83页。

② 吕大吉：《中国原始宗教资料丛编》，上海人民出版社，1993年，175页。

③ 高小刚：《图腾柱下》，生活·读书·新知三联出版社，1997年，301、302页。

④ 杨文胜：《青铜纹饰上的先秦观念演变》，《中州学刊》2002年第5期，83页。

5. 殉人升天，神人以和

杜道明先生在《论商代“神人以和”的审美风尚》一文中描述：“假如我们再仔细审视的话，就会发现问题并非如此简单。无论是后母戊（曾称司母戊、笔者注）鼎耳上的图案，还是妇好钺的花纹，包括龙虎尊和三足觥上的造型，其中的人头都是放在虎口之间，他们的面部表情异常镇静、安详；即使是那对著名的虎食人卣，尽管虎的血口大张，利齿毕露，但‘人’却稳稳当当地踏在虎的两足上，甚至两臂还拥抱着虎，根本没有要挣脱的意思。”①

杜先生认为，“商代的虎食人卣等许多器物上的怪兽食人形象，其实正是对报祭礼仪的忠实记录。……贵族献身于神灵或祖神毫无贬义，因为报祭的本义就是以奉献而获福消灾，所以人为“神”所食，无异于殉神升天，达到“神人以和”的完美境界”②。而龙虎尊等著名“人兽母题”青铜器上的“人”则很可能是商王本人。

两件虎食人卣中的人形，两者的腿和臀部均饰有龙蛇纹，其服饰都十分华丽，不太可能是某些学者所说的俘虏奴隶，而应该为衣着讲究的贵族。且《论语·宪问》中有“原埌夷俟”之说，且相关材料也可证实，古代中国蹲踞的姿态并不像箕踞那样不尊。因此，对这类“人兽母题”仅从奴隶社会的性质和奴隶主阶级的本质来分析，显然无法解释清楚。

> 对于这类“人兽母题”，究竟应怎样理解？对此学术界的看法很不一致，多数人认为这是在竭力表现奴隶主的威严，造型令人望而生畏，正反映了奴隶主贵族凶狠、残忍的本质。这种看法不能说没有道理，不过，假如我们再仔细审视的话，就会发现问题并非如此简单。请看，无论是司母戊鼎（现称后母戊鼎，笔者注）把手上的图案，还是妇好钺上的花纹，包括龙虎尊和三足觥上的造型，其中的人头都是放在兽口之间，面部表情异常镇静、安详；即使是那对著名的虎食人卣，尽管虎的血口大张，利齿毕露，并且用利爪把人抓住作吞食状，也仍然看不出被食之人因恐惧而挣扎、呼号的丝毫痕迹。相反，人的两足稳稳当当地踏在虎的两足之上，甚至两臂还拥抱着虎，根本没有要挣脱的意思。
>
> 此外，我们还分明看到，虎食人卣和龙虎尊上被食的人形，服饰都十分华丽，两者的腿和臀部均饰有龙蛇纹，当为衣着讲究的贵族，根本不可能是某些学者所说的俘虏或奴隶。因此，对这类“人兽母题”，仅仅从奴隶社会的性质和奴隶主阶级的本质来分析，显然是无法解释清楚的。
>
> 在此不妨再稍稍扯远一点。过去有的史学家面对商代大墓中大量的杀

① 杜道明：《论商代“神人以和”的审美风尚》，《广西教育学院学报》2007年第6期，19页。

② 杜道明：《论商代“神人以和”的审美风尚》，《广西教育学院学报》2007年第6期，19页。

殉现象，提出这是奴隶社会制度的一种反映，认为奴隶主为了死后仍能奴役奴隶，不惜残忍地让大量奴隶殉葬。受这类观点影响，有的艺术史家也把商代墓葬中出土的人体雕像一概视为奴隶或战俘造型。笔者认为，这实际上并不完全符合史实。诚然，商代殉葬之风盛行，奴隶主贵族死后殉葬者多达几十人乃至几百人，这些殉葬者中有大量的奴隶和战俘是完全可能的，但也未必没有贵族在内。从考古成果中我们不难了解到在史前的仰韶诸文化中有一种族葬制，本氏族成员“生不同生死同穴”，男女老幼最终都要归葬于同坟穴。商代去原始社会不远，这种风俗很难说会完全消失。果其如此，商代奴隶主墓中的一部分陪葬者就有可能是同族人。

另外，三代为奴隶主随葬的牺牲，虽然以战俘、奴隶和牲畜为主，但贵族也在从死之列。直到春秋五霸之一的秦穆公死时，从死者仍有177人，其中就包括奄息、仲行、鍼虎三位良臣。甚至到战国时还有这种从死的痕迹，如《战国策·秦策》记载：秦宣太后爱魏丑夫、太后病将死，出令曰：“为我葬必以魏子为殉！”魏子患之。庸芮为魏子说，……（太后）乃止。既然时人感到连贵族都难以幸免的蛮俗无法继续下去，那么最好的替代办法就是使用象征性的人俑雕像。商代妇好墓出土的跽坐人俑，衣着十分华丽，且有兽面纹饰，显然不是奴隶或战俘身份。而人俑的跽坐之状，却正是商代贵族标准的礼仪坐姿。因此，它事实上就是远古时代的族葬制在艺术形式的曲折反映。

从巫术文化背景来看，商代普遍存在着牲祭、人祭现象。商代人重祭祀。把它看得跟军事同等重要，正所谓“国之大事，在祀与戎”商人为了媚神，真可谓殚精竭虑，无所不用其极。青铜礼器中占最显著位置的兽面纹（又称饕餮纹），就是作为祖神和图腾的象征，每每要在不同的祭祀场合，象征性地接受人、畜牺牲的报祭，它反映的是时人回报祖先或神灵恩赐的宗教情结，也是“神人以和”的一种重要表现形式。

对时人来说，青铜礼器不仅是国家的权力、地位和财富的标志，同时也是神灵的化身。那些作为向青铜礼器上的神主奉献的人、畜牺牲，自然是多多益善。当我们从甲骨文中了解到商人那么痴迷于杀人宰畜以供祖先神灵享用时，往往觉得难以置信，但是在商代考古发现中，的确见到了不少这种现象。

如此说来，商代的虎食人卣等许多器物上的怪兽食人形象，其实正是对报祭礼仪的忠实记录。虽然春秋战国时以人殉葬已遭世人谴责，但在“率人以事神”的商代，贵族献身于神灵或祖神却毫无贬义，因为报祭的本义就是以奉献而获福消灾，所以人为“神”所食，无异于殉神升天，达到“神人以和”的完美境界。

在商人看来，青铜礼器是沟通人神关系的重要媒介，上面的动物形象已经神圣化，成为神灵和祖神的化身。而礼器上的怪兽食人图案和造型，体现的正是“神人合一”的抽象理念，表现的是动物（神）与人的亲和关系，亦即“神人以和”的象征。

笔者认为，像安徽阜南出土的商代中期的龙虎尊图案，被虎所食之人既衣着华丽，又镇定自若，更处在供祭的中间显要位置，因此不可能是普通平民，更不可能是奴隶或战俘，而应该是身份尊贵、地位显赫的人，很可能就是商王。

“国之大事，在祀与戎”了解殷商历史的人都知道，此时所有社会活动与文化生活皆围绕“战争”“祭祀”两大主题展开。殷商青铜文化“既是宗教化了的艺术，也是艺术化了的宗教”[①]。在当时，这些青铜器主要用于祭祀和各种礼仪活动，它们追求的是肃穆、庄严、神圣的场面效果。

阜南尊上，具有完整头部的人形出现在张开的虎口和两分的虎身之下，在三星堆尊上，相同位置的人只有身体，其头部的完整性被虎头取代了，好像是有意强调从人变成虎的隐喻。这里没有描绘具体行动的愿望，只是想通过图案迅速地传达人与动物转变的象征关系。

所以，青铜礼器上的兽面纹也好，“人兽母题”也罢，都可以看做是商代先民追求“神人以和”最高境界的象征。它们与整个宗教文化的氛围相谐和，既满足人们对宗教目的的追求，客观上也适应了时人的审美需要。神人以和显示的是娱神与自娱的统一。人在娱神祭神的同时，也获得了心理上的平衡和情感上的愉悦。青铜器是沟通人神关系的重要媒介，装饰在器物表面的纹饰完全被神圣化，是神灵和祖神的化身。而礼器上的怪兽食人图案和造型，体现的正是神人合一的抽象理念，表现的是动物（神）与人的亲和关系，是一种神人以和的象征[②]。

关于商代“人兽母题”青铜器的文化内涵，刘敦愿先生认为，由于“时代过于古远，又无文献可供参考，不妨提出种种设想，表示有多种解释之存在”。他在《云梦泽与商周之际的民族迁徙》一文中，对这种图像的含义做出了多种解释[③]：

（一）虎既是虎方的祖先或保护神，又具有威猛的性格与形象，因而可以用来表示国运的兴旺，武功赫赫，威服百蛮，其中的人头或人形表示被它征服的部落。埃及古王国的浮雕艺术品中，见到过这样的例子，其中一件象征性地画成鸟兽形状的埃及诺姆捉拿俘虏，另一件是“上埃及战胜下埃及的象征图画”鹰（戈尔神）代表上埃及，下埃及画成一块平地，上面有一束纸

① 杜道明：《论商代“神人以和”的审美风尚》，《广西教育学院学报》2007年第6期，20页。

② 杜道明：《论商代“神人以和”的审美风尚》，《广西教育学院学报》2007年第6期，20页。

③ 刘敦愿：《云梦泽与商周之际的民族迁徙》，《江汉考古》1985年第2期，53、54页。

图5-11　埃及古王国象征性图画

草，还长着一个人头。人与虎组合的铜器纹样，是否也具有类似的含义，是可以考虑的（图5-11）。

（二）人形置于虎口之下，可能表示以人牺奉献虎神。巴郡南郡蛮的“以虎饮人血，遂以人祠焉”的事最为明显，铜器纹样中的繁体画出或塑出人的全形，简体则以人头代表整个的人，或如近代仍在流行的西南兄弟民族的猎头风俗，猎取敌人的头颅，表示整个鬼魂之被役使。后世有一种“为虎作伥”的传说，伥是被虎所食者，死后灵魂不敢他去，继续为虎服役，如引诱别的人为虎所食，遇有暗机伏阱之类，也导虎进行回避，伥可以说是鬼中的愚者。

“为虎作伥”成为助纣为虐的成语。这是后世的说法，古代人的宗教观却不是这样，他们认为血液是灵魂、精力的储藏所，以敌人，尤其是勇敢战士的血来衅涂兵器、战鼓、祭器，将使这些器物更富于灵性，为取得胜利创造条件。食人的野兽不限于虎这一种，而传说却只是虎才有伥，似乎也是一种古老传统的延续。

（三）铜器纹样中的这种人形，可能表示他们是虎神的子孙，应该受到虎的福佑。“龙虎尊”虎头下的人形，双手微微上举，口角上翘，并无痛苦或畏惧的表情。

（四）至于“虎吞人卣”，解释作虎攫人。吞人，自然最简单明确，况且人形断发文身，很像是越族的特征。但参照突厥族起源神话与令尹子文诞生的故事，这种人虎相偎也可解释作哺乳与交媾，或具有这种性质①。

在这里，“神人以和”显示的是“娱神”与“自娱”的统一。在“媚神”的同时，也获得了自身心理平衡和情感愉悦。

第三节　西周“人兽母题”青铜器

通过现有材料，我们可以看到的是，商代“人兽母题”多出现在青铜礼器上，然而到了西周时期，则多在兵器和车马器上见到。这种现象的原因是什么？“人兽母题”的社会功能和艺术内涵是否有所改变？这些都是值得我们关注的问题。

“周因于殷礼，所损益可知也。”同样，西周“人兽母题”纹样虽是商代“人兽

① 刘敦愿：《云梦泽与商周之际的民族迁徙》，《江汉考古》1985年第2期，53、54页。

母题”的延续，但其内涵却与商代存在一定差异。

关于西周“人兽母题”青铜器的象征意义和文化内涵，高西省先生在《论西周时期人兽母题青铜器》一文中有这样一段描述：

> 这类题材（指商周“人兽母题”青铜器，笔者注，下同）的使用范围分别为商代青铜礼器和西周青铜车马器，商代车器及西周青铜礼器上则不见，而礼器和车器的用途有根本区别。虽然商代青铜礼器及西周车器、兵器同样使用这类题材，但其纹饰含义有区别，其人物族属也有区别，车軏上为羌人，而盾牌上为周人①。

商代青铜礼器是为商代高级贵族专铸的祭器（有些也实用），其纹样完全笼罩在祭祀的烟火之中，这些青铜器上的动物纹饰显然具有独特的通神之用。“周因于殷礼，所损益可知也。”高西省先生认为，西周青铜器虽绝大部分接受了商代青铜器的造型纹样，但其中蕴含的文化内涵已然发生了变化。同样，西周“人兽母题”纹样虽是商代“人兽母题”的延续，但其内涵应该与商代有所差异。从前述考古发现情况看，车軏及人持盾牌饰上均有兽面，但是人物形象各具特色，互不相同，显然属于不同民族②。其中既有中原地区的殷人或周人，又有周边少数民族地区的土著人。而判断具体的族属，主要是通过人物的服饰、发型、面容等外在特征。

有关西周“人兽母题”青铜器的内涵及象征意义的讨论仍然集中体现在“人”的身份上，其核心是“人”在这里到底代表的是青铜器铸造主体的“敌方”还是“己方”？该“人兽母题”青铜器纹饰的文化内涵到底是“致厄咒杀”还是“彰显军威”？笔者根据前辈学者的分析，归纳出两类截然不同的解释。

（一）第一类：“人”为敌方——致厄咒杀

徐良高先生在《商周青铜器“人兽母题”纹饰考释》一文中推断，宝鸡茹家庄出土的西周“人兽母题”车軏的文化内涵指的是“战争致厄法术和祭祖祈胜这一原始宗教现象在文化遗物上的表现，它反映了古人战胜敌人的愿望和信心”③。

服饰是无声的语言，陈述着相应时代的文明程度，服饰同时还是一种有形的写照，不仅在直观上反映出时人的生产物质生活，而且能够表达出着装者的心态、个性、意识、思想情感，以及品位。服饰因地因俗因时而异，不同时代，不同季节，不同气候，不同地域，不同种族，不同性别，不同年龄，不同阶级，都有其不同的装束款式。

中国古代的服饰虽有开放性的一面，但其中注入的意识观念，却常常是压抑内

---

① 高西省：《论西周时期人兽母题青铜器》，《中原文物》2002年第1期，50页。

② 高西省：《论西周时期人兽母题青铜器》，《中原文物》2002年第1期，50页。

③ 徐良高：《商周青铜器“人兽母题”纹饰考释》，《考古》1991年第5期，446页。

向的。商代的服饰已不可避免地进入“礼”制范畴，并为后世贵族服饰制度奠定了基调。西周时期的服饰则更加重共性而压抑个性，求精神气质而轻款式繁化，封闭而略显呆板的服饰之制盛行。《礼记 · 王制》中便有“禁异服”之说。《周礼 · 地官 · 大司徒》倡导要用“同衣服”的风尚认同来安定万民。“衣服不贰，从容有常，以齐其民”①的思想在当时尤为统治者所提倡。

因此，以“人兽母题”中“人”的服饰作为切入点，来判断其身份，不失为一个较有说服力的证据。徐良高先生指出，商周时期，披发左衽、窄袖短裤是活动于我国北方地区羌狄人的服饰特征，这种特征一直延续到战国②。顾颉刚先生在《史林杂记 · 被发左衽》中指出：“……被发覆面者，羌人本俗，无戈之妇乃其制耳。”《礼记 · 王制》载：“……西方曰戎，被发衣皮……北方曰狄，羽毛穴居。”据此推断，茹家庄“人兽母题”车軏中“人”的形象很可能是周人的敌方——羌戎。

关于羌人的服饰特征，《史记 · 赵世家》曾记赵武灵王“胡服骑射”，唐张守节正义谓所改胡服形式，废去下裳而只着裤。王国维先生认为胡服上衣为左衽窄袖③。另外，着靴也是胡人的特征。《释名 · 释衣服》：“古者舄服而无靴，靴字不见于经，至赵武灵王始服。”《说文解字》：“鞮，革履也，胡人履速胫，谓之络鞮。”从纹饰中人物的形态、发式、服饰等发面分析，对照文献记载，笔者认为以上“人兽母题”中的人物形象很有可能是羌人形象。

从地理位置上看，宝鸡茹家庄恰好处于西周同羌戎交界处。殷周时期，西北的羌戎是一支强大的力量，同殷人和周人多次发生冲突。陕西岐山礼村出土的小盂鼎，铭文记载了成王二十五年，盂伐鬼方，大获全胜，献俘受赐之事。殷代甲骨文中有很多有关中原地区同鬼方、羌方等作战的卜辞，丁山先生对此有精密的考证④。卜辞中还有大量以羌人俘虏作牺牲的记录⑤。古代文献中也有大量记载，《易 · 既济》：“高宗伐鬼方，三年克之。”《后汉书 · 西羌传》引古本《竹书纪年》：“王季伐西落鬼戎”，“文丁二年，周人伐燕京之戎，周师大败”，“文丁四年，周人伐余无之戎，克之”，“厉王无道，戎狄寇掠，乃入犬丘，杀秦仲之族……及宣王时，使秦仲伐戎，为戎所杀，……后二年，戎人灭姜侯之邑”。由此可见，羌戎一直是商周王朝的主要敌人，双方进行了激烈持久的战争。

商周时期，一些特制的钺、斧、刀、戟等兵器，有时会作为一种标志

---

① 《礼记 · 缁衣》，参见（清）阮元（校刻）：《十三经注疏》（下册），中华书局，1980年。

② 徐良高：《商周青铜器“人兽母题”纹饰考释》，《考古》1991年第5期，446页。

③ 周锡保：《中国古代服饰史》，中国戏剧出版社，1984年，84页。

④ 丁山：《商周史料考证》，中华书局，1988年，50页。

⑤ 陈梦家：《殷墟卜辞综述》，科学出版社，1956年，92页。

征伐之权的礼兵。虢季子白盘铭文：“锡用戉，用征蛮方。”《史记·周本纪》记载：“（纣）乃赦西泊，赐之弓矢斧钺，使西伯得征伐”；另载武王克商后，“以黄钺斩纣首，悬大白之旗”。前述的妇好钺、勾戟、人头銎钺，以及铜刀等器正是一种征伐礼兵，其中妇好钺的出土正好符合了甲骨文有关妇好多次统兵征伐的记载[①]，宝鸡茹家庄、竹园沟及灵台白草坡出土的兵器也符合墓主人身份及其所处的特定环境。据此笔者推断，上述礼兵上的人物形象是敌方即羌人的形象。

另外，在中国古代，有将敌人形象铸于礼兵上的传统。那时，战争总是与祭祀活动紧密相连，战前要献祭占卜，战后要献捷于庙社，许多宗教礼器都与战争有密切的关系。因此，将战争题材的纹饰和敌人形象铸于青铜器上是完全可能的，沈从文在其编著的《中国古代服饰研究》中也说：“特别是青铜兵器和其他器物上所反映的形象，多来自异族劲敌，可能性很大。”

那么，反映人、兽之间某种关系的“人兽母题”在这个时期意味着什么呢？据前文所论，虎纹应该同军队有密切关系，人纹表现的是商周的劲敌——西北羌戎形象，它们往往同时出现在礼兵之上。当我们结合商周王朝同西北劲敌进行长期激烈的战争这一史实时，对“人兽母题”的含义就会产生一定的认识。这一纹饰正是战争致厄法术和祭祖祈胜这一原始宗教现象在文化遗物上的表现，它反映了古人战胜敌人的愿望和信心。

根据民族学资料，致扼术（“咒杀”）不仅源出于部落间的纷争，“而且根植于部落内的分化——专事咒杀之巫师的出现，即可为之佐证……所谓征战法术，则大多为军事首领所专”[②]。致厄术是一种属原始宗教范畴的法术，它在原始商周社会中的存在符合商周宗教具有浓厚原始性的特征。它有多种形式，其中一种是模拟式，即对敌人的模拟形象进行侮辱或击杀，并伴之以咒语，希望通过这种神秘的感应置敌人于死地。我国古代文献曾提到这种致厄术。《史记·孝武本纪》记汉太初元年，“是岁，西伐大宛，蝗大起，丁夫人、洛阳虞初等以方祠诅匈奴、大宛焉”。这种致厄术在中国民间曾长期流传，人称“厌蛊术”。

其次，宝鸡茹家庄车軏上的人物脸部扁平、大耳凸唇，浓眉大眼，圆鼻头，披发卷须。服饰为短裤、束腰、窄袖。而扁平脸、凸嘴唇、浓眉大眼、络腮胡恰好是我国西北人的突出特征。与此同时，这种原始宗教法术在中国历史上确实存在，并曾经很流行。结合我们对西周“人兽母题”含义的分析可知，其渊源可追溯到商周甚至更

---

① 郭沫若：《殷契粹编》，1226片释：“帚乃妇省，妇好为武丁之妇，名常见，必有从事征伐之事。”科学出版社，1956年，8页。

② 〔俄〕谢·卡·托卡列夫著、魏庆征译：《世界各民族历史上的宗教》，中国社会科学出版社，1985年，136页。

远[①]。

另外，高西省先生在《论西周时期人兽母题青铜器》一文中指出："从周原遗址和墓葬中出土的大量骨簪看，周人是习惯束发着冠，而茹家庄车軏上的披发人物形象具有明显的羌人特征。"

同时，宝鸡㢭国墓地地处关中西部的边陲，与青海、甘肃、宁夏交界，这里是羌人的大本营，羌人是商周时期西北地区较为强大的民族，西周时期他们已成为周人的劲敌，宝鸡又是羌周联系的必经之路。所以，商周时期这里是西北羌人经常出没的地区，这组车軏上"披发文身"的人物形象很有可能就是羌人形象[②]。

（二）第二类："人"为己方——彰显军威

高西省先生在《论西周时期人兽母题青铜器》中指出，扶风黄堆许家胡同出土持盾铜牌饰上的人物与茹家庄车饰人物形象迥然不同，不是少数民族形象。这里的"人兽母题"青铜器的文化含义和社会功能是象征着军队威猛、所向无敌、战无不胜，同时也是战功的炫耀[③]。

扶风黄堆许家胡同出土持盾铜牌饰上的人物形象在西周时期不乏其例。如甘肃灵台白草坡西周早期墓出土2件玉人，其中1件裸体，人头顶上为螺髻[④]。1984年陕西长安县（今西安市长安区）张家坡M157出土1件玉雕龙凤人物佩饰，其龙凤顶上人头为单螺髻。作为高级贵族玉佩上的人物形象绝非他族，应是本族人之形象[⑤]。他们均与黄堆人物形象的发髻相同[⑥]。这些特征应该是周人特有的。它应是周人持盾牌形象的真实写照，与茹家庄车軏的含义不同。

虎是人们崇拜的灵物，它作为百兽之王，往往与军队和战争密不可分，因此在戈、刀、盾牌上常有它的形象。西周车軏饰也常常以虎面为饰。很显然，这是取其百兽之王勇猛凶悍的天性。

《尚书》《周礼》及西周金文常见"虎臣""虎贲""虎士"的记载，如《尚书 · 固命》记载，周武王将死，"太保命仲桓、南宫毛俾爰齐侯吕伋，以二千戈，虎贲百人逆于钊于南门外"。《周礼 · 夏宫》曾述："虎贲氏"下又有"虎士八百人"。由此可见，我国将猛虎同军事活动联系起来，有很久的历史。虎是当时人们尊

---

① 徐良高：《商周青铜器"人兽母题"纹饰考释》，《考古》1991年第5期，446页。

② 高西省：《论西周时期人兽母题青铜器》，《中原文物》2002年第1期，48页。

③ 高西省：《论西周时期人兽母题青铜器》，《中原文物》2002年第1期，50页。

④ 甘肃省博物馆文物队：《甘肃灵台白草坡西周墓》，《考古学报》1977年第2期，图版十四：1。

⑤ 中国玉器全集编辑委员会：《中国玉器全集 · 商 · 西周》，河北美术出版社，1993年，219、220页。

⑥ 高西省：《论西周时期人兽母题青铜器》，《中原文物》2002年第1期，50页。

崇的战神。在兵器中凡出现人面，均有虎纹陪伴。将本族人与虎纹组合在一起，是军队凶猛威严的象征，是战功的炫耀，将之铸在象征王权的铜钺上，更增加了这种威猛的气势。实际上，这也许就是西周兵器“人兽母题”的寓意之一。西周人虎组合车軏及车軎可能就是为战车专门制作的，具有和兵器上人虎组合题材相同的含义，不一定都是战争致厄和祭祖祈胜这一原始文化现象在遗物上的表现[①]。

> 这种宗教含义到西周时期发生了明显的变化，即由完全的宗教含义转变为一种较为单一的军队威风的象征，是炫耀战功的一种方式。西周车軏及軎是车上的附件，作为战车上的特殊附件与西周“人兽母题”兵器有相近功能。西周时期具有北方青铜文化特色的管銎兵器往往铸有羌戎的形象，显然是具有特别意义的特殊兵器。笔者认为，虽然商代青铜礼器以及西周青铜车器、兵器同样使用这类题材，但其纹样含义是有区别的，其人物的族属也不尽相同[②]。

青铜礼器往往是奴隶主记事耀功之物。西周时期，特别是西周早期青铜礼器上各种动物纹样，虽然仍具有极浓郁的宗教气息，但这种人虎组合纹样在礼器上已不见，在车器及兵器上却较常出现。同时，西周车器及兵器完全不具备礼器的祭祀功能。车主要用于战争（也可做高级贵族的交通工具）。如《尚书·牧誓》记载武王伐纣“戎车三百辆、虎贲三百人，与受战欲牧野”。作为百兽之王的虎显然也是威猛、凶悍、勇往直前的象征。西周时期将“人兽母题”铸在战车上（车軏及上），很明显已经失去了宗教功用。“人兽母题”也见于西周兵器，如浚县辛村出土的铜刀[③]。有鉴于此，我们认为，这个时期的“人兽母题”是军队威猛、所向无敌、战无不胜的象征，同时也是战功的炫耀。

在我国，人们常常将虎视为吉祥之物。民族学资料告诉我们，古代台湾土著民族往往在门户上安置兽头骨角，其目的在于以求家人财产的安全。近现代民间风俗中还有类似设施，特别是“虎纹”更是常见，至今在民间仍不乏其例。如小孩的虎头鞋、虎头帽。

另外，1974至1975年出土于宝鸡茹家庄的车饰，人物肩背部装饰两回首相望的鹿纹。王小盾先生认为，这是“虎噬人”造型的一个变体，“人兽母题”中的人肩上有鹿纹，应该是图腾的标志。此人面向兽，但位置不在兽口，而在兽背，这意味着他是新生之人，也就是说，人物虽然不是虎民族之人，虽未入虎腹，却已经接受虎神的洗礼而获得了新生[④]。

---

① 高西省：《论西周时期人兽母题青铜器》，《中原文物》2002年第1期，51页。

② 高西省：《论西周时期人兽母题青铜器》，《中原文物》2002年第1期，52页。

③ 高西省：《论西周时期人兽母题青铜器》，《中原文物》2002年第1期，51页。

④ 王小盾：《中国早期思想与符号研究——关于四神的起源及其体系形成》（上），上海人民出版社，2008年，362页。

第六章 “人兽母题”的嬗变与式微

第一节 心理转变

在人和自然的关系中，即在人类社会实践中所发生和发展起来的征服欲和敬畏心理是最基本和最原始的[①]。相比之下，反映及发生在其他关系中的这两种心理倾向都是派生的、次要的。自然界中的猛兽，与人类共同生活了上百万年，先民们对它们敬、畏、颂、猎，成为独特的文化现象，延续在中华民族的精神血脉之中[②]。作为一种文化符号和视觉隐喻，“人兽母题”俨然已成为多种文化现象的综合载体，一幅幅情态多样的图像背后，隐藏着深厚的文化内涵及嬗变的时代风貌。那么，人类对自然界中客观存在的猛兽的心理表达究竟有怎样的变化？笔者根据考古资料，结合文献典籍与民间传说，依“二重证据法”梳理并概况出人类从“畏惧”到“崇敬”，再到“驯猎”这样一个心理演变轨迹。这不仅是人类对动物的态度演变的心灵史，也是“人兽母题”图像嬗变的重要原因之一。

石器时代晚期的“人兽母题”图像就是一个视觉隐喻，是早期先民潜在意识的物化观照。时人将肉眼看到的客观对象或形式改变为象征，进而赋予这些象征以伟大的心理价值，并以原始宗教和视觉艺术的形式表达出来[③]。透过这些“人兽母题”图像，新石器时代晚期的原始先民对虎的畏惧心理便清晰地向我们传递出来。

由畏而生敬，是谓“敬畏”。其实，“畏”和“敬”只是前因后果。殷商时期的“人兽母题”图像，如虎食人卣、妇好钺上的两虎争食一人头及龙虎尊等物，凸显的也是一种庄严敬畏的氛围。以虎为例，后世常将虎与权威乃至天命王权联系在一起。范增劝项羽进攻刘邦时曾说：“吾令人望其气，皆为龙虎，成五彩，此天子气也。急击勿失。”[④]春秋战国时的兵符信物称为虎符；甚至关于项羽的出身至今仍有“龙生虎养雕搭棚”的故事流传。历史来到东周，随着社会进步，生产力发展，认知能力提高，人与动物的关系发生了微妙变化。在某些自然属性方面拥有比人类力量强大的动

---

① 邓福星：《艺术的发生》，生活·读书·新知三联书店，2010年，106页。

② 游萤：《虎文化漫谈》，《文史春秋》2010年第3期，1页。

③ 冯庆华、巴图尔·买合苏提：《中国“虎”意象文化背景探析——由《中国虎》谈起》，《伊犁师范学院学报》（社会科学版）2009年第3期，61页。

④ （西汉）司马迁：《史记》卷七《项羽本纪》，中华书局，1982年。

物不再显得神秘莫测、高不可攀。当然，凶猛的野兽仍然会祸害人畜，还对人类征服自然造成了一定阻碍，于是射猎搏杀猛兽的勇士便时常被誉为英雄。如熊梁子、卞庄子、李广等，《韩诗外传》《战国策》《史记》上均有相关记载。《韩诗外传》卷六载：

> 昔者楚熊渠子夜行，见寝石以为伏虎，弯弓而射之，没金饮羽，下视知其石也，因复射之，矢跃无迹[①]。

李广故事与此相似，《史记·李将军列传》载：

> 广居右北平，匈奴闻之，号曰“汉之飞将军”，避之，数岁不敢入右北平。广出猎，见草中石，以为虎而射之，中石没镞。视之，石也。因复更射之，终不能复入石矣。广所居郡闻有虎，尝自射之。及居右北平射虎，虎腾伤广，广亦射杀之[②]。

另外，《史记·张仪列传》还记有“卞庄刺虎”的故事：

> 卞庄子欲刺虎，馆竖子止之，曰：“两虎方且食牛，食甘必争，争则必斗，斗则大者伤，小者死。从伤而刺之，一举必有双虎之名。”卞庄子以为然，立须之。有倾，两虎果斗，大者伤，小者死。卞庄子从伤者而刺之，一举果有两虎之功[③]。

虽然这则故事主要目的在于突显“坐山观虎斗”的智计，但从侧面也验证了春秋时期以猎兽为英雄的史实。

第二节 式微衰落

西周末期，社会思想和人文观念产生了新潮流。这种潮流反映到物质依托上时，强调鬼神宗教的“人兽母题”装饰风格便逐渐开始衰落。到了东周，青铜器上的“人兽母题”则已经完全变成了抚兽或御兽的亲昵状，基本上可以说是由敬兽转变为刺兽、驯兽，并最终转变为写实性的人物画像纹饰。

公元前21世纪，当多数民族尚处于茹毛饮血的蛮荒时代，在辽阔的东方大地上，华夏民族已率先进入青铜文明。中国由原始社会进入君主制奴隶社会，其间共夏、商、周三代，约1600年。由于这时铜器已逐渐取代石器成为武器和工具，故三代也称青铜时代。三代时期的政治、经济、文化，从总体上贯穿了礼教性质，礼教源于原始社会朴素的自然崇拜和祖先崇拜，在奴隶社会得以继承，并被奴隶主阶级加强。从政治和社会层面来讲，天子在政治上的最高统治地位和他在宗教上的最高祭祀地位紧密

---

① （西汉）韩婴撰、许维遹校释：《韩诗外传集释》卷六《石饮羽》，中华书局，2009年。

② （西汉）司马迁：《史记》卷一百九《李将军列传》，中华书局，1982年。

③ （西汉）司马迁：《史记》卷七十《张仪列传》，中华书局，1982年。

结合，并通过宣扬自已与神鬼及祖先的特殊关系，向奴隶和其他奴隶主证明自已“受天有大命”的权力，祭祀从而自然而然地成为与上天沟通的重要活动[①]。

从艺术和审美心理的角度看，有相当多的学者认为，中国古代的美学是“和谐型”的美学，中国人以“和谐”为美的观念既根深蒂固，又源远流长。但是，学术界在讨论和谐美的观念是何时形成的时候，往往是把西周末年的史伯所谓的“和实生物，同则不继”[②]作为其发端。其实，最早论及和谐美的，应是《尚书 · 尧典》中的“八音克谐，无相夺伦，神人以和”。不过，尧舜之时，年代缥缈，声采靡追，当时人们是如何追求“神人以和”的，于史已无从考证。所幸的是，这种“神人以和”的美学观念，不仅被商周之民继承下来了，而且还形成了一种社会审美风尚[③]。

新石器时代晚期，中国地域性文明在社会经济发展基础上崛起，军事民主制给当时的为艺术创作打上了深深烙印，良渚、龙山、石家河文化礼玉的兴起就是这种时代的产物。血祭与象征性的人神合一虽起源于更古老的原始宗教礼俗，但它到了文明社会初期和神权政治确立之际，就产生了量变和质变。由仰韶晚期至龙山时代黄河流域的考古发现表明，人祭与身首异处的乱葬已不鲜见，这与时人在珍贵的礼器艺术中展现出王权暴力的审美风尚也是相适应的。“人兽母题”的形象成为装饰图案主题之一，这增强了礼器的神秘色彩，也暗示着掌权者——首领（祭司）的地位得到了强化。在原始氏族制逐渐衰弱的同时，部族首领必须进一步借助宗教的力量来维持加强部族内部的秩序，龙山礼玉的兴起就折射出这种神权政治得到确立的背景[④]。

尽管人物形象的造型在艺术中出现已有漫长历史，早在新石器时代，在甘肃礼县高寺头仰韶文化半坡类型遗址中已出土陶塑人头像，彩陶纹样中，西安半坡出土的人面鱼纹彩陶盆和青海大通出土的舞蹈纹彩陶盆也有人物形象，另外在内蒙古、新疆、甘肃等广泛分布的岩画中同样存在人物形象[⑤]。然而，在人类思维意识仍十分混沌，受“万物有灵”观念（爱德华 · 泰勒语）支配的时候，这些人物形象大多是作为一种巫术崇拜，或生殖崇拜的符号出现的，并不是独立的审美对象，人的形象在当时还不具有独立审美地位。苏格兰人类学家弗雷泽在《金枝》一书中指出“巫术只是作为企图直接去控制自然力，而后者（宗教）通过祈祷和其他手段去祈求神的恩惠”。故在巫术企图控制自然力失败后，人们转而通过宗教祈祷乞求神灵的保佑[⑥]。正是沿着这一轨

---

① 李振宇：《从青铜器纹饰看审美意识的发展》，《黔南民族师专学报》2000年第2期，11页。

② 《国语 · 郑语》，参见（清）董增龄撰：《国语正义》卷十六《郑语》，巴蜀书社，1985年，65页。

③ 杜道明：《论商代“神人以和”的审美风尚》，《广西教育学院学报》2001年第6期，21页。

④ 谢崇安：《人兽母题与神权政治——先秦艺术与中国文明起源研究之二》，《广西民族学院学报》（哲学社会科学版）1998年第3期，92页。

⑤ 王伯敏：《中国美术通史》（第一卷），山东教育出版社，1987年，203页。

⑥ 李振宇：《从青铜器纹饰看审美意识的发展》，《黔南民族师专学报》2000年第2期，12页。

迹，在原始社会彩陶艺术后，便出现了更为激昂的青铜艺术。但也正是基于相同的原因，此时的“人兽母题”青铜器中的人物纹完全被置于神兽的威严之下，人物纹在早期青铜礼器中才处于被神兽主导、控制的地位。

众所周知，商代是“率民以事神，先鬼而后礼”的民族，从甲骨卜辞中可以得知，商人信仰多神，尊神、事神，乃至于借助神权以加强王权的统治，都需要不断地请示神明①，这也是神人以和审美风尚得以形成的基本条件。

青铜器作为殷商礼器中最主要的成分，在商代仪礼祭祀中起着不可替代的作用，它们是用以帮助神与人“对话交流”的仪式用品，是人与上界神灵沟通的“桥梁”。故而，青铜器上装饰的人物纹与动物纹饰，以及造型均具有内在的深刻含义。我们要了解这种蕴涵其中的意义，就有必要结合其所在阶段的历史环境②。由此可见，青铜器可以说是商代宗教文化和审美风尚最典型的物质载体。在这中间，礼器则用于祭神、敬神，礼乐之器不仅凝聚了商代人尊神事鬼的民族特性，还体现出他们对“神人以和”审美境界的追求。

首先，青铜礼乐器的功用不是被人实用，而是服务于鬼神。商代青铜器数量繁多，且品种齐全，除小部分在日常生活中使用外，绝大多数都是在不同场合祭祀鬼神和祖先的礼乐器③。

其次，要将器物造型及其装饰视为沟通神和人的“窗口”，那“人兽母题”青铜器便可说是商代青铜文化中最引人注目的器物造型之一了。不言而喻，铸造这类器物的技术要求，远比一般几何纹饰的器物要高得多④。生产力不发达，造器绝非是为了实用，同时也有审美的目的。值得注意的是，商人的审美除了“悦目”，还要“赏心”，亦即以“神人以和”为最终目的。“人兽母题”器物的铸造，就与具有泛神论性质的原始图腾崇拜有关⑤。

然而，正是由于这种崇拜敬畏的思想观点支配了商代青铜器纹饰，故而这一阶段青铜器上人的形象出现很少，即使出现也大多与动物共组，并且成为被动物吞噬的状态⑥。最为典型的就是我们前面提到过的那两件虎食人卣及两件龙虎尊。

学者对此时的“人兽母题”青铜器的文化内涵和象征意义有不同解释，各种观点虽有分歧，但将人的尊严置身于鬼神的威严之下，这点似乎无异议。可见当时人自身的地位即便是在艺术表现中都显得被动、弱小。

---

① 杜道明：《论商代“神人以和”的审美风尚》，《广西教育学院学报》2001年第6期，21页。

② 杨文胜：《物化于商周青铜器造型与纹饰上的先秦思想观念及其转变》，《洛阳大学学报》2002年第3期，42页。

③ 杜道明：《论商代“神人以和”的审美风尚》，《广西教育学院学报》2001年第6期，21页。

④ 杜道明：《论商代“神人以和”的审美风尚》，《广西教育学院学报》2001年第6期，22页。

⑤ 杜道明：《论商代“神人以和”的审美风尚》，《广西教育学院学报》2001年第6期，22页。

⑥ 李振宇：《从青铜器纹饰看审美意识的发展》，《黔南民族师专学报》2000年第2期，11页。

“殷人尊神，率民以事，先鬼而后礼。”[①] 殷商时期的人类认为“万物有灵”，因而代表自然的动物就被描绘成青铜器上狰狞、威严、肃穆、神秘而无法把握的神异形象。商及西周早期“人兽母题”青铜器上的人物纹均是以一种神秘怪异形象呈现出来。他们的身体各部分虽然还比较合比例，面部五官的位置也比较恰当，却时常被添加兽角、巨耳，且周身满饰神秘花纹。他们本身已非普通动物（人类），应代表“神”的形象[②]。而商代及西周早期的动物性纹样则多以威严、神秘的形象出现，这表明当时的人类对以动物为代表的自然具有恐惧敬畏之感。自然对人类来说是神秘不可知的。那个时期虽然有人物纹样，但都以神秘的“神人”形象出现，并时常被置于兽口之下，这表明人与自然的关系是被动和消极的，人是被笼罩在“天命”之下[③]。

商周青铜器上的“人兽母题”经历了起源发展和衰变的过程，这与它的社会功能密切相关，也与神权政治的兴衰紧密联系[④]。

夏商至周初，中国早期国家文明发展到了一个崭新阶段，神圣的礼器不仅是国家权力、地位和财富的标志，也是神灵的化身，那些向神主奉献的人、畜或牺牲，时人也认为多多益善，因为这样做可以达到各种各样的目的或愿望。例如，为了获得更多的人、畜，奴隶主阶级可借机发动大规模的战争以获得战俘牺牲和各种财富资源，更重要的是，他们也可以借助神的意志来推行其政令，诸如此类的情形，在商周的甲骨金文记载中可谓多不胜举。《国语 · 楚语》说：“宠神其祖以取威于民”，这是对“人兽母题”渲染血祭和神权政治的本质所做的最好说明[⑤]。

商末周初，是三代青铜文明的第一个顶峰阶段。可是，庄严、华美、狞厉的“人兽母题”青铜器，其风格为什么到西周中期就衰变了呢？其实，“人兽母题”的艺术形式及社会功能的改变主要与时人理性精神的觉醒息息相关。具体来说，就是和周人的思想变迁有关。周人对自然神的崇拜观念比较淡薄[⑥]，这自然会导致“人兽母题”青铜器上的各种神灵艺术主题逐渐式微，而新兴的装饰风格，则与过去崇尚庄严繁缛的审美风尚形成鲜明对比[⑦]。

---

① 《礼记 · 表记》，参见（东汉）郑玄注、（唐）孔颖达正义：《礼记正义》卷五十四《表记》，中华书局，1980年。

② 杨文胜：《物化于商周青铜器造型与纹饰上的先秦思想观念及其转变》，《洛阳大学学报》2002年第3期，42页。

③ 杨文胜：《青铜纹饰上的先秦观念演变》，《中州学刊》2002年第5期，83页。

④ 谢崇安：《人兽母题与神权政治——先秦艺术与中国文明起源研究之二》，《广西民族学院学报》（哲学社会科学版）1998年第3期，91页。

⑤ 谢崇安：《人兽母题与神权政治——先秦艺术与中国文明起源研究之二》，《广西民族学院学报》（哲学社会科学版）1998年第3期，92页。

⑥ 刘雨：《西周金文中的祭祖礼》，《考古学报》1989年第4期，43页。

⑦ 谢崇安：《人兽母题与神权政治——先秦艺术与中国文明起源研究之二》，《广西民族学院学报》（哲学社会科学版）1998年第3期，92页。

西周早期的“人兽母题”青铜器和商时无甚差别，此时青铜器的虽不见商代狞厉美和神秘诡谲，却也尚未完成写实主义的活泼生气。“人兽母题”青铜器纹饰造型的变化之所以发生在西周中期，这与周礼的形成与推广有密不可分的关系。西周中期以后，“人兽母题”青铜器的艺术风格主要追求中庸平淡的和谐，既体现敬德重民的守成思想，也是神秘宗教及神权政治的衰落在艺术上的反映①。“天明靡常”是周人对神教的质疑，周人对商人的“天命”观进行重新认识——从“天命不俗”变为“天命靡常”“尊礼尚施，事鬼神而远之”②，提出“以德配天”的民主主义思想，与之相对应的是西周（特别是西周中晚期）“人兽母题”纹饰中，人物纹开始趋向写实，而动物则逐渐走向简省化、范式化，这个时候，“人兽母题”青铜器“已由完全宗教含义转变为单一的军队威猛的象征，是炫耀战功的一种形式”③。关于这一转变的研究，高西省的研究比较有说服力。这或许就是西周初年至中期，青铜兵器和车马器中多见“人兽母题”纹饰的重要原因之一。

历史由西周走入春秋，周王朝表面上仍旧存在并保持名义上的共主，但已失去了对各诸侯国的支配地位，社会进入了一个革新期。“礼崩乐坏”导致周礼衰弱，人们的思想观念开始发生一些重大变化，人本主义思想得以加强。“民之所欲，天必从之”④“天视自我民视，天听自我民听”⑤等无不说明“民”（也就是人）的地位被提高到了一个前所未有的高度。表现在“人兽母题”青铜纹饰与造型上，春秋早中期的人物纹与动物纹承启西周末期之风，彻底否定了神秘、威严的气氛和呆板、范式化的作风，人物和动物多以现实生活中的形象为主。当然，这同时也是由于生产力的发展使人对自然更加了解的结果。此时的自然对人类而言不再过分神秘，自然已成为比较可知的现实，自然对人类的束缚得以解脱，人和自然的关系由消极被动走向了积极主动⑥。

可以说，只有在春秋时期，在以儒、道等诸子构建的新型人文主义思潮盛行后，神异怪兽从青铜器上退了下去，堂堂正正的世间凡人站到了舞台中央，具有独立意义的人物形象正式进入艺术表现领域，青铜艺术逐渐摆脱神的约束，从对神的功利赞颂转而成为“成教化、助人伦”的社会教化工具⑦。须知，从原始彩陶艺术、青铜礼器、

---

① 谢崇安：《人兽母题与神权政治——先秦艺术与中国文明起源研究之二》，《广西民族学院学报》（哲学社会科学版）1998年第3期，93页。

② 《国语·周语》，参见（清）董增龄撰：《国语正义》，巴蜀书社，1985年，66页。

③ 高西省：《论西周时期“人兽母题”青铜器》，《中原文物》2002年第1期，47页。

④ （清）董增龄撰：《国语·郑语》，《国语正义》，巴蜀书社，1985年，68页。

⑤ （东汉）赵岐注、（宋）孙奭疏、（清）李锐校：《孟子注疏》卷五《万章》，中华书局，1980年。

⑥ 杨文胜：《青铜纹饰上的先秦观念演变》，《中州学刊》2002年第5期，83页。

⑦ 李振宇：《从青铜器纹饰看审美意识的发展》，《黔南民族师专学报》2002年第2期，12页。

秦汉画像石到魏晋时期独立的审美意识出现，在这一漫长的历史进程中，春秋青铜器上人物纹饰的出现与繁荣具有十分重要的转折意义，是由“神”的艺术向“人”的艺术的重要过渡[①]。

春秋晚期后，发生了诸多前所未有的影响和历史剧变，对后世产生了深远的影响。社会的变化又决定了思想观念的变化，青铜器纹饰与造型从物质层面表现出该阶段思想观念的变革，此时“人兽母题”纹饰中的人物画像纹盛行，现实生活中的人成为图案主体，动物则成为被渔猎、狩猎的对象或补空勾边之用，即使是怪兽也仅表现出其装饰性，并不具备殷商及西周早期阶段那种神秘威严之感。此时人们已然摆脱了神权政治的桎梏，而狩猎纹铜壶、刺虎图铜镜的出现，则更是表现出人的进取精神，以及人同自然斗争意志的萌发，这不仅突显出荀子“人定胜天”言论中所言的勇气，更彰显了人本主义思潮的初步确立[②]。

---

① 李岩：《论商周时期青铜器作用及饰表意的演变》，《吉林师范大学学报》（人文社会科学版）2007年第4期，96页。

② 杨文胜：《青铜纹饰上的先秦观念演变》，《中州学刊》2002年第5期，84页。

第七章　“人兽母题”的造型装饰

在中华大地上，青铜器是具备实用性与装饰性两重属性的宝贵财富，它不仅是时人精神生活的物化观照，还是生产技术、审美特征的直观体现，它蕴藉物质基础，暗合精神文化，是我国工艺美术史上一颗焕发迷人光泽的明珠。商周“人兽母题”青铜器是三代青铜器的重要代表，它们精巧绝伦的外观造型、瑰丽多姿的装饰风格、丰厚多元的文化内涵、光彩夺目的艺术魅力，自被发现之初便引起海内外相关学界的广泛关注，它和同时代共存的其他青铜器一样，是观念意识与客观存在的完美结合。

我们可以明显地感受到，先民们赋予青铜器的，已不仅仅是巧思设计与高超技法，还希望通过作品的隐喻传达一种精神情感和艺术哲思，进而抒发蕴藏其中的观念因素及文化机制。要更加全面地了解它，除了挖掘其背后牵涉的文化含义及其隐含的文化机制外，作为工艺美术范畴，我们还有必要厘清它的装饰特征、审美风格，以及审美文化。这三者之间相辅相成，缺一不可。审美文化决定造型装饰，造型装饰体现审美风格。人类的审美意识和审美活动是相互制约、相互促进的，是由社会实践把它们统一起来。当社会发展到一定阶段，它们就分别脱离了一般的意识和一般的活动，具有了相对独立性的审美意识和审美活动在实践这一“杠杆”的作用下，不断地演进和发展互动[①]。

青铜器的造型和纹饰是青铜艺术的主体之一，它们相互协调、和谐统一，当造型凝重威严，其纹饰也趋向于神秘繁复、怪诞陆离，当造型轻灵纤巧，其纹饰则会趋向简洁清新、明快活泼。纹饰就好比青铜器的外衣，它们不仅能够美化青铜器的外观，传达它蕴含的神韵风姿，也在一定程度上塑造了一件青铜作品的风格韵致[②]。接下来，我们首先来看看商周“人兽母题”青铜器的装饰特征。

---

① 邓福星：《艺术的发生》，生活·读书·新知三联书店，2010年，272页。

② 向中华：《青铜的历史》，新世界出版社，2006年，53页。

第一节　造型特点

一、造型纹饰的“同一性”

到了商代，青铜器才真正具有成熟的观赏性和艺术价值，看上去较前代更加厚重稳健，呈现出胎壁较厚、体积较大的特征，而且具有鲜明的层次感和设计感。除此之外，这一时期高超的制作技艺还使青铜器的纹饰线条变得流畅娴熟，各部位浑然一体，形成一派天成的成器景致。形制的变化除了是社会历史进程和生产力水平发展进步的结果之外，最根本的意义还在于主体对不同生命追求的考虑。这一点在青铜器的功能上体现得尤为明显，早期青铜器往往还只是日常生活用具，因而表现出轻巧、方便及耐用的特点，侧重的也主要是实用功能，因而满足的主要是人的生物生命。到了商代，青铜器逐渐成为宗教祭祀礼器，即“敬天地、畏鬼神”、实现“人神沟通”的重要工具。从根本上讲，商代先民更侧重对自身精神世界和生命本体的满足，因而这一时期的“人兽母题”青铜器在造型上主要朝稳固庞大、华美狞厉发展，形成厚重威肃、富丽繁缛的气势，这一特点无疑与祭祀场合的威严肃穆更为符合。除此之外，商代“人兽母题”青铜器还非常注重造型上的美观。这与商代人的宗教理想紧密结合。在商代人看来，天地鬼神无所不能，它们具有无边的神力，要想得到他们的佑助，必须向他们致敬并想方设法取悦和讨好他们。于是，人们为了向神鬼及祖先表示恭敬虔诚之心，极力制造出精益求精、近乎完美的“人兽母题”青铜器，并将他们用于祭祀活动之中。在殷商时期的“人兽母题”青铜器中，造型往往是人的形象与兽的形象或人的形象与兽的某些器官组合拼凑，这样一来，人似乎不再只是现实中的“人”，而是亦神亦人亦兽的人兽混合体，人在此时已经被赋予神性，并非自然存在的普通凡人。除此之外，如前所述，在精神生命比较发达的商代社会，宗教氛围相当浓重，因而 “人兽母题”青铜器中的“兽”也时常是被神化了的对象（神兽亦神，它们既是求助对象又是崇拜对象，有的动物即是图腾）。而且那时的人们在与动物的抗争过程中已逐步形成了一种认识，即一些动物（猛兽）比人类强大。因此，饱受自然压制的殷商先民强烈地希望借助动物，尤其是猛兽的力量壮大自己。于是，出于对战胜对象、满足自身生命需求的希冀，商代人将这种情感寄托通过人与动物或组合，或混合的形式凝结到“人兽母题”青铜器上。很显然，这种造型夹杂浓厚的自然崇拜气息，同时还充分表达了商代人试图借助动物的力量壮大自身的强烈愿望。如闻名于耳的虎食人卣就是最好例证，其造型为踞坐的虎形，虎尾下卷撑地，与两只粗壮的后爪构成的三足，牢牢地支撑住卣身。虎的两前爪紧紧将一人困在胸前，双目瞪视前方，牙齿锋利，口含人头，一副食人未咽的模样。仔细看人物形象，他粗眉大眼、蒜鼻长发，与兽相对，头侧向一边，以手抓住兽肩，仅有四趾的赤裸脚掌脚踏在怪兽的后爪上，神态安详，表情镇定。还有河南安阳殷墟出土，美国华盛顿弗利尔美术馆藏的人面龙身盉，其盖做人面形，粗眉，臣字目，巨鼻大嘴，额上有三道皱纹，头顶两侧生有瓶形角，躯体为龙形，双臂如虎爪，显得极为神秘怪异。既有写实特点，又非现实中的动物，具有亦神亦人亦兽的特点[①]。

人类创造器物的本源目的是满足创作主体生产、生活的物质需求或情感精神的心理满足。这直接决定了“成器之道”的关键因素在于器物的实用效应和功能存在。商周青铜器也是如此，当工匠们制作一件青铜器时，首先要使它满足作为礼兵之器或生活用品的实际功用，迎合客体的物质需要及精神追求，实现其文化内涵与社会价值。质言之，青铜器的造型首先要解决的问题是符合实际用途，这种用途可以是物质上的，也可以是精神上的。在此基础上，进一步铸刻装饰性纹样，以达至满足主体精神文化和物质文化双重需求的目的。当然，工匠们在昂贵的青铜表面铸造精美繁丽的纹饰绝不仅仅是为满足视觉享受，更多的是熨帖慰藉心灵的渴求，也就是将主体对生活的祈福和愿盼灌注于器物装饰，不光是为了“悦目”，更是为了“赏心”。从这一点来说，铸刻于冰冷金属表面的繁美纹饰并非毫无生命，它们实际上被赋予了艰巨的使命，一些纹饰的关键作用和重要意义甚至直接传达出青铜器所有者（统治者或奴隶主）的心理诉求。商周“人兽母题”青铜器就是非常典型的存在。在这里，器物的造型纹饰早已融为一体、难分彼此，假如我们摒弃掉附着于器物上的纹饰，整件器物的文化意义和功能存在将很有可能发生断崖式的转变，进而影响整件器物的实际功用和社会价值。值得庆幸的是，“人兽母题”青铜器的造型纹饰恰恰是在融通合作的情况下，共同谱写出商周青铜文化的时代篇章。

在“人兽母题”青铜器中，实用与装饰达到了出神入化的审美境界，工匠们将“人”“兽”巧妙组合，使两者相互融合、密不可分。多数情况下，器物纹饰本来就是整体造型不可分割的一部分，甚至是器物整体形态的外在支撑。诸如大家最熟悉的、分别藏于日本东京泉屋博古馆和法国巴黎塞努斯基博物馆的两件中国商代晚期虎食人卣，这两件作品均以圆雕手法制作而成，其器形与纹饰浑然一体，不分彼此。作为一件仿生卣，虎食人卣的器形就是纹饰，纹饰便是器形。设计者运用艺术家的惊艳巧思和绝妙想象，创造出这两件光彩夺目的青铜器珍品，可谓实际功用、装饰纹样、文化内涵、审美风尚的完美统一。无论是去掉“人兽母题”中的“兽”还是“人”，都将导致器物的“消失”，是“人兽母题”青铜器功能与装饰不可分割的最典型实例之一（图7-1）。

① 邹朋：《原始崇高美》，贵州大学硕士论文，2015年，22页。

图7-1-1　法国巴黎塞努斯基博物馆藏商代晚期虎食人卣线图

图7-1-2　日本东京泉屋博古馆藏商代晚期虎食人卣线图
（刘敦愿：《美术考古与古代文明》，人民美术出版社，2007年，31页）

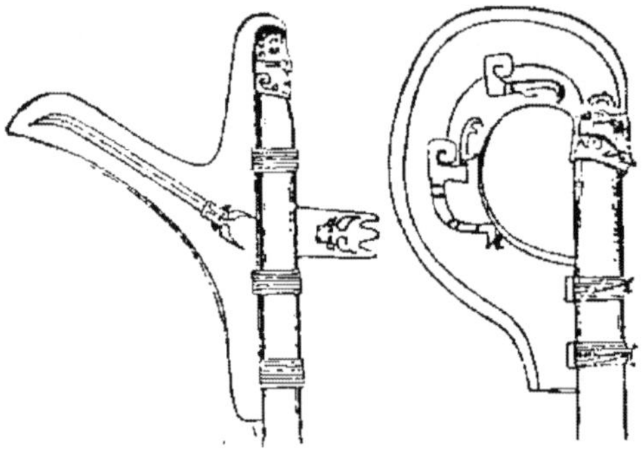

图7-2　甘肃灵台白草坡M2钩戟线图
（中国青铜器全集编辑委员会：《中国青铜器全集》，文物出版社，1996年）

除酒器外，车器和兵器上的“人兽母题”纹饰同样具有无法割裂的同一性。钺、戈都是祭祀和征战中不可缺少的礼兵之器，以甘肃灵台白草坡M2出土的钩戟为例，创作者将戟的刺锋刻画为首形制，援基装饰一个线刻的牛头。很显然，无论是抛弃刺锋上的人头，还是援基上的牛首，都会使整件戟显得不完整，进而丧失其固有的功能作用。当然，实用角度看，人首状的刺锋在冷兵器作战中并不便利。但是我们知道，该钩戟更多承担的是礼兵功能，并非用于实际作战的武器（图7-2）。

与之相似的情况同样出现陕西宝鸡竹园沟M13出土“人兽母题”青铜人首銎内钺上，该人首銎内钺亦不直接用于作战拼杀，而是仪礼祭祀中使用的礼器。銎上端装饰一人首，立目宽鼻，阔口大耳，额前有刘海，脑后有发辫，本部两端为回首四足立兽，内部装饰蛇纹及兽面纹。很显然，和甘肃灵台白草坡M2钩戟一样，假如去掉其中的人首部分，器物的完整性将受到严整影响（图7-3）。

图7-3 陕西宝鸡竹园沟M13人首銎内钺线图
（中国青铜器全集编辑委员会：《中国青铜器全集》，文物出版社，1996年）

陕西宝鸡茹家庄M1、M3车马坑出土人兽形车軏。这是一件西周中期器物。这件车軏的造型非常特殊，迄今很少在其他墓葬中发现。和前述两件礼兵之器一样，如果将这件“人兽母题”车軏中的“人”或“兽”去掉，其造型同样会失去本来面目，变得残缺不全，根本无法发挥功能效应。由此可见，商周“人兽母题”青铜器的造型与纹饰具有鲜明的“同一性”，去除其中任何一方，都会导致，整件青铜器不仅将丧失其原有文化属性及社会价值，还直接影响功能作用与实际于用途（图7-4）。

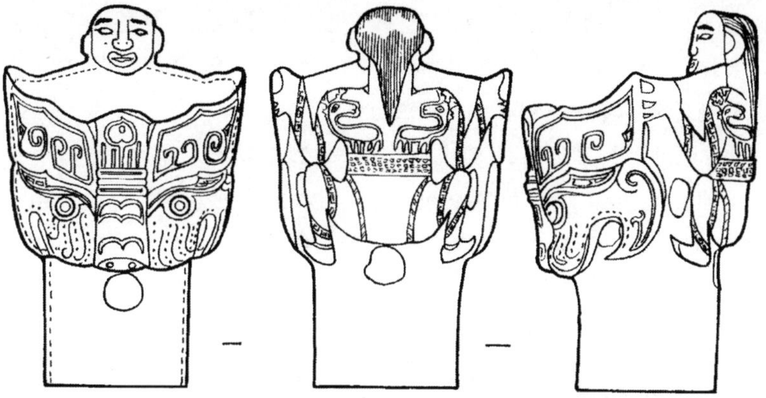

图7-4 陕西宝鸡茹家庄M1、M3车马坑出土人兽形车軏线图
（中国青铜器全集编辑委员会：《中国青铜器全集》，文物出版社，1996年）

这些“人兽母题”青铜器，精妙地运用“人兽混合”与“人兽组合”两种形态，表现出人、兽之间或对抗，或亲昵，或合作的关系。使该母题器物营造出极具生命活力的装饰效应和审美内涵，同时又挥洒出时人巧妙绝伦的创造灵感和艺术哲思。

很显然，这些神秘怪异的“人兽母题”青铜器造型是商代人取悦、讨好和求助神灵先祖的重要工具。正如前文所述，商代人一直饱受自然制约，在与自然的长期抗争中，商代人逐渐认识到洪水猛兽在力量上的显著优势，甚至认为它们是拥有神力的怪异物种。正是如此，商代的先民才意识到仅凭自己的力量无法取得对自然的胜利。于是，拥有强大力量的动物便成为商代人艳羡的对象，商代人将这些怪异恐怖的动物形象通过青铜精心地刻画出来，并置于祭祀场合，向它们致敬并求助，进而在神力佑助下实现壮大自身、战胜自然的目的。概而言之，作为商代人沟通天地鬼神的重要载体，“人兽母题”青铜器是时人表达生命诉求的重要工具。透过这些栩栩如生、美轮美奂的青铜器皿，我们已然感受到了商代人渴望神力佑助、希冀战胜自然的强烈愿望，以及极力满足自身生命需要的勇气与智慧[①]。

二、表现手法的“多样性”

从陶器到青铜器，古人的美术才能一直朝着两个方向发展，一是立体的块面特征的描绘，写实化形成雕塑，另一种是平面的轮廓特征的描绘，规整化形成图案。比较而言，青铜器趋向规整，构图程式化，其线条都是按一定模式进行，方向，弧度，力度都很讲规矩[②]。商周“人兽母题”青铜器的表现手法林林总总、丰富多样，几乎所有青铜装饰装饰工艺均可见到。包括雕刻、镶铜、填漆、错金银等，可谓融会贯通、博采众长。其中，以雕刻工艺最为复杂繁多，分别有圆雕、浮雕、线刻三大类。除了广汉以外，安阳和其他地区的商代美术作品中，以人物形象为题材的雕塑性性质作品多属圆雕一类，在玉器和大理石作品及陶器中较多，青铜器较少见。青铜礼器、兵器等作品中所见的人物形象或人头像多数是浮雕[③]。接下来，笔者将以经典“人兽母题”青铜器为例，分析商周时期你该母题纹饰的装饰特征和表现手法。首先我们来看圆雕。

圆雕：圆雕对创作主体的技法要求较其他雕刻手法来说最高，由于它属于三维立体雕塑，对创作对象展开非压缩性的整体表现，客体可从360° 的视觉角度从上、下、左、右、前、后等方向对作品进行全方位的立体观赏与审视，其立体性强、形象、逼真，直观，无论是从空间架构、形体比例，还是从材料选择、工艺技法来说要求均非常严格。商周“人兽母题”青铜器中的圆雕是三代青铜工艺中的翘楚，代表了当时世界工艺美术制造的最娴熟技艺与先进水平。我们仍是以出自湖南宁乡县与安化县接壤处、现藏日本东京泉屋博古馆和法国巴黎塞努斯基博物馆的两件虎食人卣为例，这两件享誉中外的顶级青铜器，便是青铜圆雕典范。作为商代“人兽母题”青铜器中最为引人注目的典型代表，圆雕形“人兽母题”青铜器的制作技法和铸造要求远远高于其他“人兽母题”器物的雕刻工艺（图7-5）。

① 邹朋：《原始崇高美》，贵州大学硕士论文，2015年，21页。

② 向中华：《青铜的历史》，新世界出版社，2006年，69页。

③ 李松、贺西林：《中国古代青铜器艺术》，陕西人民出版社，2002年，53页。

图7-5-1 日本东京泉屋博古馆藏商代晚期虎食人卣
（日本泉屋博古馆官网）

图7-5-2 法国巴黎塞努斯基博物馆藏商代晚期虎食人卣
（法国巴黎塞努斯基博物馆官网）

另外，陕西宝鸡茹家庄西周遗址区发现刖刑奴隶守门方鼎，鼎下方的右侧门边裸体束发，侧身跪坐的刖形奴隶形象，虽然简洁素朴，无太多华美装饰，却也属典型的圆雕作品，且比例适度、憨朴大方（图7-6）。

图7-6 陕西宝鸡茹家庄西周遗址发现刖刑奴隶守门方鬲局部

1989年出土于山西省闻喜县上郭村西周大墓的刖人守囿车，盖上有1猴4雀鸟。有飞龙附于盒子两旁，并有一站立着的刖人守御着大门，无论是人物纹还是动物纹皆为圆雕，活灵活现，栩栩如生（图7-7）。

图7-7-1　1989年出土于山西闻喜县上郭村西周大墓的刖人守囿车

图7-7-2　1989年出土于山西闻喜县上郭村西周大墓的刖人守囿车局部一

图7-7-3　1989年出土于山西闻喜县上郭村西周大墓的刖人守囿车局部二

浮雕：是在平面或弧面上将刻画对象加以表现的雕刻技法，和圆雕相比，它在表现方式上采用了压缩法，只展现一或两个面，使刻画对象脱离出来。虽然浮雕有一定的局限性，没有圆雕显得那么全面、立体，然而它与绘画结合，吸收绘画的优势表现手法，发挥其在题材构图、空间关系、透视原理等方面的优势，介于二维虚拟空间与三维实体空间之间。商周“人兽母题”青铜器中有不少浮雕的典型实例，其中最具代表性的例子后母戊（曾称司母戊）鼎鼎耳上的“人兽母题”。工匠在刻画鼎耳的“人兽母题”纹饰时，巧妙利用高低光影、焦点透视等绘画中经常使用的技巧，使纹饰显得层次丰富，意味盎然（图7-8）。

图7-8　河南安阳殷墟出土商代晚期后母戊（曾称司母戊）鼎鼎耳

根据浮雕的凸起与高低空间的差异，可以将其分为高浮雕和浅浮雕。高浮雕是指在平板或弧面上的刻画对象高凸出底面的雕刻手法，也叫深刻浮雕或深刻透雕。高浮雕介于圆雕与浅浮雕之间，处理手法较浅浮雕高、凸、厚，对刻画对象的形体压缩程度较小。在青铜容器上，高浮雕通常装饰在器物口沿、器盖、肩腹部等，在空间构造和塑造特征上与圆雕有类似之处，但不属三维效果，无法全方位呈现器形。在青铜容器上，为了突出表现器物的饱满流畅、呈现理想的光影效果，往往会采用高浮雕来表现某一角度的装饰纹样，或器物的某一附件。藏于美国华盛顿弗利尔美术馆的人面龙纹盉，以凸出平面的“人”面作为器物最引人注目的重点，造型特征突出，十分引人注目（图7-9）。安徽阜南朱砦润河和四川广汉三星堆出土的两件龙虎尊，也采用了高浮雕的手法表现双侧展开的对称兽首，使多层装饰展现在观者面前，侧视欣赏时，其起伏较高，已然接近圆雕（图7-10）。

图7-9　美国华盛顿弗利尔美术馆藏人面龙纹盉

图7-10　安徽阜南朱砦润河出土商代中期龙虎尊局部

除高浮雕外，商周青铜器雕刻技法中还经常见到浅浮雕。这种雕刻技法在青铜器装饰纹样中非常普遍，与器形结合相当贴合，是最流行的雕刻技法之一。浅浮雕对线的要求非常高，主要利用线、面结合的方式突出画面的立体感与视觉效果，比高浮雕更注重利用平面绘画的空间原理和透视效果。浅浮雕的刻画深度较浅，一般不超过2毫米，叠压层次单一、地位低、压缩大、平面感较强。在商周“人兽母题”青铜器中，浅浮雕几乎随处可见，在整体造型中，浮雕可以起到调节外部轮廓及形制走向的作用，属于对刻画对象的基本表现。洛阳博物馆藏战国狩猎纹铜壶，通体装饰浅浮雕纹饰，创作者对人、虎和人、鹿两种关系的不同描绘显得颇为耐人寻味，稍微加以注意我们就会发现，画面中的人对虎采取的是捕猎刺杀，对鹿则是捕获驯化。毋庸置疑，这不是偶然为之，而是创造者刻意提炼并展示出人与这两种动物在现实世界中的真实关系，是人类对动物情感心理显现的物化关照。此外，创造者还刻意刻画出“人兽母题”中“兽”（虎和鹿）身上的斑纹，使这两种动物更加活泼生动、贴近生活，铜壶的装饰效果也发挥得格外淋漓尽致（图7-11）。

图7-11　洛阳博物馆藏战国墓出土狩猎纹铜壶局部

线刻：是指在青铜器表面以线条形式刻画图形的雕刻工艺，其中包括阴线刻和阳线刻。阴线刻是以凹线形式表现刻画对象，阳线则以凸显表现刻画对象。在“人兽母题”青铜器中，线刻有时独立存在，有时则和其他雕刻表现手法同时出现在同一件器物上。创作主体一方面想在有限的创作空间中最大限度地发挥装饰效应，一方面迫于器物载体空间大小的局限性，故而不得不采用双层、三层甚至多层的装饰手法，即我们熟悉的“双重花”“三重花”。这时，我们会看到线刻、浅浮雕、高浮雕同时登场的情形，器物装饰也极尽奢华繁缛之能事。

还是来看备受关注的虎食人卣，这件震惊中外的国之重器便是圆雕、高浮雕、浅浮雕、线刻融为一体的经典佳作。创作者首先以圆雕来展现外在器形与功能用途

（图7-12），接下来用高浮雕和浅浮雕来表现立体效果，着重处理造型轮廓线与起伏高度关系的处理（图7-13），至于“人”的面部五官、怪兽和人身上的神秘纹饰，以及作为辅助纹饰的填补空白的云雷纹，则都使用了线刻法来描绘线条、展现细节（图7-14）。工匠们通过对线、面的有机结合，最大限度地丰富了青铜器造型纹饰创作手法和的表现方式，使整件器物显得富丽华美、变化丰富，既注重整体形象，又不失局部细节。

另外，河南殷墟妇好墓出土的“妇好钺”在处理手法上，运用了浅浮雕和薄肉浮

图7-12　日本东京泉屋博古馆藏商代晚期虎食人卣

图7-13　日本东京泉屋博古馆藏商代晚期虎食人卣局部

图7-14-1　日本东京泉屋博古馆藏商代晚期虎食人卣局部一

图7-14-2　日本东京泉屋博古馆藏商代晚期虎食人卣局部二

图7-15　河南安阳殷墟出土商代晚期妇好钺

雕，虽未运用圆雕手法，却在光影效果下，使观者看到器物纹饰的流动与起伏。陕西宝鸡竹园沟M13出土的人首銎内钺，銎上装饰圆雕人首，本部刻画圆雕走兽，内部则装饰浅浮雕的蛇纹及兽面纹，给人以灵动丰富的装饰效果，观之精湛美观，极具艺术享受（图7-15）。

需要注意的是，青铜纹饰的构图，无论是采取具象还是抽象，都是朝着几何化方向发展，即这些纹饰在构图上都力求将图中的线条按几何线条规范化，形成固有线条的固定组合①。细细分析青铜器上的“人兽母题”纹饰，都脱离不了这个规则。这个时候，设计者们往往在青铜器局部位置设计附件式“人兽母题”，通常情况下会在器物的耳、盖、附件等部位出现。仍以刖人守囿车为例，该器是一件精巧的青铜厢式六轮车，装饰了猴、虎、鸟等20多个动物形象，采用阴线雕刻、浅浮雕、高浮雕、圆雕、透雕等多种技法。经历了2000多年的历史风霜，车厢顶盖仍可开启，且箱盖开合时，车顶安装在固定轴上的四只刻画入微的小鸟会在重力作用下自由转动。至今全车可转动部位多达15处。小车轮被两只憨态可掬的伏虎抱在腹中。车厢周身装饰的伏兽形态各异，异彩纷呈②。

另外，山西曲沃北赵村晋侯M63墓出土立鸟人足筒形器（图7-16），山西博物馆藏青铜双盖方盒（图7-17），其中青铜双盖方盒通高8厘米，盖可开合，盖上有两虎，两边附龙，这两件器物足部皆为裸人。

图7-16　山西曲沃北赵村晋侯M63墓立鸟人足筒形器

图7-17　山西博物馆藏青铜双盖方盒

① 向中华：《青铜的历史》，新世界出版社，2006年，71页。

② 陈汾霞：《刖人守囿车：谁在独守动物的“天堂”》，《旅游时代》2008年第11期，68页。

商代中期至商代晚期，“人兽母题”青铜器时常采用圆雕、浮雕结合的装饰方法。例如美国华盛顿弗利尔美术藏商代鸟兽觥，觥盖作圆雕虎头羊角怪兽状，器身则饰浅浮雕，器盖相与器身浑然一体，华丽端方，精美绝伦（图7-18）。

图7-18-1 美国华盛顿弗利尔美术馆藏鸟兽觥
（美国华盛顿弗利尔美术馆官网）

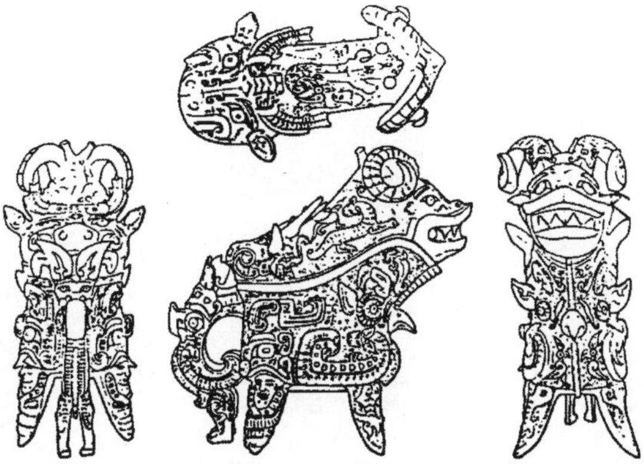
图7-18-2 美国华盛顿弗利尔美术馆藏鸟兽觥线图
（刘敦愿：《美术考古与古代文明》，人民美术出版社，2007年，194页）

还有一些“人兽母题”青铜器采用平雕法的形式语言，运用娴熟的工艺技巧，将线、面结合，使线条的宽窄、粗细富于变化，显得繁缛精致，灵活多样。商代中期以后的妇好钺及陕西宝鸡竹园沟墓地M13出土的人首銎内钺就都在局部采用了平雕手法（图7-19）。

图7-19-1 妇好钺俯视图

图7-19-2 妇好钺局部

图7-19-3 妇好钺拓片

河南平顶山应国墓地西周小型竖穴土坑墓M50出土匍鸭铜盉，器上有子器盖，盖略向上隆起，中部设一上粗下细的塞状捉手，边缘有一环形纽，与站立在鸭尾上的一圆雕铜人相连。此铜人为女性，双手抱住器盖上的环形纽，双脚之间有横梁，与鸭尾上的浮雕牛头饰顶端的环纽相衔接。铜人面庞消瘦，五官清秀，发丝细密且梳理整齐，头顶高梳发髻，上身裸露，下身穿褶裙，腰束饰有连续菱形纹饰的革带，脚穿浅筒靴。器体上的龙、牛、鸭、人等皆巧妙和谐地分布于器物的适当位置上，显得形象逼真，惟妙惟肖[①]（图7-20）。

图7-20-1　河南平顶山应国墓地西周小型竖穴土坑墓M50出土匍鸭铜盉线图

（王龙正、姜涛、娄金山：《匍鸭铜盉与頫聘礼》，《文物》1998年第4期，89页）

图7-20-2　河南平顶山应国墓地西周小型竖穴土坑墓M50出土匍鸭铜盉局部纹饰拓片

（王龙正、姜涛、娄金山：《匍鸭铜盉与頫聘礼》，《文物》1998年第4期，90页）

三、工艺技法的"进步性"

商代"人兽母题"青铜器所体现出的神秘诡谲，就像俯视人间的饕餮一样威仪、像翱翔天空的夔凤一样瑰丽。据相关研究资料表明，"商代中晚期开始，青铜铸造工艺愈加规模扩大、组织严密、分工细致。"人兽母题"青铜器的铸造，充分证明高度发达的商代青铜文化的卓越成果。后母戊（曾称司母戊）鼎形制巨大，雄伟庄严，重832.84千克，是目前已知中国古代质量最重、体量最大的青铜器。鼎身与四足为整体铸造，鼎耳则是在鼎身铸成后二次装范浇铸而成。此鼎需金属原料超过1000千克。制

① 王龙正、王聪敏：《应国墓地有铭铜器》，《收藏家》2000年第8期，62页。

作如此罕见的大型器物，在塑造泥模、翻制陶范、合范灌注环节中，存在一系列复杂技术问题。经光谱定性分析与化学分析沉淀法测定，该鼎含铜84.77%、锡11.64%、铅2.79%。”与《考工记·筑氏》所记鼎铜锡比例基本相符，可见我国古代青铜文明的辉煌（图7-21）。

图7-21-1　河南安阳殷墟出土商代晚期后母戊（曾称司母戊）鼎（中国国家博物馆官网）

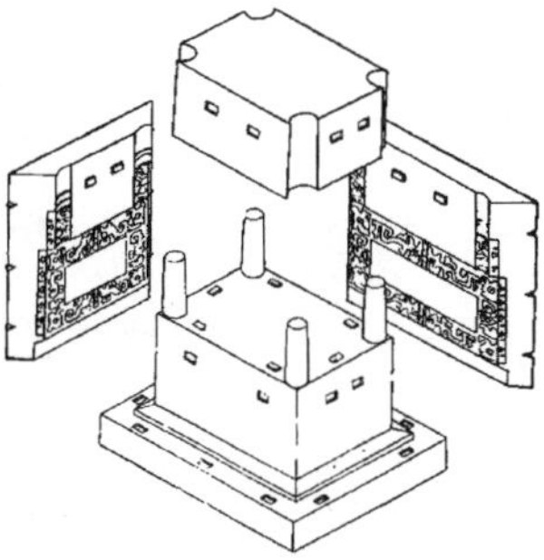

图7-21-2　后母戊鼎铸型与装配——器身铸型（中国国家博物馆官网）

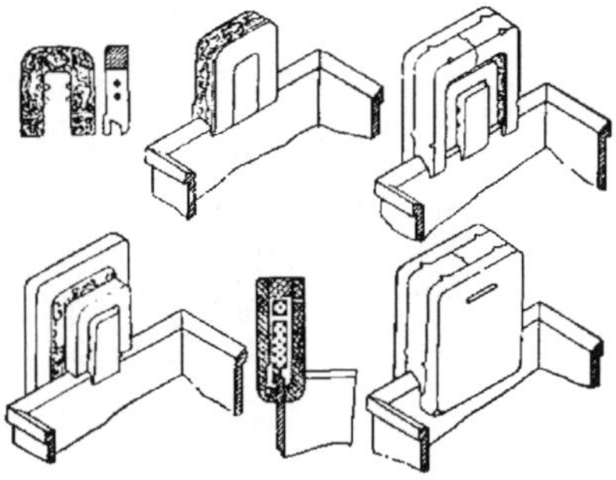

图7-21-3　后母戊鼎铸型与装配——鼎耳分铸（中国国家博物馆官网）

随着技术的不断进步，更多的青铜器铸造装饰技法不断涌现，尤其是到了东周时期，填漆、错金银、嵌刻等，为青铜装饰领域打开了新的视域。据相关资料表明，髹漆又称填漆，是在铜器上髹漆，其工序与木胎漆器相同，分打底、上漆、彩绘等步骤，有时因铜器表面比较平整光滑，也有不打底直接髹漆。髹漆使铜器变得更加亮丽多彩，如同彩绘一般，使漆的使用进入到一个新的领域。此外，髹漆在实际功用上，也是一种金属防锈涂料。现藏台北故宫博物院的填漆狩猎纹壶，将黑漆填在人物纹与动物纹的背景上，使得“人兽母题”纹饰在黑地上更显鲜活灵动，淋漓尽致。髹漆青铜器出土的数量很少，也可以说是一种特殊的漆制品。在铜器上髹漆，仅在楚国青铜器或属楚文化范围的地区出现（图7-22）。

图7-22　台北故宫博物院藏填漆狩猎纹壶

1951年河北省唐山市贾各庄出土的青铜壶，壶腹部在由双重结纽绳索形纹饰构成的12个方格内，用赤铜镶嵌平错出狩猎纹，描绘人物手持长矛与牛、象等动物搏斗的精彩场面，显得惊心动魄，引人入胜（图7-23）。

图7-23 1951年河北省唐山市贾各庄出土嵌赤铜狩猎纹壶

错金银在古代叫作金银错，许慎《说文解字》载："错，金涂也，从金，声。"错金银是我国青铜文化的第二个高峰——春秋中晚期产生的新兴铸刻技术。东周的青铜器大量使用了错金银工艺，使得青铜艺术之苑又幻化出一抹绚丽的霞光。现藏日本永清文库，相传出自洛阳金村的错金银狩猎纹铜镜，纽座之外饰以六组金银错纹饰，其中三组为错金涡纹，三组纹饰皆嵌以金银丝。镜缘为金黄色卷缘。该镜不仅质地精良，铜镜铸好后又经过特殊加工——错嵌金银，是战国金属冶炼铸刻技术与青铜审美艺术的完美统一（图7-24）。

图7-24-1 河南洛阳金村出土错金银狩猎纹铜镜

图7-24-2 河南洛阳金村出土错金铜镜上的骑士刺虎图

（刘敦愿：《美术考古与古代文明》，人民美术出版社，2007年，243页）

第二节 艺术法则

"人兽母题"青铜器的艺术法则结合了多种视觉语言，通过线条的宽窄、薄厚，使视觉形式最大限度地体现在青铜器的造型纹饰上。其纹饰布局，注意多重因素的和谐统一，讲究整体效果，在考虑造型和器物功能基础上，综合运用对称、夸张、均衡、层次等方式，恰当地选用和组合各种纹饰①。以虎食人卣为例，该“人兽母题”青铜器的造型结构十分独特，超出常规和原则所能体现的一般现象。是抽象与具象、想象与现实的共存与互融，能赋予人的视觉及心理一定错觉和强烈的悖逆感，尤其是“虎”部分不同形状的装饰附件叠构所形成的视觉空间感。其中主要以方、圆作为基本构成元素，方形兽头内五官的分布以“圆”来完成分解。在商周青铜器中，“圆”是装饰法则中推崇的造器运用，可理解为圆形、弧线、圆弧线、圆柱等表现形式，艺匠大胆创造，在仿生形器物总体结构基础上，注重对虎眼部及口部的雕琢，在以“方”为基础的“圆”中，采用圆或线条充盈其中，构成适合方、圆相间的表现形式，形成了方中有圆，内圆外方的空间格局，这也就“人兽母题”青铜器艺术造型风格的特征之一——方圆并蓄的造型风格。艺匠们为了丰富和扩张“人兽母题”青铜器中人物纹和动物纹的头部及躯体动态的层次感与空间感，在此层面上雕刻了曲线和圆弧线，以延伸观者的视幻觉和延长视线的轨迹。其实这种有意识的方圆并蓄抽象结构形式，并不影响民众对“人兽母题”青铜器的原本认识，简约概括的轮廓，聚集了人物与动物精气和神韵的纯粹美学意蕴，方与圆造型与纹饰的结合并用，进一步扩张了“人兽母题”青铜器有限的形体，使它更赋予形体外的三维空间。所以，“人兽母题”青铜器的造型，虽然形体不大，但气势雄浑，整体造型空间感恢弘博大，其妙皆在艺匠所运用的艺术语言的精妙与完整。在审美判断中，不单纯是某一种感官在起作用，也不是由理性脱离开对象的形式而进行的抽象的逻辑推理，而是全部心理能力（感知、想象、情感、理解）都参与其中的活动。这样，感知和想象活动的主观随意性因得到理性的调节而变得有所节制，而理性活动的抽象性因得到感知和想象的补充而变得具体②。艺术形式，其实是和人类情感生活在结构形态上一致的形式。“人兽母题”青铜器的创作主体不仅深知人的内在情感生活的结构、秩序和活动规律，还明晰与之相对应的种种外在形式，这双重的知识使他们能够迅速地和无意识地，把某种情感同某种外在事物或形式联系起来，然后用青铜材料将这种形式加以固定。“人兽母题”青铜器的造型上没有任何纯理性与视觉的控制，但精神与能量的释放却是全方位的，在任何一个角度都会有不同感受。观其整体造型，以妇好钺和后母戊（曾称司母戊）鼎为例，它们能对人的视觉产生内收的向心力、外沿的张力和形位错视的感知。怪兽的超大眼睛以椭圆形勾勒而出，羽化了硬朗的几何形体，营造了方与圆的形式语境。兽口方正奇大，龇齿上下交错，线刻而成，兽口角呈迂回弧线形，不仅辅助了方口形的稳定、广阔与肃静，也将方与圆的对比形式有机地统一在局部范围之内，体现了一种刚柔并重的艺术观念。这种自然和率真的手法运用，使观者感到艺匠们心灵的

① 向中华：《青铜的历史》，新世界出版社，2006年，71页。

② 滕守尧：《审美知觉及其心理过程》，《美学专题选讲汇编》，中央广播电视大学出版社，1983年，143页。

颤动与呐喊。他们以这种具体生动、感人至深的独特方式传达着自己的精神世界，因此具有鲜明的思想观念和特殊的意识形态①。

安徽阜南出土商代中期龙虎尊，保持了食肉动物的凶猛威武，人头部显示出的泰然自若与他看似静态的形体动作交相呼应，给人一种静谧和谐的神秘之美。尊腹部的猛兽，双头相向，挺身昂首，四肢舒张，虽是静态，却给人敏捷的动感。其耐人寻味之处主要体现在双兽首的融合之中，因此我们需要透过物质载体去解读深层内涵（图7-25、图7-26）。

图7-25-1　安徽阜南出土商代中期龙虎尊
（中国国家博物馆官网）

图7-25-2　安徽阜南出土商代中期龙虎尊线图

图7-25-3　安徽阜南出土商代中期龙虎尊局部
（中国国家博物馆官网）

图7-26-1　四川广汉三星堆出土商代中期龙虎尊
（三星堆博物馆官网）

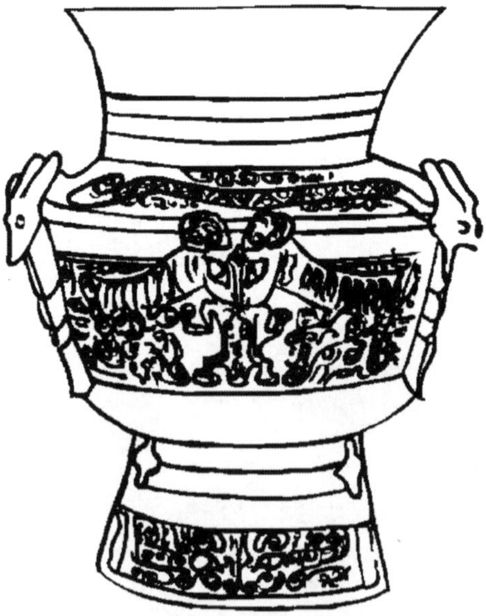

图7-26-2　四川广汉三星堆出土商代中期龙虎尊线图

① 朱尽晖：《陕西炕头石狮艺术研究》，中国社会科学出版社，2009年。

图7-26-3　四川广汉三星堆出土商代中期龙虎尊局部
（三星堆博物馆官网）

现藏台北故宫博物院的战国狩猎纹壶，全器装饰以浮雕之图像纹，颈部为鸟衔蛇，肩部装饰带双翼羽人，腹部则饰以块状的人兽相搏图像，下腹间以勾联云雷纹，环带状的纹饰呈鲜明的对称形式（图7-27）。

图7-27-1　台北故宫博物院藏战国早期狩猎纹壶

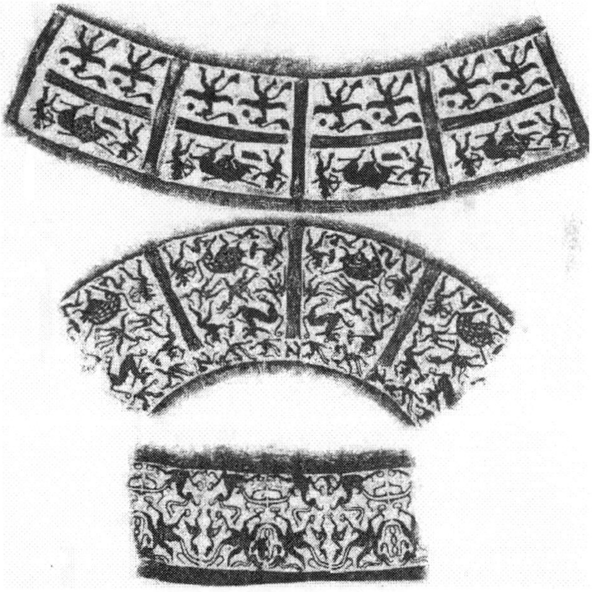

图7-27-2　台北故宫博物院藏战国早期狩猎纹壶纹饰拓片

此外，我们也注意到两件虎食人卣，其造型纹饰几乎完全一样，人物纹和动物纹的组合形态仅在细节表现，如兽牙、人耳、文身上发生了变化，产生不同的艺术效果。两件龙虎尊，形制纹饰也同后母戊（曾称司母戊）鼎和妇好钺，两件青铜器的

“人”“兽”关系及形式语言处理几乎如出一辙。包括我们前面提到的两件龙虎尊上的“人兽母题”形象，无论是人的体态，还是兽的身形、头部、口部、躯干、纹饰的处理上都有相似之处。而东周时期的狩猎纹壶、豆、钫等器物，更是在图像式及构图处理上将对称与变化完美统一（图7-28）。

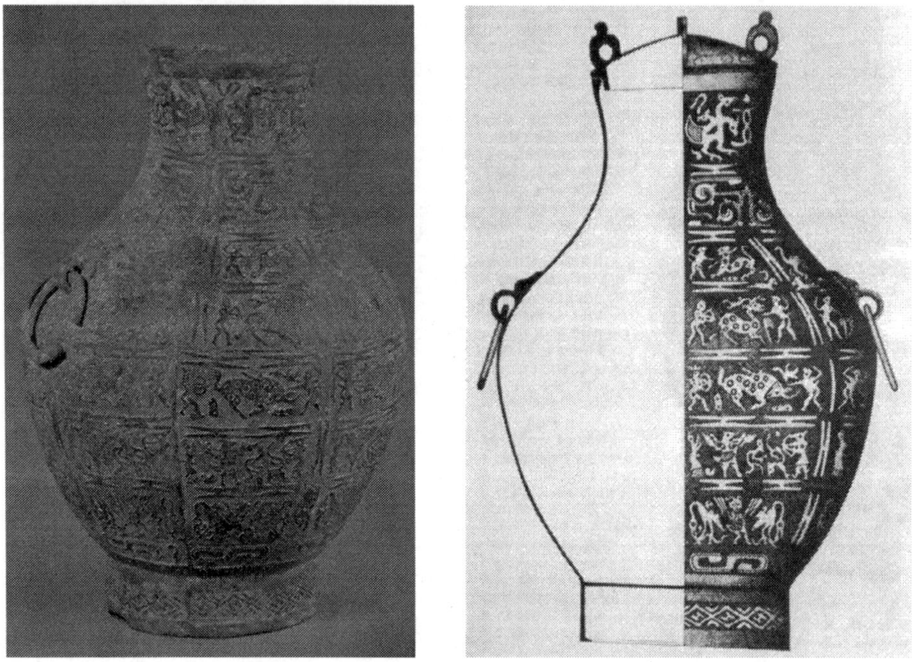

图7-28　洛阳博物馆藏战国狩猎纹铜壶

妇好钺、后母戊（曾称司母戊）鼎的猛兽，庞大的身躯和极尽夸张的巨口，锋利的牙齿等，显示出庄严威肃的神秘感；身上装饰有各种迤逦、翻卷纹饰，使人感到瑰丽威仪且浪漫神异。

在后母戊（曾称司母戊）鼎鼎耳的创作构图中，工匠们想要表现的是对那些拥有强大力量且神秘诡谲的怪兽的尊崇敬畏。因此，故意把“怪兽”的体形比例、眼、口、耳、爪眼等极尽夸张，而“人”的眼球却较为写实，显得平静安详，毫无惊恐畏惧之意。在韵律上，人首和双兽形成了一种三角形的稳定与平衡感，使画面在诡谲、神秘、紧张之余还彰显出节奏与律动。

绘画艺术的特点是在两度空间的平面上来表现三度空间的立体事物。正确处理物象彼此之间的前后远近关系，以及物象本身的一些微妙变化，是画家一直致力解决的问题[①]。春秋战国时期的青铜器，经常刻有采桑、宴乐、狩猎图等，台北故宫博物院藏战国早期狩猎纹铜缶，器身装饰车马狩猎图（图7-29）。洛阳金村出土的错金银狩猎

① 刘敦愿：《美术考古与古代文明》，人民美术出版社，2007年，36页。

纹铜镜上的《刺虎图》，画面右侧是一位头戴装饰了两根羽毛的冠帽的武士，他蹲在披甲的战马之上，正向猛虎刺去，整个画面处理采用了夸张的艺术表现方式，使骑马勇士果敢英武、跃跃欲试的形象呼之欲出，而虎也同样展现出生物属性中蕴藏的强大力量（图7-30）。

图7-29 台北故宫博物院藏战国早期狩猎纹铜缶局部

图7-30 河南洛阳金村出土错金银狩猎纹铜镜

战国时期，铜器与漆器上的画像，由于用途的关系，十分强调装饰效果，因此特别注意保持每个或每组物象轮廓的完整。无论是人物、鸟兽，均犹如剪影，遍布器物表面，互不遮掩，非常清晰，甚至为了避免兽足的相互遮掩，把四足省作了两足。这种做法影响及于帛画。长沙出土的《龙凤人物》便把凤鸟上张的双翅省作了一个。在这种情况下，物象纷然杂陈的场景，如需区别层次，必然要以物象的上下位置来表示远近关系。例如美国华盛顿弗利尔美术馆藏青铜鉴，其上装饰的田猎图像中布满大小野兽，另见两辆猎车相对奔驰，远者在上，近者在下，前者远而后者近[①]（图7-31）。

图7-31 美国华盛顿弗利尔美术馆藏青铜鉴上的狩猎图像

（刘敦愿：《美术考古与古代文明》，人民美术出版社，2007年，38页）

① 刘敦愿：《美术考古与古代文明》，人民美术出版社，2007年，37页。

1990年淅川和尚岭M2出土春秋时期嵌红铜画像铜壶，表现了天国和人间的不同场景。人间场景主要表现猛士与野兽的生死搏斗。有研究者将该壶描绘为：具有中原文化特点，凤鸟之鹿角状冠、人面神人、鸟首羽人、鸟状神人又能在楚地文物中窥其源流。这件集中原文化与楚文化因素于一身，体现两种文化合璧的画像铜壶，既反映了中原文化对楚文化的深刻影响，又表现了楚文化在接受中原文化过程中将自身神秘与浪漫的文化艺术融入其中，展示了楚器工艺的人神交融的浪漫意境，飘逸流畅的动态美感，从而表现出中原文化与楚文化传播的互动性。该铜壶画像反映出楚人的天人世界观，对研究楚国宗教文化具有重要参考价值。现已发现的楚国铜器画不多，主要见于河南淅川和尚岭出土的青铜壶、湖南长沙黄泥坑出土的青铜匜，以及江苏省淮阴高庄战国墓出土的盘、匜、算、炉盖等（图7-32）。

收录于陈梦家所著《美帝国主义劫掠的我国殷周铜器集录》一书中的一件战国时期的青铜豆上也出现了狩猎纹，“在此小器物上充满了图画，可以分为四部分：盖‘冠’上是驯兽图；盖上是歌舞图；器腹上是狩猎图。这四部分似表示了猎、牧、农、乐四件事”[①]（图7-33）。

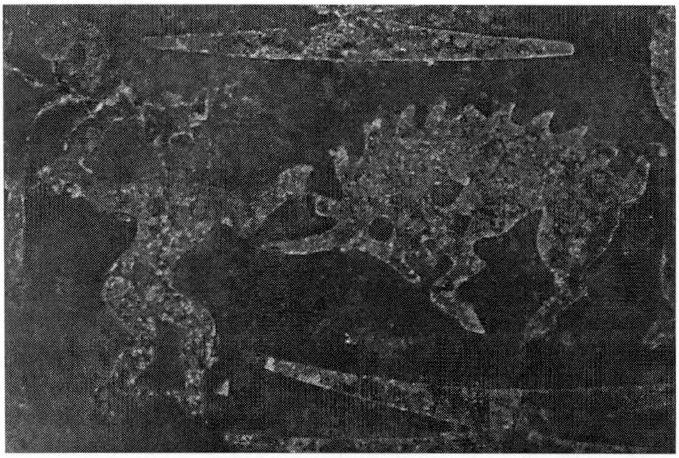

图7-32　1990年河南淅川和尚岭M2出土春秋时期铜壶

图7-33　狩猎纹豆
（陈梦家：《美帝国主义劫掠的我国殷周铜器集录》，科学出版社，1962年）

工匠在刻画上述两件青铜器上的“人兽母题”纹饰时，对人物和猛兽均采用夸张的处理手法。猛兽庞大的形体被刻意突显，在这样的对比下，人物的勇敢无畏就显得更加难能可贵，可谓对纹饰主题的一次升华。同时，人物头大身小的形体比例、极尽舒张的四肢，均显得颇为夸张，却更显得画面轻灵恣意、充满生命律动。

商周“人兽母题”青铜器品类丰富，造型繁多，从气势磅礴、奢侈庞大的国之重

① 陈梦家：《美帝国主义劫掠的我国殷周铜器集录》，科学出版社，1962年，89～91页。

器，到古朴精美、轻便实用的饰品杂件。观赏商周“人兽母题”青铜器，它们会给带你嬗变多姿的审美感受。精巧的修饰，细致的刻画，工匠们在有限的空间内极尽所能地展示出一个个无限宽广的世界。

第八章　“人兽母题”的美学分析

宗白华先生在《艺术欣赏指要》一书中写道：“在我看来，美学就是一种欣赏。美学，一方面讲创作，一方面讲欣赏。创作和欣赏是相通的。创作是为了给别人欣赏，起码是为了自己欣赏。欣赏也是一种创作，没有创作，就无法欣赏。60年前，我在《看了罗丹雕刻之后》里说过，创造者应当是真理的搜寻者，美乡的醉梦者，精神和肉体的劳动者。欣赏者又何尝不当如此？”[①]审美主体和审美客体的美感心理感受是一对相互渗透、和谐统一的有机整体。作为欣赏者，当看到“错彩镂金，雕缋满眼”[②]的青铜器时，必然能够感知创作主体的情感心理与审美趣尚，同时完成自身和谐愉悦的美感活动。

中国的青铜时代大约经历了15个世纪。从出土情况和史料记载来看，青铜礼器在当时是被视为最珍贵的器物来占用和使用的，尽管种类不胜枚举，但用于祭祀、宴享的礼器和拥有权利象征的礼兵之器占了绝大比重；这些器物同时也是身份、地位和财富的象征[③]。商周美学发展具有一定连续性与阶段性，商代审美意识与神权、王权融为一体，并在神本背景中孕育了浓烈的主体意识，积极地推动了尚古文化从神本向人本的过渡；西周的审美意识中神性衰弱，人性突出，礼制风格加重，审美品位中大量注入了社会意识和人文意识；东周不断地解构着旧有的审美规范，在不断创新中构建着多元审美风尚，并逐步形成丰富的美学思想，开辟了后代美学的发展道路[④]。

商代晚期至西周早期之际，青铜器铸造技术达到顶峰，春秋晚期则是铁器时代的初始，然而铁器的到来并未立即导致青铜工业的衰退，反而由于战国时代生产技术的普遍提高，使得青铜器的制造技术有了新发展。大约到了战国晚期，高水平的青铜铸造技术由于冶铸工艺的突飞猛进地完成了历史赋予的使命[⑤]。正如玉器之于父系氏族时代的文化价值及历史意义，青铜器对于殷人来说，与其说他们是实用器物，毋宁说更是社会生活和精神世界的外在显现。也就是说，时人是将这些青铜器当作贵重之器和

---

① 宗白华、林同华：《宗白华全集》第三卷，安徽教育出版社，2008年，607页。

② 宗白华在《中国美学史中重要问题的初步探索》一文中说：“从三代青铜器那种整齐严肃、雕工细密的图案，我们可以推知先秦诸子所出的艺术环境是一个‘错彩镂金，雕缋满眼’的世界。”载宗白华：《美学散步》，上海人民出版社，2011年，35页。

③ 廖群：《中国审美文化史》（先秦卷），山东画报出版社，2000年，112页。

④ 朱志荣：《夏商周美学思想研究》，人民出版社，2009年，6～11页。

⑤ 马承源：《中国青铜器》，上海古籍出版社，2003年，4页。

艺术品来享有。他们将最高的工艺、最大的热情都倾注在这些器物中，从而创造出就当时来说极富审美价值的精美器物①。

以殷商时期为例，此时的中国青铜有些威严可怖，却依然保有独特的美学魅力。这一时期的“人兽母题”青铜器，造型端方庄重，纹样精美刚硬，形式诡秘怪异，风格郁重狰狞。用今天的审美标准去品评殷商时期的青铜艺术是无法理解的。那个动辄杀戮俘虏、奴隶的时代早已经成为过去，但体现时代精神的青铜艺术至今却仍为我们研究，舍此纹样的外在形式之外，也许在于它或多或少体现了某种被神秘化了的力量②。“人兽母题”纹样中的“兽”在时代背景下幻化成神灵般的力量进入先民的现实生活。即使今天看来，人们还能感受到它在震魂慑魄、威慑苍生。这是因为在对青铜器的铸造中，先民们融进了特定的审美趣尚和精神追求。接下来，笔者按照时间顺序，以“人兽母题”纹饰的审美意蕴剖析其独特的美学精神与文化特质。

第一节 商 代

史前“人兽母题”图像受制于远古图腾崇拜观念，表现原始先祖面对自然与生命的渴望及祈求。商以前的夏代是我国“青铜文化”的源头，正如《左传·宣公三年》所载的，夏朝“贡金九牧，铸鼎象物”，《越绝书·外传记宝剑》中夏禹“以铜为兵”。夏代青铜器以礼器、兵器为主，造型风格简洁质朴，纹饰意蕴原始神秘，奠定了中国青铜艺术的整体风格。尽管此时尚未发现“人兽母题”青铜器的具体实例，然而青铜器的审美设计理念中已然融入精神内涵，并运用抽象思维使其具有时代烙印的审美尚趣和精神指向③。

与夏代铸铜九鼎还只是凭借传说和推断来感知不同，殷商时代厚重且精美绝伦的青铜彝器，经大量考古发掘，已经一件件、一尊尊，清晰而实在地展现在人们面前。此时青铜器制造数量之大、品种之多、分布地域之广、冶铸技术之高，都是前所未有、举世罕见的。青铜器的确可作为这个时期生产力最高水平的标志，就今人所能看到的而言，青铜艺术也是此时审美文化一个最直观、最鲜明的代表④。

商代是中国第一个信史时代，其文化有悠久的历史苍茫感和原始宗教的神秘感。商代高扬着神的力量，又将神加以人格化，折射出丰富多彩社会生活，显示出人与命运抗争的斗争精神。商代的审美意识具有一定的自发性，并由于神权与政权等对艺术的需求，使得艺术与宗教、王政乃至求知等意识融为一体，这本身也推动着审美意识

① 廖群：《中国审美文化史》（先秦卷），山东画报出版社，2000年，112页。

② 闫小琳：《浅析商周青铜器纹饰的美学特征》，《艺术评论》2008年第6期，57页。

③ 牛镭：《夏商周的青铜器美学研究》，西北大学硕士论文，2011年，28页。

④ 廖群：《中国审美文化史》（先秦卷），山东画报出版社，2000年，109页。

的发展，制约着艺术风格的变迁。而艺术变迁又有着自身的发展逻辑。这一方面表现出商代先民在艺术创造中体现了浓烈的生命意识，尤其是情感世界的生命节律。它们通过艺术的创造和欣赏肯定着生命，护卫着生命，使人的精神生命得以拓展延续。另一方面，商代艺术在线条、形象和色彩中体现了翔实的规律。商代人在经验中体会到对称、均衡等形式的法则及总体布局的和谐，并将它们自发地用到艺术创作中[①]。商代先民从器皿和其他对象的功能中又生发出造型的灵感，强化了线条对主体轻易的表现能力和艺术的装饰功能，并在线条中寓意，使作品具有象征的意味[②]。商代"人兽母题"青铜器体积庞大、厚重稳健、纹饰繁缛、威严肃穆，恰好符合祭祀场合的需要。

图8-1　《郑州商城》报告中的C8T62③：29陶片

（河南省文物考古研究所：《郑州商城——1953～1985年考古发掘报告》，文物出版社，2001年，267页，彩版六：1）

早期的商代"人兽母题"，以20世纪70年代在郑州商城宫殿区第五夯土基址小区C8T62内叠压夯土层的商代二里冈期文化层出土的陶器残片C8T62③：29为代表。"（残片）左侧为一个刻有面、眼、鼻、口、耳的人头像，头下有颈，颈下有肩；在人头右侧刻有一只似作跪立状的侧面虎，口大张，目前视，作欲吞噬人头状。"[③]该陶簋残片上"人兽母题"图案，在商代二里冈期遗址中极为罕见[④]（图8-1）。

殷商时期，时人把最高的工艺、最大的热情都倾注在这些器物中，从而创造出就当时来说极富审美价值的精品和真品[⑤]。商代是一个宗教色彩浓厚的时代，"天命神权"的世界观决定了青铜器的形制。"所有的奴隶主贵族都崇信上帝和天命，但它们只是按照自己的统治模式来幻想出一个并不存在的诸神天界。……宣称自己是天子，

① 朱志荣：《夏商周美学思想研究》，人民出版社，2009年，6～11页。

② 朱志荣：《夏商周美学思想研究》，人民出版社，2009年，6～11页。

③ 河南省文物考古研究所：《郑州商城——1953～1985年考古发掘报告》，文物出版社，2001年，267页，彩版六（1）。

④ 周博：《析商周青铜器动物雕塑的造型特征及演变》，北京服装学院硕士毕业论文，2014年，45页。

⑤ 廖群：《中国审美文化史》（先秦卷），山东画报出版社，2000年，112页。

由于他有如此崇高的身份，因而握有最大的神权。”[①]尽管商代已经进入奴隶制全盛时期，但此时毕竟属人类社会早期，生产力相对低下，人们对世界的认知程度不高，面对难以解释的自然现象，会产生虚幻联想，企求借助自然界中的某种神秘力量，作为精神寄托来供奉、崇拜[②]。于是，原始工匠按照统治者意志创造出了“人兽母题”纹样，装饰于青铜器物外表。

从某种程度上说，“人兽母题”青铜器属于仿生形器物的一种。仿生形器物指模仿生物自然形态制作的青铜器。除动物造型外，“人兽母题”青铜器是最具代表的仿生器物。如藏于美国华盛顿弗利尔美术馆的鸟兽纹觥。该觥是商代晚期的酒器，也是一件塑造颇具巧思，装饰非常华美的艺术品。殷商时期的铜觥几乎都是圈足的，这件觥则作四足，介乎觥类与兽尊之间，形制不同一般；器表满布纹饰，刻镂与雕刻两种手法交互使用，风格庄重而优美。纹样除衬底的雷纹以外，全为动物形象，现实的与神话的都有，内容非常丰富，组合也相当复杂，是研究古代装饰艺术的典范，其中的“人首蛇身”浮雕，更为中国宗教神话的研究提出了重要问题。全器通高31.5厘米，保存完好，纹饰处处清晰，器表呈豆绿色，古意盎然，是一件极为珍贵的文物。可惜出土地点不明，也不知何年流落海外[③]。该鸟兽纹觥全器取象于羊形，具有头角、四肢与尾。羊的头角安置在觥盖的前端，双角特大、内卷，采用圆雕手法，高耸于器表。羊首巨口利齿，双目圆凸，予观者以深刻的印象。双角之上，镌刻相对的二龙，头在角之根部，躯体随角蜷曲，鳞甲与羊角上的凸棱两相一致，结合十分自然。鸟兽觥的纹样虽然丰富，但绝大多数都是一般常见的，唯有后二器足上的人首蛇身神祇最为特殊，很值得重视。这是因为商代青铜器装饰纹样中，人物形象颇为罕见，无论是单独还是“人兽母题”，抑或“人兽混合”，即便偶有所见，含义也深邃奥义，颇难探明（图8-2）。

图8-2 美国华盛顿弗利尔美术馆藏鸟兽纹觥（刘敦愿：《美术考古与古代文明》，人民美术出版社，2007年，193页）

“人兽混合”形象迄今只见“人首蛇身”一种，除鸟兽纹觥之外，现藏于美国华盛顿弗利尔美术馆的殷墟晚期的人面龙身盉，该盉为安阳出土，盉盖为人面，头顶附着两角，鼻翼宽大，双目凸起，炯炯有神，圆鼓的双眼并非常人所有。盉盖后颈连接

① 马承源：《中国古代青铜器》，上海人民出版社，2008年，218页。

② 闫小琳：《浅析商周青铜器纹饰的美学特征》，《艺术评论》2008年第6期，57页。

③ 刘敦愿：《美术考古与古代文明》，人民美术出版社，2007年，193页。

图8-3　美国华盛顿弗利尔美术馆藏带盖人面龙身盉
（美国华盛顿弗利尔美术馆官网）

的盖体为蟠龙绕身，爪子刚劲有力，器物的整体造型如同神话传说中人面龙身的神怪，神秘诡异[①]（图8-3）。

这种人首蛇身的神祇，明确见于《山海经》的记载[②]。而汉代的帛画与画像石艺术中更提供了形象的资料，画像石中尤其丰富，伏羲与女娲是其典型者，可与商代青铜器上的发现彼此互相印证。可见战国秦汉以来所记的古代神话传说源远流长，确有所本，由于文化昌盛，记录与表述手段多样化，才能著之竹帛，施以丹青，从此广为人知。这种人与动物混合形象的神祇，应是从史前时代的动物神向文明时期人格化的神过渡的产物[③]。

再如几乎同时期的虎食人卣，造型独特，纹饰精美，情态生动，虎尾与一对后爪构成卣的有力支撑，形成稳定的三角形支点，使造型别致的虎食人卣重心下移，显得神秘威仪，厚重沉稳。还有迄今为止发现的世界上最大的青铜重宝后母戊（曾称司母戊）鼎，也是商代晚期器物，高133厘米，口长110厘米，1939年3月在河南安阳武官村北的农田发现，其整体形象厚重端方，双立耳上有“人兽母题”纹饰，造型独特，意境神秘，气息诡谲，巨嘴大张的双兽仿佛随时准备凌空扑出，造型夸张的双耳与卷起的尾部看上去英姿飒爽，雄壮威武。

与生产方式、信仰方式和生活方式相比，思维方式具有更强大的隐蔽性和抽象性，它甚至可被视为一种“无内容的形式”，是一种思维框架和心理定式。然而这种“无内容的形式”一旦形成，便会反过来决定并制约具体的物质和精神成果创造过程，即赋予那些“无形式的内容”以特有的结构和风貌[④]。商人的原始思维方式也表现在其言行上，周文王在灭黎（今山西长治）、邗（今河南沁阳）、崇（今河南嵩县）等国后，建都丰邑（今陕西西安），商人统治濒临崩溃。商纣王认为秩序是神规定的，人力是无法改变的，仍然说：“呜呼，我生不有命在天！”（《尚书 · 西伯勘黎》）所以在行动上仍没有做出积极的反映，最终导致商朝的灭亡。商代先民一面暴力征战，试图主宰一切；一面又期望冥冥之中有神灵相助，相助成功，远离灾祸，风

① 牛镭：《夏商周的青铜器美学研究》，西北大学硕士论文，2011年，25页。《中国美术全集 工艺美术编 · 4 · 青铜器上》图版65，定名为“人面盉”。

② 如《大荒西经》的独龙与《海内经》的苗民，《西北经》之鼓，都作“人面龙身”，龙身亦即蛇身。

③ 刘敦愿：《美术考古与古代文明》，人民美术出版社，2007年，196页。

④ 廖群：《中国审美文化史》（先秦卷），山东画报出版社，2000年，9页。

调雨顺，足衣丰食，永远平安，不遭厄运。在"人兽母题"这个极具符号特征的纹样中，明显可见神话意义弥漫其间。祖先神与自然神的结合，这本身给至上神——上帝的形象带来了极大的模糊性、神秘性和不确定性，这也为其物化形象的铸造提供了极大的自由空间，以至于"人兽母题"在铸造上虽然显示出一种整体的相似性，但局部刻画则变化多端①。

殷商时期的铜器，无论从青铜冶铸技术，还是从装饰艺术来看，都是中国青铜器发展史上的第一个高峰。这个时期的器物，一般的容器大都结构复杂而造型浑朴，其中的"人兽母题"青铜器便是文化内涵与审美趣尚相结合、浑然一体的典型代表。纹样的处理，多种方法交相使用，圆雕、浮雕、刻镂都有，最常见的是浮雕与刻镂结合，主体纹样衬以雷纹，本身又加线刻，动物还凸出双目，目珠又复刻高，高度多至四五层，富于光影变化。某些主体纹样往往纹样之中又有纹样，层层套置，有如现代西方纯属趣味性的"多义画"，可谓极尽繁变之能事。在现存青铜器中，除了安阳出土妇好墓的大型鸮尊大体可与之相当之外，便很难见到类似的情况了②。

如商代青铜器虎食人卣以"人兽母题"纹饰为主，再辅以其他几何纹或动物纹样。两件龙虎尊上皆有三组"虎噬人"纹饰，三条长而弯曲且以对称形式呈环带状排列的夔龙纹被装饰于器物肩部，这是工匠们以自然界真实存在的虎为原型，通过夸张变形创制出的装饰纹样。再如后母戊（曾称司母戊）鼎鼎耳上的"两虎噬人头"纹饰，这些形态各异的"人兽母题"图像客观上增强了青铜器的视觉效果与艺术价值，加之蕴藉的深厚文化内涵和社会功能，无不体现出殷人巫风弥漫，崇神尚力的审美趣尚和巧夺天工、精妙奇思的艺术表现。

前面提到的美国华盛顿弗利尔美术馆的鸟兽觥纹饰组合方式也别具韵味，其对称、叠加、夸张等手法的混用，使器物显得神秘莫测，凶蛮诡异，使人顿生敬畏尊崇之感。后母戊（曾称司母戊）鼎耳以云雷纹成为辅助，为整个器物的装饰起到烘云托月，画龙点睛的妙用。

其次，商代"人兽母题"青铜器的纹样装饰采用对称形式。妇好钺和后母戊（曾称司母戊）鼎鼎耳上的"人兽母题"即是非常典型的例子，以中心线为对称，使器物于规整均衡中又带有宁静庄重的威严感。

殷商时期的造型艺术，既体现神灵世界的物化观照，又展露主体对客观存在及宇宙生命的朴素认知。"神秘的宗教力量大量渗透入殷商艺术创造，在浓厚的宗教氛围中，人们恪尽职责，井然有序地生活，为了实现'神人以和'，他们调动一切艺术手段，在那些对称、均衡、统一的艺术形式里，将神秘的幻象物化成各种美妙的主题。

---

① 谢耀亭：《从青铜器纹饰看商周文化剧变——商周青铜器纹饰变化再探》，《兰州学刊》2009年第9期，214～216页。

② 刘敦愿：《美术考古与古代文明》，人民美术出版社，2007年，194页。

艺术家们既注重图式规范与和谐，又重视形式运动与变化。”[①]在这种思想影响下，“人兽母题”纹构图严整，精工巧思，风格独特，意涵深阔，为观者营造出挥之不去的森然氛围与诡谲体会，让人崇敬，使人生畏，整合先民与自然宇宙相处之“道”，体现与时俱化的装饰艺术特色。这些器物承载的仿佛更多的是商王室的神权政治，神权始终是“领衔主演”，装饰仅是陪衬的“绿叶”。

第二节　周　　代

随着历史的浮沉，“人兽母题”青铜器逐渐被赋予了新的形式与内容。商代“人兽母题”青铜器上的动物形象通常狞厉可怖，极具神秘色彩。西周作为中国青铜时代的高峰之一，其审美意识的发展进入了活跃的变革期，器物的审美创造原则，由凝重走向轻灵，由繁复走向简朴，由怪诞走向平易，由神魔世界走向世俗人间，并开始逐步形成理论形态，这是社会进步的体现。西周“人兽母题”青铜器总体风格雄浑、庄严、稳重，体现出“天命”的威严，后来伴随着理性化的进一步发展，属神性格衰落，属人性格突显，殷商时期青铜器所特有的狰狞、恐怖、威慑的宗教神秘色彩在逐渐消退、淡化乃至消失，而一种崇尚自然的真实之美，追求舒适自由的审美心理正在逐步崛起。总之，西周器物创造逐步走向了审美意识的解放，整体意象与装饰加工得到了完美的统一，实用内涵和精神内涵得到了进一步的丰富与加强，尤其是在精神内涵中大量渗入的社会意识及人文意识，使得这一时期的“人兽母题”青铜器具有一种崇高的美学魅力，对春秋战国时期的美学思想、特别是东周诸子美学思想产生了深刻的影响[②]。青铜器是东周文化的重要标签之一，代表了东周金属铸造的最高水平，是一个民族、一个时代审美意识的生动展示。随着主体意识的提升，青铜器逐渐打破固有审美观念，在审美关系上表现为从客体向主体、由神性向人性的转化，表现出时代性的审美意蕴。东周时期的青铜器，代表了两周青铜制造工艺的最高水平，不仅出土数量丰富，且精品众多。尤其是春秋中期以后，青铜器的艺术风格逐渐开始转变，具有鲜明的地域特点和独特的艺术风格，在浑厚肃穆中加入活泼秀丽，形成独到的时代特征及艺术风格，青铜礼乐器和日用器，品种齐全，形制多样，有些器形前所未见。

每个时代的艺术品，作为社会意识形态的反映，都与社会的发展密切联系，青铜器作为当时最高精尖端的“科技”产品，在很大程度上是社会政治经济文化的最佳折射。东周是个不乏精彩的时代，是历史上的大动荡时期，周王朝无所适从地没落，列国蜂起、诸侯争霸，新兴势力不断出现，文化由于创新发展与个性解放变得纷繁多

① 杜道明：《论商代“神人以和”的审美风尚》，《广西教育学院学报》2001年第6期，19页。

② 朱志荣：《夏商周美学思想研究》，人民出版社，2009年，6～11页。

彩。中央集权的文化垄断已被打破，以士为中心的新文化体系开始全面崛起。社会的解体应运而生着观念的解放，无神论思潮蔚然成风，殷周以来的宗教传统失去主流地位，作为礼乐象征的青铜文化在这时走向衰落。青铜器从宗教礼仪的笼罩中解脱，摆脱了王室的绝对控制，不再是不可僭越的象征王权的国之重器，其铸造逐渐趋向实用，同时开始萌发对美的自觉追求。列国青铜浓烈犀利，遍地风流，方寸吉金之间，永远是色彩绚烂的光影琉璃，背后永远有引人入胜的传奇故事。

东周是中国历史上一个风雨飘摇而又极具思想性和创造性的时代。从春秋到战国的发展过程中，不断解构旧有的审美规范，同时又在传承中不断建构时代特有的审美风尚，在器物的创作理论上，不仅有传统的使用与审美的统一，线条的流畅婉转间还体现着尚圆意识、写意性和虚实相生等原则。轻灵奇巧而不失雅致，世俗趣味与人间情怀融合，技工于巧，变化中求统一，对称中见和谐的奇思巧构等审美风尚，作为源头活水滋润着后世工艺美术的发展[①]。

王国维在《殷周制度论》中说：“中国政治与文化之变革，莫剧于殷周之际。”[②]除了保持春秋时期的装饰纹或单独动物造型外，出现了由一定情节构成的一幅幅画面画像艺术。描绘现实生活的题材丰富多彩，使青铜器艺术突破了局限，在创新方面有了长足发展。尤其是青铜器上的“画像”[③]，似浮在表层上的绘画，诸如渔猎、斗兽等“人兽母题”场面。如山西[④]、四川[⑤]、河南[⑥]、上海博物馆[⑦]、故宫博物院[⑧]收藏的战国青铜器及被掠夺往海外的战国青铜器[⑨]中，有许多雕嵌、浮铸着的写实画像，中间就包括“人兽母题”纹饰，其精美令人赞叹[⑩]。

此时的“人兽母题”青铜器，打破旧传统的束缚，出现一些新器类和器形，造型由庄严肃穆走向华丽精巧，更加注重实用性和审美性，且出现了浓烈的地域风格。礼器比例渐小，日用器比例增大。日常生活用品逐渐开始取代礼器地位。

---

① 朱志荣：《夏商周美学思想研究》，人民出版社，2009年，6～11页。

② 王国维：《观堂集林》（上册），中华书局，1959年，451页。

③ 张英群：《试论河南战国青铜器的画像艺术》《中原文物》1984年第2期，4页。

④ 山西省文物管理委员会：《山西长治市分水镇古墓的清理》，《考古学报》1957年1期，103～118页。山西省文物管理委员会、山西省考古研究所：《山西长治分水岭战国墓第二次发掘》，《考古》1964年第3期，111～137页。

⑤ 四川省博物馆：《成都百花潭中学十号墓发掘记》《文物》1976年第3期，49页。

⑥ 河南省博物馆：《河南三门峡市上村岭出土的几件战国铜器》，《文物》1976年第3期，52～54页。

⑦ 上海博物馆：《上海博物馆藏青铜器》，上海人民美术出版社，1964年，92～95页。

⑧ 梓溪：《战国刻绘宴乐画像铜器残片》，《文物》1962年第2期，7页。

⑨ 中国科学院考古研究所：《美帝国主义劫掠的我国殷周铜器集录》，科学出版社，1962年，89～91、278页。

⑩ 张英群：《试论河南战国青铜器的画像艺术》，《中原文物》1984年第2期，5页。

随着社会生产力水平的进步，东周时期青铜铸造工艺有了极大提高。错金银、嵌红铜、贴金等工艺在春秋中晚期得到长足发展，成为青铜器表装饰的主要手段之一。与此同时，鎏金、包银、镀锡等装饰工艺的出现，更使青铜器显得美轮美奂、五彩缤纷。通体纹饰全部使用错金法装饰，技艺相当高超。另外，失蜡法也在这一时期广为应用，为新奇灵秀的青铜器平添了从未有过的华美色彩，制造出各种曼妙剔透，巧夺天工的青铜精品。其造型之独特，结构之精巧，纹饰之精美，充分显示了高超的青铜铸造工艺。

这一时期，青铜器的制造者们在不断完善实用功能和装饰工艺的同时，还不断吸收新的时代思想及实践经验，为“人兽母题”青铜器注入了新的审美理念和精神元素。

此时的“人兽母题”青铜器不仅是以实用为目的的不可缺少的生活用品，同时还传达出时人独特的审美追求，是包含了审美理念的艺术品，是实用功能与审美意向的完美结合，反映了东周时期艺术创造和审美观念的新变化。

这一时期艺术家，已经掌握了形式美的基本原则，于变化里寻整合，在对立中求统一，既继承了西周时期对称布局的平衡原则，又开始运用非对称的平衡原则。造型玲珑浪漫，结构均匀协调，布局平衡有序，纹饰相得益彰。总体上说，器形由厚重庄严变为轻灵奇巧，注重与纹饰的协调和谐，追求圆润和谐，不再刻意夸张变形。

东周“人兽母题”青铜器的纹饰种类较商代及西周有很大变化。一方面，由于制作技艺的进步，伴随着新的金属铸造工艺的出现和应用，大批精美绝伦、巧夺天工的青铜器应运而生。使得该时期“人兽母题”青铜器的装饰风格较前代更加精美圆熟，在写实性的基础上更为重视画面的动感和层次，富有生活情趣，充分表现了现实生活与艺术的密切关系。

另一方面，由于三代青铜器在这一时期已逐步走向最后的历程，一些“人兽母题”青铜器也逐渐开始摒弃繁复华美的装饰手法，追求朴素清丽的审美理想，打破错彩镂金的单一审美追求，突现简约自然的清新风格。这是社会思想解放，也是审美多元化的体现。

随着国家的强盛和自身文化特点的形成，春秋中期以后，青铜文化进入大繁荣时期。青铜纹饰在很大程度上表现了人们对大自然的写实性塑造，纹饰内容较之前更加生活化、多样化，出现了人物画像类纹饰。纹饰除了追求写实之外，同时注重画面的动感和韵律，无论是动物还是人物，都着重表现其动态，颇富生活情趣。这个时候，“人兽母题”青铜器的题材趋于生活化。首先，传统的“人兽母题”等依然活跃在青铜器的装饰纹样中，但是其图案结构越发精益求精。从春秋后期发展起来的人物画像至此已相当成熟。战国时期贵族的日常生活与时代风尚纷纷活灵活现地跃然器上（图8-4）。

图8-4-1 故宫博物院藏战国宴乐狩猎攻战纹壶

图8-4-2 故宫博物院藏战国宴乐狩猎攻战纹壶
（刘敦愿：《美术考古与古代文明》，人民美术出版社，2007年，37页）

例如1965年四川成都百花潭中学出土的镶嵌宴乐纹壶，颈、肩、腹分三层描绘了射礼、宴乐、采桑、弋射、水陆攻战多组纹像，虚实相生，华丽铺张，情态生动，意趣盎然，充满意蕴的“人兽母题”淡化了冷硬的金属带给人的威肃与庄严，使得时人在冲破束缚的同时领略刚柔并济、世俗洒脱之美（图8-5）。

河南辉县琉璃阁1号战国墓出土刻纹铜奁1件，器盖与器壁均刻有狩猎画像（图8-6）。56号战国墓出土画像铜壶4件①，其中1件腹部铸有攻兽、攻鹿、攻兕、射兽等“人兽母题”画像（图8-7）。59号战国墓出土画像铜壶2件，其腹部铸有攻虎等“人兽母题”画像（图8-8）。

图8-5 1965年四川成都百花潭中学十号战国墓出土镶嵌宴乐纹壶
（四川省博物馆：《成都百花潭中学十号墓发掘记》，《文物》1976年第3期，图版贰）

① 郭宝钧：《山彪镇与琉璃阁——考古学专刊乙种第十一号》，科学出版社，1959年，11、12页。

图8-6　河南辉县琉璃阁1号战国墓出土画像铜奁残片

（张英群：《试论河南战国青铜器的画像艺术》，《中原文物》1984年第2期，5页）

图8-7　河南辉县琉璃阁56号战国墓出土画像铜壶画像

（张英群：《试论河南战国青铜器的画像艺术》，《中原文物》1984年第2期，5页）

图8-8　河南辉县琉璃阁59号战国墓出土铜壶画像

（张英群：《试论河南战国青铜器的画像艺术》，《中原文物》1984年第2期，5页）

此外，1973年辉县占城公社三位营大队战国墓还出土了几件刻纹铜鉴、铜匜残片，涉及“人兽母题”图像的有射虎、射兽、斗兽等。上述这些青铜器画像，再现了战国时代社会生活的许多侧面，这种画像艺术的产生与社会的变革及神权政治的式微密不可分①。

“一幅画，其最优美的地方和最大的生命力，就在于它能够表现运动，画家将运动称为绘画的灵魂。”②东周“人兽母题”青铜器恰好显示出对生命运动的追求，对美术化的强调，以及对生活享受的注重等审美倾向。在工艺技术的发展方面，精雕细

① 张英群：《试论河南战国青铜器的画像艺术》，《中原文物》1984年第2期，5页。

② 〔美〕鲁道夫 · 阿恩海姆著、朱疆源译：《艺术与视知觉》，四川人民出版社，1998年，580页。

刻，镂金错银，极尽奢华。洛阳金村出土的错金银狩猎纹铜镜就是错金银工艺的完美体现，其精妙绝伦、赏心悦目的纹饰，客观上使“人兽母题”青铜器的制作水平再次达至顶峰，在继承西周由神秘诡谲走向简洁写实的朴素风格基础上，进一步发展成为追求生活情趣，崇尚个性张扬，向往和光同尘的时代新风。

总之，多姿多彩的东周“人兽母题”青铜器无论在冶铸技术、造型纹饰，还是审美意蕴上，都是人类物质文化及精神文化的不可多得的珍贵遗产，为我们留下了一笔巨大财富，对中华文明之后的发展，尤其是造物理念的承传产生了重要影响。

第九章 “人兽母题”的审美内涵

第一节 商 代

在中国传统审美意识中，“色”在很早之前即被当做纯粹的视觉美对象。《孟子·告子上》所论“目之于色，有同美焉”；《荀子·礼论》声称“雕琢刻镂，黼黻文章，所以养目也”。不难看出，无论是容皿造器还是装饰纹样，其绚丽外观皆可满足审美客体的视觉快感。朱志荣先生在《夏商周美学思想研究》一书中说：“商周时期的美学思想是一种以主体意识为核心、以整体观念为统摄、以工艺技术为依托、崇尚线条和形式感，并受到政治和世俗深刻影响的美学思想。这一美学思想是中国美学思想的源头，为后世美学思想的多样化、纵深方向发展提供源源不断的动力和支持。随着时代的发展，商周美学思想及承担这些思想的艺术形式不仅没有随着时代的流逝而丧失原有生命力，反而随着时代的前进焕发出无限的生机与活力，体现出经久不衰的艺术品质。”①

德国古典哲学和美学奠基人康德（Immanuel Kant，1724-1804）在其著作《判断力判断》中曾提出：“一个审美判断，只要掺杂了丝毫利害计较，就会是很偏私的，而不是单纯的审美判断。……美是不涉及概念而普遍地使人愉快的。”②

当我们面对历时千载却依然弥足珍贵的“人兽母题”青铜器时，往往会展开无尽遐思。先民们将“此在”对美的探求与思考蕴藉于历时性的客观存在，无论是威仪中透露神秘的殷商，肃穆里流淌典雅的西周，还是世俗下饱含格趣的东周，以及那些五色斑斓、光彩夺目的失蜡填漆、嵌金错银，还有那源深流长、泽被后世的美学思想和设计理念，无不令人目不暇接、流连忘返。毋庸置疑，“人兽母题”青铜器已然化身为商周宗教信仰、政治制度、社会生活、人文风俗、审美趣尚、造物思想的物化喻体，它们不仅负载原料材质、形态造型、装饰纹样、加工技法、结构部件等外在功能表现，还被划归于文化内涵、社会功能、文化价值、美感心理和成器之道等观念范畴，可谓“在形而上下间游走”的时代“投影”，其外在形式传达创作主客体的观念因素，内化机制蕴藉主客体情感依托，使人得以抽丝剥茧、拨开浓雾，管窥时人精神世界之冰山一隅。

---

① 朱志荣：《夏商周美学思想研究》，人民出版社，2009年，18页。

② 〔德〕康德著、邓晓芒译、杨祖陶校：《判断力判断》，人民出版社，2002年，247~253页。

一代美学思潮的形成，并非一朝一夕可以一蹴而就。它不仅需要先后几代思想家持续不懈的思想劳动，而且需要整个时代与社会形成相应的思想氛围①。“人兽母题”图像是人类智慧的产物，在整个创制活动中，作为创作主体的人，凭借时人认可的终极美术价值，对审美客体的感知器官呈现审美体验，其地位与作用不容忽视。他们的观念意识、精神情感、审美修养直接影响图像显现和情感表达。因此，在考察“人兽母题”图像的本质问题时重视创作主体是合乎逻辑的。朱良志先生在《中国美学十五讲》第十二讲《饮之太和》中讲道，人在于世界中，是一种关系性的存在，并非个体隔离的抽象物，而是一切关系的综合，这种关系包括具体关系和抽象关系。在中国审美哲学体系中，人所涉及的关系主要有四方面，一是人与神的关系，这来源于神秘不可知的支配力量，进而在此关系中分离出另外一种关系，它关注的是人在宇宙中的位置，前两者是人与自然的关系，其中还包含人与天地宇宙的关系，以及隐贯穿中国传统美学哲思始终的宇宙观。三是人与群体的关系，人是群体性动物，这不可避免的宿命使群体关系成为人存在的根本关系之一。第四是人与自身的关系。心灵是个矛盾的群集，理性的我和感情的我，当下的我和经验中的我，欲望的我和社会的我等等都构成内在关系，这类关系很隐在，但是对人这个存在物来说，却是最根本的关系，人的其他关系最终都反映在这类关系上②。根据上述四种关系，中国传统美学哲思理论可概括为三点，即：神人以和、天人合一、心物不二。这三者的产生有一定顺序，但没有特别明显的界限，蕴藉其中的核心就是“和谐”。

中国古代装饰艺术诚然含有追求美感的一面，但这类纹样或图案，同时还具有某种社会方面与宗教方面的含义，并不是无因而发地纯粹为了审美目的③。青铜器的造型纹饰是社会历史的缩影，这是考古学和人类学研究得以借助器物去贴近古代社会的理论基础。在这里，由于纹饰中观念意识的存在，使得其嬗变过程可被视为针对客观现实及观念因素变化所做出的相应反应。例如殷商“人兽母题”青铜器不光具备端丽精美的造型，诡谲神秘的纹饰，更附丽时人精神世界的观照，是中国传统宇宙观、巫术观、自然观的物化喻体。他们“一方面呈现于感观的艺术作品应寓有一种内在意义，另一方面应把这内容意义和它的形象表现成为使人看来不只是直接存在的现实中的一件事物，而是人的思想和精神的艺术活动的产品”④。在特定的文化土壤中，孕育出厚重的精神积淀、宏阔的审美边际、丰富的情境承载，以及多义的哲理思辨。

德国现代艺术社会学奠基人之一恩斯特·格罗塞（Ernst Grosse，1862-1927）在他

① 霍然：《先秦美学思潮》，人民出版社，2006年，352页。

② 朱良志：《中国美学十五讲》第十二讲《饮之太和》，北京大学出版社，2006年，301、302页。

③ 刘敦愿：《说“文”与“文字”》，《美术考古与古代文明》，人民美术出版社，2007年，32页。

④ 〔德〕黑格尔著、朱光潜译：《美学》（第三卷）上册，商务印书馆，1996年，68页。

的《艺术的起源》一书中对艺术发生的问题进行了专门研究，并在这一领域做出了突出贡献[①]。器物制造同“生活世界”的关联融合使得商周青铜器的造型纹饰制造在当时全社会的观念因素中生发出辩证式影响。这里的“生活世界”是20世纪现象学派创始人，德国哲学家胡塞尔（Edmund Husserl，1859-1938）提出的一个重要理念，他认为哲学必须回归“生活世界”，而所有的经验世界就其内容而言，不仅包括外在于人的客观世界，也包括主体的意识认知及精神内核。因此，借由商周时期的主体心理结构，把握当时的精神意象便显得尤为重要。

关于“意象”一词，《辞海》是这样解释的：①表象的一种。即由记忆表象或现有知觉形象改造而成的想象性表象。文艺创作过程中意象亦称“审美意象”，是想象力对实际生活所提供的经验材料进行加工生发，而在作者头脑中形成的形象显现。②中国古代文论术语。指主观情意和外在物象相融合的心象。如南朝梁刘勰《文心雕龙 · 神思》：“积学以储宝，酌理以富才，研阅以穷照，驯致以怿（绎）辞；然后使之宰，寻声律而定墨；独具之匠，窥意象而运斤：此盖驭文之首术，谋篇尤端。”明清后专指借助具体外物，用比兴手法所表达的作者情思。

有研究者曾言，所谓意象，就是客观物象经过创作主体独特的情感活动创造出的一种艺术形象。简单地说，意象就是寓“意”之“象”，是用来寄托主体意识的客观物象。在比较文学中，意象的名词解释是：主观的“意”和客观的“象”结合，也就是融入创作主体思想感情的“物象”，是被赋有某种特殊含义和意味的具体形象，是借物抒情、以物传意。“意”就是意念，“象”就是物象。有一个想法后，把所要表达的情感用物象呈现出来，正如马雅可夫斯基所说：“用你的想象套上人间的这辆大马车去飞奔。”意象不是神秘莫测，而是创造者作者头脑中灵动一瞬的想法，观者通过创作主体的作品解读其中的意象美，也就是“审美刺激”[②]。

意象的审美范畴体现在艺术各领域。所谓精神意象，是指人的主体意识与客体存在的和谐相融，是主体情感及观念意识的对立统一，是“天人合一”初始观上的“心物不二”。

中国传统哲学重在生命，在研究天地万物时突出对生命的研究。人能够超越其他一切外在物质，将生命本体融入自然宇宙。同时，人、自然、宇宙又可以形成一个浑然一体、和谐完整的生命体，其核心要义就是生命本体的延伸与超越。在这种思维模式下产生的美学理念，必然是生命美学。“天地与我并生，万物与我为一。”（庄子）如果站在人与天分离的角度看，天是天，物是物，我是我，如果站在诗意的立场看，“我”与世界的界限打破了，“我”和世界融为一体，还归于世界的大本。中国

---

① ［德］格罗塞著、蔡慕晖译：《艺术的起源》，商务印书馆，1998年，30页。

② 陈倩、杨新亮：《〈静夜思〉中“月亮”意象英译评析》，《现代语文》2011年12期，147页。

哲学强调生命的流动性。而流动性，又是中国人对宇宙生命的根本认识。庄子反复强调的“天地与我并生”“磅礴乎万物以为一”云云，即是说“人在世界中”，人并不是在世界之外。人在世界中，是世界的“在”者，而不是世界的“观”者[①]。透过“人兽母题”这一文化符号，除了能看到外在表象传递给客体的视觉观感，还能使观者感受到背后牵涉的观念因素和精神内涵。此时此刻，主客体的感知方式与地缘文化及历时性的终极美学价值相互渗透，一方面感知方式预设了终极美学价值，另一方面终极美学价值又决定它所特有的感知方式。二者在“人兽母题”青铜器的制作过程中，显现为创作主体以客观物象为契机，通过为审美客体提供构筑情感依托与精神归属的感知方式，触发物象终极美学价值的萌动与勃兴。

凌继尧先生在《美术十五讲》第六讲《美乡的醉梦者》中说：“艺术活动作为一个系统，包括三个环节：艺术创作，艺术作品和艺术欣赏。艺术创作是一种艺术语言和创作，创作者把艺术语言凝定在艺术作品中，欣赏者通过体味、阐释艺术语言，和创作者的审美体验相沟通。艺术作品只有在艺术欣赏中才能实现它的价值。”[②]庄子将会通物我的纯粹体验境界称为“物化”。“化”于物，“我”就是“物”，没有了物我之间的界限。人本来就是世界的一分子，然而当人用主体的眼光看待世界时，似乎已经下意识地从世界抽离，世界称为“我”的“对象”，在人的“对象化”过程中，世界丧失了本身的独立意义，变成了主体知识价值的投射，人也在对象化过程中撕裂和世界密合的整体[③]。

中国艺术的最高价值不是模拟物象，而是通过“写意”以“参赞造化”。自古中国艺术就是追求写意的特色精妙的造型观。写意的形成背景可上溯到庄子、《易传》和魏晋玄学家的有关论述。《易传·系辞》云：“书不尽言，言不尽意，……圣人立象以尽意”，“得意而忘象”。认为感性形象比之于抽象的逻辑语言更能充分抒发和表达主体情思，因而“意”指人们主观的“心意”，《庄子·外物篇》云：“筌者所以在鱼，得鱼而忘筌；蹄者所以在兔，得兔而忘蹄；言者所以在意，得意而妄言。”这里“意”同样含义与上相同。魏晋玄学家王弼在《周易略例·明象》中说：“夫象者，出意者也；言者，明象者也。尽意莫若象，尽象莫若言。……象生于意，故可寻象以观意。意以象尽，象以言著。象者所以存意，得意而忘象。”这就是说，“意”唯有依靠“象”和“言”才能予以传达。圣人出“言”和明“象”的目的即在引导人们去领悟和把握“意”，而“言”与“象”只是达“意”或写意的手段和媒介。因此，一旦得“意”，即应舍却“言”和“象”，同时也只有不执著于“言”和

① 朱良志：《中国美学十五讲》，北京大学出版社，2006年，6页。
② 凌继尧：《美术十五讲》，北京大学出版社，2003年，93页。
③ 朱良志：《中国美学十五讲》，北京大学出版社，2006年，7页。

“象”、超越“言”和“象”，才有可能真正体悟和把握“意”之所在[①]。

而精神意象美，则是经过文化牵涉，将独立生物个体演化为包含深远文化内涵的图像语言，这种语言隐喻地折射出各时期的审美内涵与时代精神，进而使主体即人类的生命需要和审美索求得到满足。不过，这仅仅只是对精神意象美在概念上的诠释。因此，如果想要进一步研究和分析精神意象美，除对概念有所把握以外，还必须对“精神意象”这一审美范畴有一个比较全面的认知[②]。

以商代著名“人兽母题”青铜器后母戊（曾称司母戊）鼎和虎食人卣为例，它们之所以令时人赏心悦目，就是因为符合“心物不二”的精神意象美学，舒张了殷人敬神娱神的审美趣尚与精神意旨，使客观存在的物化喻体符合主体意识，树立了主体的情感心理地位。在这里，主体通过外在的“物”传达内在的“心”，凭借内在的“心”显现外在的“物”。在这一过程中，主客体的感知方式、美学价值得到了双重满足，情感得以抒发，心性得到寄托，适宜的心理快感和审美愉悦随之而来，“美”也就由此产生。

青铜器的造型纹饰是历时性和共识性的双重体现，是时代精神的“投影”，纹饰的嬗变显然不光附丽审美趣尚的变化，还与民族心理和思维方式紧密联系。主体的精神寄托在很多情况下与审美愉悦彼此交融、相互渗透。无论殷商、还是西周都各有其信仰体系及美学风格，包括生命归属和精神寄托。这种归属与寄托不仅以人与社会、人与自然的不同取向将个体生命的有限价值不断升华扩展，同时还影响主体对社会美、自然美的认知与理解[③]。

郭沫若先生曾在《殷周青铜器铭文研究》一文中形容著名青铜器莲鹤方壶“乃时代精神之一象征也”[④]。同样，透过商周“人兽母题”青铜器描述的人和动物共生的世界，我们亦可感知先民内心的审美趣尚及精神意旨，搜寻隐藏在器物背后的情感心理。

审美的含混性和审美的简单性是人类早期审美的两个重要特征。通过对原始造型艺术的分析研究，可以看出，人类审美意识的产生和发展主要取决于两方面的作用：一是人体自身特别是人脑及手的发达，二是外部的客观现实对人的作用。而这两个方面又相互作用，社会实践（主要是劳动）集中体现了二者相互作用的过程，从而对于艺术的发生及审美意识的生成起着几乎是决定性的作用[⑤]。尽管审美是人类自觉自愿的自发式精神活动，然而作为审美对象的“人兽母题”青铜器却必然符合相应的法则与

---

① 朱尽晖：《陕西炕头石狮艺术研究》，中国社会科学出版社，2009年。

② 邹朋：《原始崇高美》，贵州大学研究士论文，2015年，25页。

③ 廖群：《中国审美文化史》（先秦卷），山东画报出版社，2000年，8页。

④ 郭沫若：《殷周青铜器铭文研究》，科学出版社，1961年，213页。

⑤ 邓福星：《艺术的发生》，生活·书·新知三联书店，2010年，276页。

规范。影响这些法则规范的，除生产方式这个决定因素外，还涵盖诸如生活方式、信仰方式、思维方式等关键因素与环节的层层叠加和复合，使得殷周的青铜器发生时代剧变，由神权政治、巫风弥漫，转变为礼乐雅、文质彬彬。如果说商代“人兽母题”青铜器传递出的是浓烈“神权精神”，那么西周“人兽母题”青铜器牵涉的则是朴素是“人本意识”。

关于审美文化和主体意识的关系，李泽厚先生曾在其《美的历程》一书中的结语写道：“艺术与经济、政治发展的不平衡，艺术各部类之间的不平衡，使人猜疑艺术与社会条件究竟有无联系？能否或应否去寻找一种共同性或普遍性的文艺发展的客观规律？民作凋零、社会苦难之际，可以出现艺术的高峰；政治强盛、经济繁荣之日，文艺却反而萎缩。同一社会、时代、阶级也可以有截然不同、彼此对立的艺术风格和美学流派。……这都是常见的现象。客观规律在哪里？维克勒就反对做这种探究（见其与沃伦合著《文学概论》）。但我们并不能同意这种看法，因为所有这些，提示人们的只是不应作任何简化的处理，需要的是历史具体的细致研究；然而，只要相信人类是发展的，物质文明是发展的，意识形态和精神文化最终（而不是直接）决定于经济生活的前进，那么这其中总有一种不以人们主观意志为转移的规律，在通过层层曲折渠道起作用……。”①

审美意识是人类在审美活动过程中产生的自主状态，受客观存在和观念因素的影响与牵涉。商人已然拥有审美观念的自发意识，商代“人兽母题”青铜器在敬天畏神的时代审美主潮推动下，熔铸为一尊尊、一件件瑰丽厚重、精美绝伦的完美器具，从而向至高无上的神灵先祖传达虔敬之心、恭顺之意。此时的“人兽母题”青铜器，宗教性的情感因素与审美趣尚已然超越了器物本身的实用功能和装饰效应，处处渗透出神权政治的威仪神圣，无论是器形还是纹样，都显得稳定厚重，追求大、厚、重、精。此时的青铜器，以大为贵、以重为美，他们承载着殷商先民对神灵的敬畏和对先祖的怀念，维护王权的统治功能，担负时人娱神媚神的使命，充当祭祀礼仪中必不可少的重要组成部分，顺应时代精神的情感心理和艺术传达。

这些神秘诡谲的“人兽母题”青铜器，不仅是殷人原始宗教信仰和稳固统治的重力砝码，还展现出先民对客观世界的细致观察，对美好生活的向往热爱，对生命意义的求知探索和对终极宇价值的朴素哲思。

《易经·系辞》有云：“形而上者谓之道，形而下者谓之器。”透过形而下的审美物象来透视形而上之美学观念的努力，以及通过对商周青铜器在时代特征、造型及纹饰等方面的对比，可以看出，商代的青铜器更加侧重于对主体精神生命的满足。这一点主要体现在商代“人兽母题”青铜器的祭祀功能上。

“给予艺术以生命和效果的因素——不是某些构图原则或者某些完美的理想，

---

① 李泽厚：《美的历程》，文物出版社，1981年，211～222页。

图9-1　日本东京泉屋博古馆藏商代晚期虎食人卣
（日本东京泉屋博古馆官网）

而是感情的直接流露，是符合于感情的形式。”[①]我们知道，青铜器在商代主要用于仪礼祭祀。尤其是殷商时期那些厚重、富丽、神秘的青铜重器，更是先民敬畏天地、实现人神沟通的物质载体，是尊神敬天的重要工具。人类渴望提升自身价值的愿望是原发且无止尽，饱受自然束缚和压制的殷商先民一方面有改变现状的强烈欲望，一方面又不得不将希望寄托在比自己强大许多的客体——神灵先祖身上。他们在生产制造青铜器的过程中，更多的是在揣测天地鬼神的心理，而非自身的实际需要。一些时候，由于受“服务祭祀礼仪为第一要务”这一观念因素的制约，一些器物的实用性甚至受到影响，导致使用起来非常不便。以虎食人卣为例，虽然它从视觉效果上使人赏心悦目，但其形制造型，无论是器物重量，还是提梁、器盖、器流的设计，均不符合实际需要，以致不便使用。这当然不是先民们缺乏造器经验，而是他们有意为之（图9-1）。

因为虎食人卣的功能用途是为了忠实地服务神圣庄严的神灵先祖，其实用性只能退而求其次。当然，巧思精妙的设计理念及高超娴熟的制作工艺弥补了器物造型的瑕疵，尤其是在艺术表现手法上，装饰语言的灵活运用，线条刻画的成熟到位，使得这些被赋予神谕及生命双重光辉的青铜器营造出深邃的空间距离，为后期造器纹饰设计产生了深远影响。

纹饰是青铜器绚丽多姿的美丽外衣，是沟通情感的桥梁，是诉说内蕴的心窗。由于宗教、政治等因素，加之生产方式、生活方式、思维方式的综合作用，商代青铜器纹饰达到了中国古代器皿纹饰的第一个高峰，附丽在殷商“人兽母题”青铜器上的那个时代虽然已离我们远去，其年代杳然，文思斐追，然而通过共通的审美心理和艺术哲思，我们依然有可能切中那个距离我们已三千多年的古老时代脉搏，感受他们复杂的情感世界。

---

① 〔英〕赫伯特·里得著，刘萍君译，周子丛、秦宣夫校：《现代绘画简史》，上海人民出版社，1979年，132页。

第二节　周　　代

西周初年周公等人制礼作乐，实现政治与艺术的合二而一，在意识形态领域建立了稳固的思想统治基础，此乃周公治国方策的高超之处[①]。相较“国之大事，在祀与戎”（《左传·成公十三年》）的商代，周代青铜器的总体风格既有商代遗绪特征，又具独特审美价值。在造型上，蕴藉浓厚的礼制化色彩，表现为雄浑、庄严、稳重，在用器制度上，较商代人更侧重对权利、身份和地位的关注。

西周“人兽母题”青铜纹饰，一方面对前代青铜纹饰有所继承，另一方面又结合当时的社会背景和自身的民族特色，无论在纹饰的结构特征，还是表现方法方面，均形成了鲜明的时代特征。西周早期的青铜器在商文化影响与启发下生发。礼器、兵器、车器在造型上多模仿旧习，延续晚商风格。器形凝重厚实，造型变化不大。此时的“人兽母题”青铜纹饰布局注重整体效果，讲究各元素之间相互协调，风格神秘诡异，纹样繁复华丽。需注意的是，虽然晚商和西周早期的青铜器纹饰几无二致，但这并不意味着周人和商人的思想观念是相同的。因为从精神反映到物化，需要一个较为漫长的过程，不可能一蹴而就，加上改朝换代这样特殊的社会背景，更减缓了精神的物化过程。因此，直到西周中期，由于政治稳定及文化成熟，周人自己的思想观念才真正开始逐渐反映在“人兽母题”青铜器上，其表现手法与结构布局出现了前所未有的变化。

由于生命需求的转变及人本意识的觉醒，到了西周早期后段，殷商盛行的巫术宗教传统渐渐失去神圣地位，“人兽母题”青铜器特有的狰狞、恐怖，以及威吓的宗教神秘色彩已逐渐淡化消退。青铜器已不再是不可僭越的“神器”，转而成为“国之重器”，诸如“问鼎轻重”“一言九鼎”之类的成语典故就是对此时青铜器侧重社会生命的生动写照。随之而起的是追求自然、追求舒适自由的审美心理，它逐渐取代商代“人兽母题”青铜器的拘谨沉闷，创造性地向人性化方向发展。其中最为典型的实例就是人物纹和动物纹由原先或凝重威仪，或诡谲神秘的模式，转变为较为真实的世俗景象，为“人兽母题”青铜器增加了生动多样的视觉效果。很显然，这无疑是主体生命需求层次变换的结果[②]。

西周“人兽母题”青铜器的风格是艺匠在创造过程中受集体意识的支配而独具的风格方式。这种造型风格有别于殷商艺术所追求境界及视野，更多关注其社会生命的整体特征塑造。青铜工艺的演进，促进了审美理想的物化，在西周“人兽母题”青铜器的造型纹饰审美中，充分吸收了新社会形态中的精神内涵和生活习俗，将社会各阶

① 霍然：《先秦美学思潮》，人民出版社，2006年，178页。

② 邹朋：《原始崇高美》，贵州大学硕士论文，2015年，28页。

层，尤其是统治阶层的意识形象化地熔铸于那些精美典雅的器物之中，从而形成了独具时代特色的青铜艺术风格。正是在这样的社会思潮作用下，西周“人兽母题”青铜器毫无疑问地具有等级地位的象征意味。此时的“人兽母题”青铜器中，人物时常以守门刖者形象出现。例如庄白刖人守门方鼎、赤峰刖人守门鼎、故宫博物院藏刖刑人方鼎、茹家庄刖刑奴隶守门方鼎、日本东京泉屋博古馆藏中国刖人守门方鼎、刖人守囿六轮铜挽车等，这很明显是王权政治下等级制度的物化喻体。

与此同时，如山西省曲沃县北赵晋侯墓地Ⅰ11区M63邦父次夫人杨姞墓出土鼎形方盒、陕西省闻喜县上郭村墓地M49出土人足虎耳双盖方盒、山西省曲沃县北赵晋侯墓地M63出土立鸟人足筒形器、山东省枣庄市山亭村小邾国墓地M3出土虎纽方奁、台北故宫博物院藏人足兽鋬铜匜等。这些器物中的“人”以裸身负器形态出现，外表和贵族截然不同，显然是奴隶、囚犯或者战俘，尽管不再被殷商时期的神秘怪兽“吞噬”“控制”，却被熔铸了挥之不去的等级樊笼。需特别指出的是，虽然铜器上的人物形象很少，然而必须承认，此时的西周“人兽母题”青铜器顺应了历史潮流，朝向理性化方向发展，是思想的解放与革新。“人兽母题”中的人，已然和殷商时期那些头上长角、周身斑纹、浓眉獠牙的神秘诡谲，不似凡人的“神人”大相径庭，身形面容一看便知是现实生活中的普通人，且增强了一定写实性，更接近人的本来面目。

在审美追求上，西周“人兽母题”青铜器同样折射出当时的社会风气，并较前代更为现实，重视抒发性情，已然从神魔世界走向凡人百姓。诸如甗盉、鸟盖人足盉、铜牺立人擎盘等，无不展现人间烟火的世俗风情，流淌拙朴自然的生命律动。动物纹的神秘色彩也被淡化，由威慑狞厉的森严恐怖转变为传意达心的意趣横生。此外，立体圆雕的熟练运用，使得这一时期的“人兽母题”青铜器显得更加华丽精致，刖人守门方鼎、刖人守囿六轮铜挽车等，突破以往端丽严谨的局限，饱含生命的律动，显得精巧而不繁缛，细腻而不拘束。

和殷商相比，西周时期的“人兽母题”青铜器明显更加突出器物的实用性，这和意识形态、时代风貌，以及情感心理的嬗变息息相关。“以神为本”的宗教祭祀文化正逐渐转变为“以人为本”的伦理道德文化。此时的“人兽母题”青铜器，既体现礼乐雅和的文化机制，又符合服务实用的器物功能。

和商代以“神权政治”占据时代主流不同，西周的政治主潮是“王权政治”。作为强大的王权专治国家，西周建立了一套以血缘宗法为纽带、以礼乐制度为核心，比殷商更加完备的统治机构。此时，先民对自身的认知理解已远超越前代，要实现主体价值，维护自身利益，无需将所有希望寄托在高不可攀的神灵和上帝身上，而是寄由主体意识通过自身努力得以实现。周人根据使用者身份，制定出一套详细严格的等级划分制度，借以维护并巩固统治。这不仅直接推动了延续中国两千年封建王朝宗族礼法文脉根源的形成，还为后世儒家文化的萌发提供了历史的“催化剂”。

中期开始，容器的腹部逐渐加宽，足部变短，出现小垂腹。如晋侯墓地出土立鸟人足筒形器。中期以后，随着青铜器礼制化色彩日渐浓厚，青铜器的总体风格浑厚稳重，大部分器物开始重心下移，以刖人守门方鼎为例，袋状腹的运用使得器形整体视觉更为稳固。有研究者认为，如果纵观周代青铜器，我们就会发现许多器物的中心都是下移的，因而在视觉上给人一种非常稳固的架势，其中一些器物还有意加上底座，以增加自身高度，其目的旨在突出庄重与威严之感。

此外，由于受“天圆地方”观念影响，西周“人兽母题”青铜器还比较注重方与圆的和谐关系，直线与曲线的交叉运用等，在挺拔、向上的直线中合理地加入舒畅、轻快地曲线，更好地展现器物的力度与美感。加强了器物的形式美，既颇具威严，又不失活泼[①]。也正是如此，西周“人兽母题”青铜器的力度和美感才展现得淋漓尽致。

西周中期“人兽母题”青铜器题材内容丰富、构图形象生动，不仅深刻反映了当时人们的生活习俗、思想观念，还表现出成熟的铸造工艺和独特的审美风尚，其艺术风格主要体现在以下几个方面：

首先，装饰手法成熟多样。青铜器虽形体厚重，形制固定，造型变化不会太大，但根据造型需要，雕刻出形象各异、种类繁多的纹饰却是能做到的。西周“人兽母题”青铜器采用几何划分，线面结合的方法，形式多变，布局严谨。线刻方式分阴、阳两种，两者相错，应用灵活，使纹饰富于立体效果。

如西周时期的陕西宝鸡竹园沟M13出土西周早期人首銎内钺上的三重满花，以线刻云雷纹作底，以高浮雕饕餮纹为主，再加上圆雕的人首和镂空的游龙，其主题纹饰与辅助纹饰相得益彰，有机融合，使人物造型生动、栩栩如生；动物深沉凸出，线条雄健。这种综合运动重叠效果的装饰方式再配上那沉着、坚实、稳定的器物造型，恰到好处地体现了出原始，尚难以用概念性的语言来表达的情感、观念和理想。另外，这个时期的工匠们还采用了浮雕、圆雕、透雕多重工艺结合的方法。如闻喜县上郭村出土的西周晚期刖人守囿车，车身有鸟、猴、虎等动物，与《周礼》“刖人使守囿”记载相吻合。全车可转动部位达15处，具有线刻、浅浮雕、高浮雕，圆雕，透雕等多种表现方式，堪称西周青铜艺术中的精品。构思奇特，制作精巧，目前全国仅发现一件（图9-2）。

图9-2　山西闻喜县上郭村出土的西周晚期刖人守囿车

其次，象征寓意源深流远。青铜纹饰是时代精神的象征，它凝结着一个时代、一个民族的思想意识。西周“人兽母题”青铜礼兵之器的造型及纹饰的文化内涵极具

① 朱志荣、周琰：《西周青铜器的审美特征》，《上海师范大学学报》（哲学社会科学版）2007年第4期，73～79页。

象征寓意，其纹饰图案的表象背后，隐含着深刻蕴意，不仅寄寓当时贵族和普通民众对自然的崇敬与利用，同时还象征着西周社会的政治权力与等级制度。无论是匍盉、“人兽母题”车辖、还是刖人守门方鼎，都寄寓了丰富的意蕴。西周中期以后，礼器繁盛，青铜器的大小、形状、纹饰，均代表不同仪礼等级，反映了周人的精神追求和生命意识。丰富多彩的“人兽母题”青铜器承载了西周先民礼乐制度中的文质彬彬，规矩典雅中的崇文尚实。

图9-3　1988年平顶山应国墓地西周时期M50出土山西曲沃县北赵村M63晋穆侯次夫人墓出土立鸟人足筒形器

最后，人本思想的萌动生发。西周中期以后，尤其是晚期，在王室衰微、礼制崩溃、政治多元格局的背景下，象征王权的青铜礼器从顶峰逐渐衰落，加之艺术风格上的清新活泼，“人兽母题”青铜器表现出世俗性的风格特点①。“人兽母题”青铜器的符号化和象征意味更为深远，写实动物形象更加灵动活泼，同时蕴蓄时人精神内涵的情感寄托，在一定程度上肯定了人的生命价值，彰显出人性的觉醒。

1993年曲沃县北赵村M63晋穆侯次夫人墓出土的立鸟人足筒形器，盖和口沿各有一对贯耳。振翅的圆雕立鸟为纽，下有方座，四面各有一个人形足，人为裸体，发髻高耸，下蹲作奋力状。座内挂两只小铃，这种奇特的形制，尚属我国青铜器中首见（图9-3）。

图9-4　匍盉
（平顶山博物馆官网）

1988年平顶山应国墓地西周时期M50出土的匍盉。其器身为鸭形，器盖与器身相连处为一位头束发髻，身穿束裙，脚蹬短靴的女性，造型新颖，设计巧思，将艺术审美与生活意趣完美结合（图9-4）。

1993年山西北赵晋侯墓地M31晋献侯夫人墓发现的鸟盖人足盉。足为两个半蹲裸人，头上无发，双手撑膝，躯干前倾，双足叉立，吃力地将庞大的盉背负起来，构思奇特，造型别致，从平面阴刻到立体圆雕，从几

① 王世民：《关于西周春秋高级贵族礼器制度的一些看法》，《文物与考古论集》，文物出版社，1986年，158～166页。

何到象生，有对前人造物观念的继承发扬，也有时人创造性的自我发展（图9-5）。

图9-5　1993年山西北赵晋侯墓地M31晋侯夫人墓发现鸟盖人足盉

由于不同地缘文化的人生活方式、人文风俗、审美意识，以及思维观念皆有不同，使得器物的艺术风格也不尽相同。不同地域青铜风格的形成，与该地的主流思想和工艺传统密切相关。西周“人兽母题”青铜器在器物造型及纹饰等方面都很有地方特色，这和时人生活习俗和文化习俗有关。早期西周“人兽母题”青铜融合了殷商文化及自身文化，就器形而言，相当一部分是在殷商同类器物加以改造的基础上形成，明显体现了两种文化相融的面貌①。从总体效果看，西周先民在铸造“人兽母题”青铜器时，既有对前人经验的继承借鉴，也有自身的创造智慧及独到的审美意趣，逐步形成了独特的风格特色，以灵活的线性纹饰弥补了体块特质的不足，赋予了厚重庄严的青铜器以生命气息。在布局上，充分考虑器物的用途及性质。同时，纹饰的选用也充分适应器物特点，考虑到器形轮廓的变化，与器物造型相得益彰。精美的造型及多样化的纹饰，体现了西周“人兽母题”青铜器高超的艺术成就，同时也因鲜明的风格特征显得更具魅力。周朝的统治者吸取商人“贪酒亡国”的教训，很少饮酒。西周青铜

① 曹玮：《关于晋侯墓随葬器用制度的思考》，《远望集》，陕西人民美术出版社，1998年，294～301页。

器中，酒器数量较前代锐减，礼器多数为食器或炊器。“人兽母题”青铜器也多见于车马器，纹饰风格质朴简练，线条自然疏畅，给人的感觉不再那么神秘莫测，而是多了几分生命化气息。加之中期以后，奴隶制式微，使得青铜纹饰更加趋简尚朴。到了晚期，由于铭文的日益增多，礼器制作更为粗率简陋，纹饰逐渐简化写意，富有图案趣味。雕刻多为线刻法，浅浮雕较少见。

就西周青铜艺术而言，它经历了一个由繁复华美，端庄威严，向古朴优美，清新自然演进的过程，西周“人兽母题”青铜器的艺术风格也是如此。需要注意的是，由于地理环境、生活习俗、审美心理、装饰风格的差异纷纷体现在器物的造型和纹饰上，使其艺术风格更为世俗生机、灵动质朴。

历史推进到了东周，生产力继续发展，周王室的权威地位生根本改变，诸侯国政权割据、相互征伐，青铜器渐渐成为王公贵族身份、权力和地位的象征，加之恰好步入人类历史上辉煌的“轴心时代”，以“士”为核心的文化体系开始逐渐崛起，观念的解放催生思想的自由，宗教王权已然失去统治地位。凡此种种，致使青铜制造步入一个较前代任何时期都更为恣意灵动的“新时代”。该时期的“人兽母题”青铜器更加侧重对力量的炫耀和生命的赞颂，寄托创作主体对生命价值的探索诉求和对时代工艺的美学理想。他们将一件件器物打造得意趣盎然、大方实用。人物纹较西周“人兽母题”青铜器更显洒脱灵动、自然写实，动物纹也更加憨朴可爱、栩栩如生。无论是题材还是内容，都颇具生活化和世俗化，极富生活气息与生命律动。同时，由于生活方式不仅有时代和等级差异，同时还带有民族和地域特征，因此我们需要将一个时代的情感方式还原到其特定的生活方式中加以理解①。在呼唤“新时代”的春秋战国，生活方式对审美文化的影响与渗透是广泛且多样的，无论是狩猎纹铜镜还是铜牺立人擎盘，都首先是生活用品，其次才是赏玩对象。

伴随着新工艺的出现和应用，这一时期的装饰风格更加精美圆熟，在写实性的基础上更注重画面动感，颇富情趣，充分表现生活与艺术的密切关系②。装饰手法方面，西周时期的圆雕、浮雕、浅浮雕等手法的综合运用转变为以线刻法为主的图画式装饰。不仅蕴蓄秦汉画像艺术的发展基础，还显示春秋之际造型艺术从装饰艺术独立派生的发展倾向③。随着生产力和社会经济的进步，新观念和新技术层出不穷，新手法与

① 廖群：《中国审美文化史》（先秦卷），山东画报出版社，2000年，7、8页。

② 朱志荣：《夏商周美学思想研究》，人民出版社，2009年，373页。

③ 宗白华在描绘莲鹤方壶的文化意义和美学价值时曾说：“但是实践先于理论，工匠艺术家更要走在哲学家的前面。现在我们有一个极珍贵的出土铜器，证明早于孔子一百多年，就已从“错彩镂金、雕缋满眼”中突出一个活泼、生动、自然的形象，成为一种独立的表现，把装饰、花纹、图案丢在脚下了。表现了春秋之际造型艺术要从装饰艺术独立出来的倾向。尤其顶上站着一只张翅的仙鹤，象征着一个新的精神，一个自由解放的时代”。载宗白华、林同华：《宗白华全集》第3卷，安徽教育出版社，1994年，451页。

新工艺琳琅满目。青铜器制作在镶嵌、鎏金、错镂方面取得显著成就。黑格尔在《美学》中说：“自然美的顶峰是动物的生命美。而最高级的动物美正是人类形体的优美。”[①]东周“人兽母题”青铜器对人物和动物的美的刻画较前代来说已然发挥到了极致。完全可以说，东周“人兽母题”青铜器是时人谱写的一首首对生命活力的赞歌，其形制、纹饰、风格皆被赋予时代的底色与风貌，从威仪庄严到从容不迫，从严整肃穆到泰然自若；神秘未知的天界上苍回归和光同尘的真实大地，诡谲狞厉的神秘怪兽蜕变为憨朴天然的自然天成。摆脱繁缛诡谲的造型纹饰，摒弃夸张变形的体态特征，诡异的长角、神秘的斑纹、庞大的身躯已然消失不见，显得活泼生动，拙稚亲切，实用功能与审美价值至此已经发展至高度的融合。1953年和1954年山西省长治市分水镇古墓出土的铜匜，虽然全形已然无法复原，仅剩一段流，且器壁甚薄，但器物内刻画的屋宇、鸟兽、林木、人物纹样等极具动感和装饰意味，显得生动活泼、自然可爱，体现出新的时代风采与精神风貌，向人们展示着东周时期特有的情感抒发与精神寄托（图9-6）。

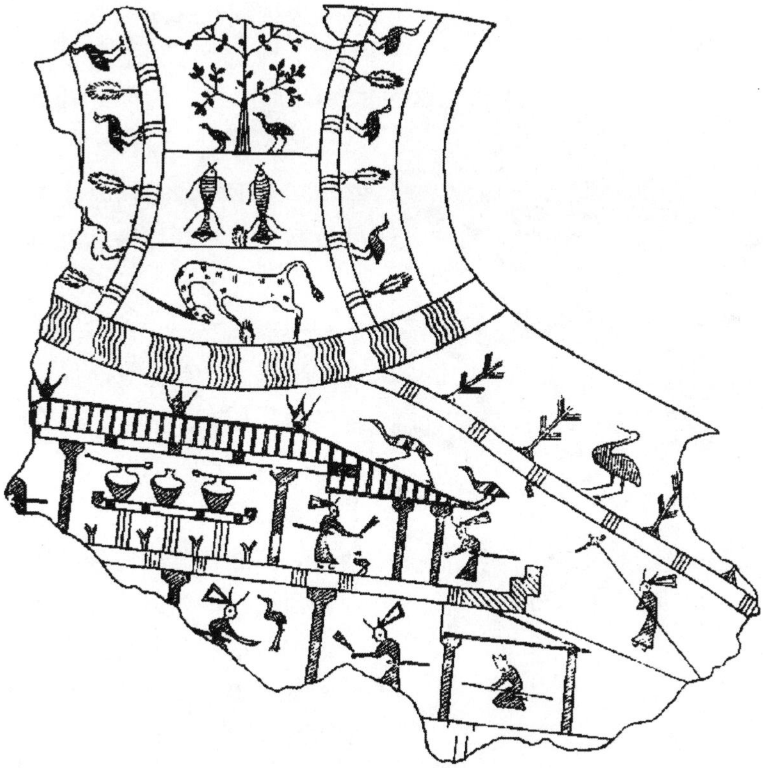

图9-6 山西长治市分水镇古墓出土铜匜残片线图

（山西省文物管理委员会：《山西长治市分水镇古墓的清理》，《考古学报》1957年第1期，109页）

① 〔德〕黑格尔：《美学》第1卷，商务印书馆，1979年，188页。

1965年山西长治分水岭战国大墓出土的铜牺立人擎盘，牺竖耳，蹄足，短尾，身饰鳞纹，颈饰贝纹，腹饰绹索纹及云纹，尾饰垂叶纹，肩、臀部饰卷云纹。牺背站立着一位擎盘女俑，五官翔实，披发及肩，身穿长袍[①]。造型奇巧，工艺精湛，华美大方，充分展现晋国青铜制造业的高超技术（图9-7）。

图9-7　铜牺立人擎盘

传洛阳金村出土的错金铜镜，其上的骑士刺虎图像，描写的是骑士猝然遇虎，战马踯躅，骑士准备跃马与之搏斗的刹那情景。画面中的猛虎一反传统地以侧面形象表示动物程式，身体扭曲，着重背部表现，四肢或隐或显，口吻爪趾的刻画均颇为细腻，既描绘出了“张牙”，又表现出了“舞爪”，于方寸之间，充分体现困兽犹斗的精彩情景（图9-8）。

图9-8　河南洛阳金村出土错金铜镜上的骑士刺虎图

（刘敦愿：《美术考古与古代文明》，人民美术出版社，2007年，243页）

综上所述，商代“人兽母题”青铜器与宗教巫术和王权政治密切相关，显得抽象怪诞，繁复神秘。西周礼乐制度的加强使得周代的人文风貌规矩典雅，崇文尚实，朴素端方，“人兽母题”的神秘意味逐渐淡化，然而礼制的强化和等级制度的森严使得奴隶、战俘、刑余之人形象时常出现。时至春秋战国，描绘现实生活如狩猎、骑射等内容的“人兽母题”纹饰脱颖而出。“这一变化过程说明，即便是在殷商、西周这一竟鬼事神风气盛行的时期，纹饰仍然也是一种对器物起着美化装饰作用的重要手段，只是此时这种功能已屈居于宗教外衣之下，无法得到自由独立的表现。但难能可贵当时，后期的青铜纹饰，终于从宗教的‘铁窗’里解放出来，成为青铜艺术家们表现才华的主要工具，并

---

① 边修成：《山西长治分水岭126号墓发掘简报》，《文物》1972年第4期，39页。

得到了自由而充分的发展。”[①]灿烂辉煌的青铜器，是商周文化的重要载体，极大丰富了青铜文化内涵。它们强调的不仅是外在的物化观照，还有内在的精神流动。不光是对外物的追求，还是对生命的安顿。它们不是简单的造器方式，而是用心灵谱写的时代乐章，反映的是一种时代精神、一种时代气质，使我们得以管窥当时的文化生活、艺术风貌、政治制度，以及宗教信仰。其承载的造型意识、装饰观念和审美内涵，将长久地在中华民族的文化血脉中流淌。正因如此，本书所选取的中国商周青铜器上的“人兽母题”纹饰，皆围绕精神内涵与审美文化而论之，而“人兽母题”青铜器蕴藉的美学思想发展史，实际上也是一部浓缩的中国商周美术发展史。一系列深藏于历史长河的哲思奥秘，等待后人去探寻、去追索，笔者的主要意图，就是希望能够和读者一起，挖掘背后牵涉的观念意识及审美思潮，顺应中国美学源中之源的历史文脉和因革轨迹。

① 向中华：《青铜的历史》，新世界出版社，2006年，56页。

第十章　结　　语

人类社会是一个多维构筑的文化机制综合体，包括文化生成与文化体验，在漫长的历时发展进程中涌现了森罗万象的文化符号，只有透过这些符号的深层意涵，才有可能挖掘并窥得其内在律动。笔者选取中国图像文化符号之苑中一个重要成员“人兽母题”，它牵涉政治、军事、文化、艺术、宗教等领域，由多种因素综合铸就，凝聚丰厚文化内涵，经历漫长历史变迁，折射嬗变精神风貌。它建立在自然之道上的文化属性，既是历史意识的有力见证，又是主体创造的物化观照。即便在当代，在民众中也有广泛影响。嬗变多姿的商周“人兽母题”青铜器，是时代精神的“投影”，它的多姿，是由于文化情态的多样性，它的嬗变，印证了社会历史的变革道路，同时也体现人类对自我、对生命、对自然宇宙的逐步理解与认知，蕴含再现文明密码的重要历史信息。笔者通过从三代青铜器的吉光片羽中提炼“人兽母题”纹饰的重要代表，探寻文脉源头，梳理类型划分，从造型本体、文化内涵和审美心理等视角多维研探该图式的内在精神性及艺术特质，初步得出了以下四点结论：

一、意属文化符号

“人兽母题”纹饰是历经漫长岁月演化、由多种因素综合铸就、凝聚时代特征与精神的文化符号。这种符号，将人与动物两者的生物对象升华，经过文化牵涉，将两个独立生物个体演化成包含深远文化内涵的图像语言。将“人兽母题”纹饰定位为文化符号和视觉隐喻，是本书的主旨，全书通篇都在围绕“符号”这一属性展开论述，一方面论及商周“人兽母题”纹饰的因革嬗变，另一方面讨论它的文化多样性与复杂情态，同时分析它折射出的审美内涵与时代精神。

在浩如烟海的商周青铜器中，有关“人兽母题”的器物虽然数量不多，却展露出华美富丽、震慑人心的精神魅力，呈现给观者丰富多样、耐人寻味的艺术气氛。

早期的“人兽母题”图像，是在客观存在的具体物象基础上创造的“新形象”，不仅是表象的介质，也是观念的隐喻。早期阶段主要表达的是时人浓厚的宗教情结，是对自然宇宙的服从与表白，是苦难社会的积极力量，它不仅是艺术的想象，还是原始宗教信仰的证明。

到了商代，“人兽母题”青铜器显示出神权政治的威严和力量，是权力与地位的象征，突出了一种指向，一种无限深远的原始力量，积淀深沉厚重的历史感受，散发神秘朴拙的审美内涵。它们之所以具有神秘莫测的力量，是因为作为象征符号的图像纹样暗合附丽于殷人社会生活方方面面的崇神尚力与巫风弥漫，是因为它们不仅传达出装饰意味的形式美，还在沉稳威仪的造型和巧思精美的纹样中牵涉时人内心无限、原始、很难用概念语言表达的原始宗教、主体情感及观念意识，是“天人合一”初始观上的“心物不二”。在这些表象外，再配以沉着、坚实、稳定的器物造型，使思想熔铸造物，将观念植入情境，成功映射出时代的思想气息。通过对目前发现的“人兽母题”青铜器的分析梳理，笔者认为厚重、威肃、富丽的“人兽母题”集中反映了殷商时期的审美理想。因此，“人兽母题”青铜器并非主体映现客观存在的直观“真实形式”，还是观念植入情境的“视觉隐喻”，是积淀有大量时代精神和社会情感的物化喻体。

随着时代变迁，“人兽母题”青铜器的造型纹饰逐渐由诡谲神秘走向世俗平实，母题中的“人”由被动变为主动，由配角成为主角，其含义也逐渐趋向力量的炫耀与人性的舒张。这是主体意思随社会发展而进步的物化喻体。此时此刻，先民已然从对自然的敬畏无知，成长为认知、了解自身，进而力求通过自身努力，顺应自然、改造自然。依文化属性和审美风格判断，“人兽母题”纹饰的文化含义和社会功能的嬗变恰好生动地体现了这种转变。从这个角度看，“人兽母题”艺术形式的生成、嬗变和式微，本质上也反映了中国文明起源的重要史实。

二、牵涉观念嬗变

“人兽母题”纹饰很可能肇始于新石器时代中晚期，历经夏、商、西周三代发展，至东周开始丰富并转型，这期间经历了一个明显的嬗变过程。在这个过程中，有一点可以肯定，那就是它强调了一种力量，这种力量可能是人力，也可能是人力以外的某种神秘力量。“人兽母题”纹饰所传达的，就是人与动物之间此消彼长的关系，而它的起源与发展，则正是中国文明起源与进步的物化观照。

商周时期，“人兽母题”青铜器暗合文化中心焦点，是历时性与共时性的物质反映，承载了时代的特殊社会功能，在传承过程中存在明显嬗变，在长期发展积淀里形成不同类型。“人兽母题”主要见于容器、兵器、车马器、乐器、铜镜、杂件六部分，据形制结构和纹饰构图不同，可分“人兽互动”“人兽同体”和“人兽同器”三类。其中容器主要包括尊、卣、鼎、觥、壶、鬲、豆、钫等；兵器有钺、戈、刀；车马器多为车軏及车辖；乐器有鼓；此外还有铜镜和饰件。早期“人兽母题”青铜器中的人物纹，形象诡谲怪异，或头上长角，或巨嘴兽耳，或齿牙森列，或遍体文身；怪兽也颇为夸张、显得神秘威仪，不似人间之物。随着时代发展，“人兽母题”青铜器的文化内涵和象征意义逐渐产生变化。人物纹与动物纹的外在形态也随之发生转变。两周“人兽母题”青铜器中的人物纹多以现实生活中的人物形象出现，其中西周常见战服、奴隶、刑余之人形象，而到了东周，贵族和平民的狩猎、斗兽等世俗生活场景则时常跃然器上；动物也愈加写实自然，贴近生活。商代“人兽母题”青铜器主要出现在礼器或礼兵之器上，未见车马器；到了西周，“人兽母题”青铜器则以车马器为主，礼器不见。

早期“人兽母题”纹饰主要体现的是时人深切的宗教欲望和图腾崇拜，是对自然的服从与表白，不仅是艺术的想象，还是原始宗教信仰的体现。文明时代来临后，“人兽母题”纹饰逐渐演变，在“率民以事神”的商代，“人兽母题”青铜器富丽神秘，威仪厚重，折射出时人的审美意趣和精神追求。历史来到西周，附丽于“人兽母题”青铜器的神权政治和巫觋风俗逐渐淡去，大多数器物以附属性装饰出现，总体风格趋向务实沉稳，显得刚柔兼济、整齐匀称。随着历史发展，到了东周，中国已然进入一个个性舒张，激情澎湃的时代。礼乐式微，俗风流行，此时的“人兽母题”纹饰逐渐走向一种对美好生活的向往，以及自我意识的追寻与肯定上。在社会的剧变下，艺术构思无疑“象征着个性自由解放的时代”。人物纹开始占据主导地位，从配角变为主角，驭兽、捕兽、猎兽画面时有出现，这反映的是先民自我意识的觉醒及时代气息的转变。显而易见，作为社会生活重要载体的青铜器，“人兽母题”纹饰折射出观念意识和文化机制的时代“投影”，显现出“人”由“天命不僭”到“天命靡常”，再到“天道远，而人道迩”的心路历程，谱写出后世人本主义思想确立的先声。

透过商周“人兽母题”纹饰的嬗变过程，我们可以敏感地觉察到，母题图像的视觉表现方式与它所处时代的文化背景及社会风貌密切相关，也和时人的观念因素联系紧密。观念因素影响并决定图像表现方式的转变，而图像表现方式的转变，反过来验证时代风貌与精神的变迁。思想模式与母题图像之间，是决定与被决定的关系，母题图像生存的物质及人文环境，时人的思想观念与行为意识等因素影响了母题的视觉表现方式，并刺激着它的流变。

三、附丽造物美学

人类造物活动的最本源动机不外乎为自身的生产、生活提供便利，或满足主体精神生活的需求。夏商周三代，被视为国家政权象征的夏鼎，自沉于泗水后再也没有重现人间，令人无法窥探其风貌。幸而其后于商周的“人兽母题”青铜器不断被人发现，这才使得我们得以从中领略相关造物法则与审美趣尚。

商周时期“人兽母题”青铜器的审美气象及其具体含义，可以从内在和外在两个层面来理解。内在的历史文化意蕴凝结显现在外在直观的感性表现形态下，构成了

“神人以和”“天人合一”“心物不二”等审美气象。

从“人兽母题”青铜器的直接表象层面上说，它主要表现为时人的审美文化活动或青铜器作品的体量之巨、规格之高、造型之巧、纹饰之精、技法之繁等，无论是殷商、西周还是东周，均达至无所不用其极的程度，这无疑是一种外在、感性、直观的表象。

如果从“人兽母题”青铜器的历史文化意蕴上来说，附丽在表象层面之后的观念因素，并非纯自然形态，它们内在凝结着商周时期特有的审美尚趣的物化喻体，商周“人兽母题”青铜器，是从礼器变为日用品，从幻想转为现实，从“天上”走向“地面”、从“天界”步入“人间”的转换，这从根本上说属于商周文化理想、人生哲学和审美传统的深刻体现。这也从另一侧面构成了商周审美文化是从神性向人性的回归这一观念内涵。

透过“人兽母题”青铜器的文脉追溯，我们发现它所渗透的审美文化及其合理内核，实际上与中国美学正在追求的审美境界息息相通。无论是瑰丽的造型、诡谲的纹饰，还是精工的刻镂、深刻的内涵，其独树一帜的视觉艺术、装饰观念和审美意识都对后世的造物艺术有明显辐射，长久流淌在中华民族的血脉中，对后代艺术发展产生极大影响。

四、折射时代精神

作为文化符号，商周“人兽母题”纹饰通过“人”的视觉，达成一种隐喻象征，而支撑这种隐喻的，正是时代精神的根基。商周“人兽母题”纹饰不仅是社会制度的映射，还是时人心理结构的物化观照，是商周人精神世界的真实写照。它所传达的，不仅是时人客观存在的世俗生活，还代表贯穿于商周人生命主题中永恒的精神追求，是商周艺术主流创作取向和主流观念的“投影”。

商周“人兽母题”纹饰，是时人在漫长生命活动中遗留下来的一抹痕迹，是生命意识的一种呈现，是一种视觉隐喻。尽管它嬗变多姿，使人迷惑好奇，让人渴求解索，然而作为一种文化符号，它始终都是时代风貌的文化标识，是时人心理变迁的图像徽记。从演进时间看，尽管它在不同时期呈现出不同情态，但它的造型设计，它的功能表达却始终符合时代的审美风格和文化气质。它充满张力的艺术表达，恣意饱满的艺术旨趣，以及流动如生的艺术精神，是时人灵魂的生发与归依，是主体内在生命的本源和精神世界的栖居。

通过对商周“人兽母题”纹饰的梳理，笔者在“‘人兽母题’图像—人—视觉隐喻”之间，“文化符号—人—思想观念”之间，以及“母题图像的表现方式—母题图像的创造者—创造者的人生态度”之间，找到了彼此对应与相互影响的关系。商周

"人兽母题"纹饰，印证了人文思想、社会风貌及时代精神与母题图像之间的密切联系。人文思想与观念模式会通过内在联系发生作用，影响母题图像的视觉表现方式。同时，在社会和文化的共同环境下，人的观念、思想与行为意识等潜在因素的转变，也会导致并刺激图像表现方式的变化。造型语言不再呈现肉眼所见的真实图景，而是建构视觉上具有特定情境、隐喻含义的文化图式。只有充分重视这些综合因素，将图像背后的多元化情态及图像所处时代的物质及文化环境综合起来加以考察，才能找出图像背后隐含的文化内涵。

"人兽母题"纹饰是嬗变多姿的，这些精美的画面不仅给人美的享受，还凝结民族智慧，投影时代风华，它承载精神活动的物质成果，尽显主体生命真实个体的存在方式。尽管历经沧桑，却仍以深厚的文化内蕴与独特的艺术魅力为研究商周青铜文化及艺术提供宝贵资料，给世人带来思想启迪和艺术享受。

对商周"人兽母题"青铜器的巡礼到此拉下帷幕，走马观花似的浅研粗论难免不够精准。虽受理论水平与知识积累限制，在文笔、结构和科学性上存在诸多漏洞不足，笔者仍大胆抒发了对"人兽母题"纹饰的若干陋见，不足之处请各方家不惜赐教，多提宝贵意见。"人兽母题"图像包含主体的外在生存环境，记录着人类改造客观世界的进程步伐，是一项较有价值且相当繁杂的研究课题，关于它的进一步探析，还有待同仁共同努力，希望通过此书，让更多人了解商周青铜器"人兽母题"纹饰，进而对我国青铜文化多一份认识，对商周艺术多一份热爱。其实，"人兽母题"青铜器的文化意义、艺术内涵远不止本书所提到的这些。因此，笔者期盼更多同仁投入进来，揭开"人兽母题"青铜器的神秘面纱，使中国的青铜文化更加发扬光大。

参 考 书 目

一、文　　献

[1] （西汉）司马迁：《史记》，中华书局，1982年。
[2] （西汉）刘向集录：《战国策》，上海古籍出版社，1985年。
[3] （西汉）孔安国注、（唐）孔颖达正义、（清）徐养原校、黄怀信整理：《尚书正义》，上海古籍出版社，2007年。
[4] （西汉）刘向撰、赵善诒疏证：《说苑疏证》，华东师范大学出版社，1985年。
[5] （西汉）韩婴撰、许维遹校释：《韩诗外传集释》，中华书局，2009年。
[6] （东汉）郑玄注、（唐）贾公彦疏、彭林整理：《周礼注疏》，上海古籍出版社，2007年。
[7] （东汉）郑玄注、（唐）孔颖达正义：《礼记正义》，中华书局，1980年。
[8] （东汉）赵岐注、（宋）孙奭疏、（清）李锐校：《孟子注疏》，中华书局，1980年。
[9] （东汉）高诱注、（清）毕沅校：《吕氏春秋》，上海书店，1986年，86页。
[10] （西晋）杜预注、（唐）孔颖达正义：《春秋左氏传正义》，中华书局，1980年。
[11] （西晋）郭璞注、（清）毕沅校：《山海经》，上海古籍出版社，1989年。
[12] （东晋）陶潜，汪绍楹校注：《搜神后记》，中华书局，1981年。
[13] （清）阮元（校刻）：《十三经注疏》，中华书局，1980年。
[14] （清）董增龄撰：《国语正义》，巴蜀书社，1985年。
[15] （清）孙星衍撰，陈抗、盛冬铃点校：《尚书今古文注疏》，中华书局，2004年。

二、专　　著

[1] 岑家梧：《图腾艺术史》，商务印书馆，1937年。
[2] 王先谦：《荀子集解诸子集成本》，中华书局，1954年。

［3］ 郭沫若：《殷契粹编》，科学出版社，1956年。
［4］ 侯外庐：《中国思想通史》，人民出版社，1957年。
［5］ 周纬：《中国兵器史稿》，生活 · 读书 · 新知三联书店，1957年。
［6］ 范文澜：《中国通史简编》，人民出版社，1958年。
［7］ 郭宝钧：《山彪镇与琉璃阁——考古学专刊乙种第十一号》，科学出版社，1959年。
［8］ 郭沫若：《雄鸡集》，北京出版社，1960年。
［9］ 郭沫若：《殷周青铜器铭文研究》，科学出版社，1961年。
［10］ 陈梦家：《美帝国主义劫掠的我国殷周铜器集录》，科学出版社，1962年。
［11］ 上海博物馆：《上海博物馆藏青铜器》，上海人民美术出版社，1964年。
［12］ 郭沫若：《中国史稿》，人民出版社，1976年。
［13］ 李宗侗：《中国古代社会史》，台北华冈出版社，1977年。
［14］ 郭沫若：《甲骨文合集》，中华书局，1978年。
［15］ 文物编辑委员会：《文物考古工作三十年》，文物出版社，1979年。
［16］ 北京大学历史系考古教研室：《商周考古》，文物出版社1979年。
［17］ 杨公骥：《中国文学》，吉林人民出版社，1980年。
［18］ 杨宽：《战国史》，上海人民出版社，1980年。
［19］ 顾颉刚：《古史辨》，上海古籍出版社，1981年。
［20］ 王朝闻：《美学概论》，人民出版社，1981年。
［21］ 宗白华：《美学散步》，上海人民出版社，1981年。
［22］ 朱狄：《艺术起源》，中国社会科学出版社，1982年。
［23］ 王国维：《王国维遗书》，上海古籍书店据商务印书馆1940年版影印，1983年。
［24］ 胡厚宣：《甲骨文与殷商史》，上海古籍出版社，1983年。
［25］ 李泽厚：《美的历程》，中国社会科学出版社，1984年。
［26］ 马承源：《商周青铜器纹饰》，文物出版社，1984年。
［27］ 周锡保：《中国古代服饰史》，中国戏剧出版社，1984年。
［28］ 李达三：《比较文学研究之新方向》，台北联经出版事业公司，1984年增订。
［29］ 李学勤：《中国美术全集 · 青铜器》，文物出版社，1985年。
［30］ 何新：《诸神的起源》，生活 · 读书 · 新知三联书店，1985年。
［31］ 顾颉刚、刘起釪：《尚书校释译论》，中华书局，1985年。
［32］ 王明撰：《抱朴子内篇校释》（增订本），中华书局，1985年。
［33］ 盖山林：《阴山岩画》，文物出版社，1985年。
［34］ 袁珂：《中国神话传说词典》，上海辞书出版社，1985年。

[35] 冯汉骥：《冯汉骥考古学论文集》，文物出版社，1985年。
[36] 李泽厚：《中国古代思想史论》，人民出版社，1986年。
[37] 吴申元：《中国人口思想史》，中国社会科学出版社，1986年。
[38] 王伯敏：《中国美术通史》，山东教育出版社，1987年。
[39] 徐复观：《中国艺术精神》，春风文艺出版社，1987年。
[40] 卢连成、胡智生等：《宝鸡弜国墓地》，文物出版社，1988年。
[41] 陈梦家：《殷墟卜辞综述》，中华书局，1988年。
[42] 丁山：《商周史料考证》，中华书局，1988年。
[43] 朱狄：《原始文化研究》，生活·读书·新知三联书店，1988年。
[44] 乐黛云：《中西比较文学教程》，高等教育出版社，1988年。
[45] 杨伯峻：《春秋左传集解》（修订本），中华书局，1990年。
[46] 冯天瑜、何晓明、周积明：《中华文化史》，上海人民出版社，1990年。
[47] 吕大吉：《宗教学通论新编》，中国社会科学出版社，1991年。
[48] 刘志雄、杨静荣：《龙与中国文化》，人民出版社，1992年。
[49] 何星亮：《中国图腾文化》，中国社会科学出版社，1992年。
[50] 郑元者：《图腾美学与现代人类》，学林出版社，1992年。
[51] 王玉德：《中华神秘文化》，湖南出版社，1993年。
[52] 吕大吉：《中国原始宗教资料丛编》，上海人民出版社，1993年。
[53] 中国玉器全集编辑委员会：《中国玉器全集》，河北美术出版社，1993年。
[54] 李学勤：《走出疑古时代》，辽宁大学出版社，1994年。
[55] 宗白华：《宗白华全集·第三卷》，安徽教育出版社，1994年。
[56] 白寿彝：《中国通史》，上海人民出版社，1994年。
[57] 宋镇豪：《夏商社会生活史》，中国社会科学出版社，1994年。
[58] 中国青铜器全集编辑委员会：《中国青铜器全集》，文物出版社，1994年。
[59] 王宏建、袁宝林：《美术概论》，高等教育出版社，1994年。
[60] 李学勤、〔美〕艾兰：《欧洲所藏中国青铜器遗珠》，文物出版社，1995年。
[61] 朱凤瀚：《古代中国青铜器》，南开大学出版社，1995年。
[62] 黄怀信、张懋镕：《逸周书汇校集注》，上海古籍出版社，1995年。
[63] 张之恒、周裕兴：《夏商周考古》，南京大学出版社，1995年。
[64] 何业恒：《中国虎与中国熊的历史变迁》，湖南师范大学出版社，1996年。
[65] 刘起釪：《古史续辨》，中国社会科学出版社，1997年。
[66] 王宪昭：《中国民族神话母题研究》，民族出版社，1997年。
[67] 鲁迅：《中国小说史略》，齐鲁书社，1997年。
[68] 陈建宪：《神话解读》，湖北教育出版社，1997年。

[69] 国家文物局：《中国文物精华》，文物出版社，1997年。
[70] 中国社会科学院考古研究所：《考古求知集》，中国社会科学出版社，1997年。
[71] 杨泓：《美术考古半世纪——中国美术考古发现史》，文物出版社，1997年。
[72] 林惠祥：《文化人类学》，商务印书馆，1997年。
[73] 冯友兰：《中国哲学史新编》，人民出版社，1998年。
[74] 王先稀、王又平：《文学批评术语词典》，上海文艺出版社，1999年。
[75] 刘进田：《文化哲学导论》，法律出版社，1999年。
[76] 李泽厚：《美学三书》，安徽文艺出版社，1999年。
[77] 廖群：《中国审美文化史 · 先秦卷》，山东画报出版社，2000年。
[78] 冯天瑜等：《中国文化发展轨迹》，上海人民出版社，2000年。
[79] 葛兆光：《中国思想史》，复旦大学出版社，2001年。
[80] 林河：《中国巫傩史》，花城出版社，2001年。
[81] 杨志刚：《中国礼仪制度研究》，华东师范大学出版社，2001年。
[82] 何星亮：《中国图腾文化》，中国社会科学出版社，2001年。
[83] 陈振裕：《中国古代青铜器造型纹饰》，湖北美术出版社，2001年。
[84] 晁福林：《先秦民俗史》，上海人民出版社，2001年。
[85] 宋镇豪：《中国风俗通史 · 夏商卷》，上海文艺出版社，2001年。
[86] 陈兆富：《古代岩画》，文物出版社，2002年。
[87] 李松、贺西林：《中国古代青铜器》，陕西人民美术出版社，2002年。
[88] 王国维：《观堂集林》，河北教育出版社，2003年。
[89] 凌继尧：《美学十五讲》，北京大学出版社，2003年。
[90] 段勇：《商周青铜器幻想动物纹研究》，上海古籍出版社，2003年。
[91] 徐旭生：《中国古史的传说时代》，广西师范大学出版社，2003年。
[92] 孙作云：《美术考古与民俗研究》，河南大学出版社，2003年。
[93] 河南省文物考古研究所：《华夏文明的形成与发展》，大象出版社，2003年。
[94] 钱仓水：《寅虎啸林》，中国时代经济出版社，2003年。
[95] 张岩：《从部落文明到礼乐制度》，上海三联书店，2004年。
[96] 朱自清：《中国歌谣》，复旦大学出版社，2004年。
[97] 郭沫若：《青铜时代》，中国人民大学出版社，2005年。
[98] 叶舒宪：《中国神话哲学》，陕西人民出版社，2005年。
[99] 郭俊峰：《生肖虎》，齐鲁书社，2005年。
[100] 朱良志：《中国美学十五讲》，北京大学出版社，2006年。
[101] 于锦绣、于静：《灵物与灵物崇拜新说》，宗教文化出版社，2006年。

[102] 向中华：《青铜的历史》，新世界出版社，2006年。
[103] 曲彦斌：《虎文化与人生》，辽海出版社，2006年。
[104] 霍然：《先秦美学思潮》，人民出版社，2006年。
[105] 刘敦愿：《美术考古与古代文明》，人民美术出版社，2007年。
[106] 陈炎：《中国审美文化史》，山东画报出版社，2007年。
[107] 朱狄：《艺术的起源》，武汉大学出版社，2007年。
[108] 汪玢玲：《中国虎文化》，中华书局，2007年。
[109] 廖群：《中国审美文化史》（先秦卷），山东画报出版社，2007年。
[110] 姜震山：《中国虎文化》，北京工艺美术出版社，2007年。
[111] 马承源：《中国古代青铜器》，上海人民出版社，2008年。
[112] 闫德亮：《中国古代神话的文化观照》，人民出版社，2008年。
[113] 李泽厚：《新版中国古代思想史论》，天津社会科学院出版社，2008年。
[114] 王小盾：《中国早期思想与符号研究——关于四神的起源及其体系形成》，上海人民出版社，2008年。
[115] 徐飚：《成器之道：先秦工艺造物思想研究》，江苏美术出版社，2008年。
[116] 曹振峰：《虎文化》，上海锦绣文章出版社，2009年。
[117] 朱志荣：《夏商周美学思想研究》，人民出版社，2009年。
[118] 朱尽晖：《陕西炕头石狮艺术研究》，中国社会科学出版社，2009年。
[119] 王宪昭：《中国各民族人类起源神话母题概览》，民族出版社，2009年。
[120] 任法融：《周易参同契释义》，东方出版社，2009年。
[121] 朱自清：《经典常谈》，广西师范大学出版社，2010年。
[122] 邓福星：《艺术的发生》，生活·读书·新知三联书店，2010年。
[123] 蒋勋：《美的曙光》，广西师范大学出版社，2011年。
[124] 常乃悳：《中国的文化与思想》，中华书局，2012年。
[125] 孟世凯：《商史与商代文明》，上海科学技术文献出版社，2012年。
[126] 路丽梅、王群会：《辞海》，光明日报出版社，2012年。
[127] 封孝伦：《人类生命系统中的美学》，安徽教育出版社，2013年。
[128] 封孝伦：《生命之思》，商务印书馆，2014年。
[129] 〔苏〕格·瓦·普列汉诺夫著、曹葆华译：《普列汉诺夫哲学著作选集》，生活·读书·新知三联书店，1962年。
[130] 〔英〕帕克著、张隆溪译：《蛇类》，科学出版社，1981年。
[131] 〔法〕列维·布留尔著、丁由译：《原始思维》，商务印书馆，1981年。
[132] 〔俄〕谢·卡·托卡列夫著、魏庆征译：《世界各民族历史上的宗教》，中国社会科学出版社，1985年。
[133] 〔美〕张光直：《考古学专题六讲》，文物出版社，1986年。

[134]　〔奥〕弗洛伊德著、杨庸一译：《图腾与禁忌》，中国民间文艺出版社，1986年。

[135]　〔美〕乌尔希图·韦斯坦因著、刘象且译：《比较文学与文学理论》，辽宁人民出版社，1987年。

[136]　〔美〕E·潘诺夫斯基著、傅志强译：《视觉艺术的含义》，辽宁人民出版社，1987年。

[137]　〔法〕克洛德·列维·斯特劳斯著、李幼蒸译：《野性的思维》，商务印书馆，1987年。

[138]　〔英〕詹姆士·乔·弗雷泽著、赵阳译：《图腾与外婚制》，生活·读书·新知三联书店，1988年。

[139]　〔德〕雅斯贝斯著，魏楚雄、俞新天译：《历史的起源与目标》，华夏出版社，1989年。

[140]　〔美〕米尔恰·伊利亚德著，宋立道、鲁奇译：《神秘主义，巫术与文化风尚》，光明日报出版社，1990年。

[141]　〔法〕倍松著、胡愈之译：《图腾主义》，上海文艺出版社，1990年。

[142]　〔法〕丹纳著、傅雷译：《艺术哲学》，安徽文艺出版社，1991年。

[143]　〔德〕恩斯特·卡西尔著、黄龙保等译：《神话思维》，中国社会科学出版社，1992年。

[144]　〔德〕黑格尔著、朱光潜译：《美学》，商务印书馆，1996年。

[145]　〔日〕伊藤道治：《王权与祭祀》，《华夏文明与传世藏书——中国国际汉学研讨会论文集》，中国社会科学出版社，1996年。

[146]　〔美〕鲁道夫·阿恩海姆著、朱疆源译：《艺术与视知觉》，四川人民出版社，1998年。

[147]　〔日〕渡边欣雄著、周星译：《汉族的民俗宗教》，天津人民出版社，1998年。

[148]　〔英〕詹姆士·乔·弗雷泽著、徐育新译：《金枝》，大众文艺出版社，1998年。

[149]　〔美〕张光直：《中国青铜时代》，生活·读书·新知三联书店，1999年。

[150]　〔美〕M.E.斯皮罗著、徐俊等译：《文化与人性》，社会科学文献出版社，1999年。

[151]　〔美〕张光直著、郭净译：《美术、神话与祭祀》，辽宁教育出版社，2002年。

[152]　〔德〕康德著、邓晓芒译、杨祖陶校：《判断力判断》，人民出版社，2002年。

[153]　〔德〕恩斯特·卡西尔著、甘阳译：《人论》，上海译文出版社，2003年。

[154] 〔俄〕康定斯基著；李政文、魏大海译：《艺术中的精神》，中国人民大学出版社，2003年。
[155] 〔德〕汉斯·贝尔廷等著、常宁生译：《艺术史的终结》，中国人民大学出版社，2004年。
[156] 〔美〕杨晓能著，唐际根、孙亚冰译：《另一种古史：青铜器纹饰、图形文字与图像铭文的解读》，生活·读书·新知三联书店，2008年。

三、发掘简报

[1] 山西省文物管理委员会：《山西长治市分水镇古墓的清理》，《考古学报》1957年第1期。
[2] 中国社会科学院考古研究所：《上村岭虢国墓地》，科学出版社，1959年。
[3] 山西省文物管理委员会；山西省考古研究所：《山西长治分水岭战国墓第二次发掘》，《考古》1964年第3期。
[4] 四川省博物馆：《成都百花潭中学十号墓发掘记》，《文物》1976年第3期。
[5] 河南省博物馆：《河南三门峡市上村岭出土的几件战国铜器》，《文物》1976年第3期。
[6] 甘肃省博物馆文物队：《甘肃灵台白草坡西周墓》，《考古学报》1977年第2期。
[7] 中国社会科学院考古研究所沣西发掘队：《1976～1978 年长安沣西发掘简报》，《考古》1981年第1期。
[8] 韩伟、曹明檀：《陕西凤翔高王寺战国铜器窖藏》，《文物》1981 年第1期。
[9] 中国社会科学院考古研究所安阳队：《殷墟妇好墓》，文物出版社，1985年。
[10] 四川省文物管理委员会、四川省文物考古研究所、 四川省广汉县文化局：《广汉三星堆遗址一号祭祀坑发掘简报》，《文物》1987年第10期。
[11] 濮阳市文物管理委员会、濮阳市博物馆、濮阳市文物工作队：《河南濮阳西水坡遗址发掘简报》，《文物》1988年第3期。
[12] 浙江省文物考古研究所反山考古队：《浙江余杭反山良渚墓地发掘简报》，《文物》1988年第1期。
[13] 浙江省文物考古研究所：《余杭瑶山良渚文化祭坛遗址发掘简报》，《文物》1988年第1期。
[14] 河南省文物研究所、平顶山市文管会：《平顶山市北滍村西周墓地一号墓发掘简报》，《华夏考古》1988年第1期。
[15] 濮阳西水坡遗址考古队：《1988年河南濮阳西水坡遗址发掘简报》，《考

古》1989年第12期。
［16］ 北京大学考古系、山西省考古研究所：《1992年春天马—曲村遗址墓葬发掘报告》，《文物》1993年第3期。
［17］ 北京大学考古系、山西省考古研究所：《天马—曲村遗址北赵晋侯墓地第二次发掘》，《文物》1994年第1期。
［18］ 山西省考古研究所、北京大学考古系：《天马—曲村遗址北赵晋侯墓地第三次发掘》，《文物》1994年第8期。
［19］ 山西省考古研究所、北京大学考古系：《天马—曲村遗址北赵晋侯墓地第四次发掘》，《文物》1994年第8期.
［20］ 北京大学考古系、山西省考古研究所：《天马—曲村遗址北赵晋侯墓地第五次发掘》，《文物》1995年第7期。
［21］ 洛阳市文物工作队：《洛阳北窑西周墓》，文物出版社，1999年。
［22］ 河南省文物考古研究所：《郑州商城——1953～1985年考古发掘报告》，文物出版社，2001年。
［23］ 北京大学考古文博院、山西省考古研究所：《天马—曲村遗址北赵晋侯墓地第六次发掘》，《文物》2001年第8期。

四、论　　文

［1］ 陈梦家：《商代的神话与巫术》，《燕京学报》1936年第20期。
［2］ 竺可桢：《二十八宿起源之时代与地点》，《思想与时代》1946年第36期。
［3］ 陈梦家：《殷代铜器》，《考古学报》1954年第7期。
［4］ 胡厚宣：《释“余一人”》，《历史研究》1957年第1期；《重论“余一人”问题》，《古文字研究》第6辑。
［5］ 葛介屏：《安徽阜南发现殷商时代的青铜器》，《文物》1959年1期。
［6］ 梓溪：《战国刻绘宴乐画像铜器残片》，《文物》1962年第2期。
［7］ 王毓彤：《荆门出土一件铜戈》，《文物》1963年第3期。
［8］ 唐兰：《何尊铭文解释》，《文物》1976年第1期。
［9］ 马承源：《何尊铭文初释》，《文物》1976年第1期。
［10］ 张启煺：《何尊铭文解释补遗》，《文物》1976年第1期。
［11］ 夏鼐：《从宣化辽墓的星图论二十八宿和黄道十二宫》，《考古学报》1976年第2期。
［12］ 李学勤：《论美澳收藏的几件商周文物》，《文物》1979年第2期。
［13］ 裘锡圭：《说卜辞的焚巫尪与作土龙》，《甲骨文与殷商史》，上海古籍出

版社，1983年。
［14］ 唐复年：《战国宴乐射猎攻战纹壶》，《故宫博物院院刊》1983年第3期。
［15］ 郑振香、陈志达：《殷墟青铜器的分期与年代》，《殷墟青铜器》，文物出版社，1985年。
［16］ 李家浩、俞伟超：《论“兵避太岁”戈》，《出土文献研究》，文物出版社，1985年。
［17］ 刘敦愿：《云梦泽与商周之际的民族迁徙》，《江汉考古》1985年第2期。
［18］ 李学勤：《试论虎食人卣》，《南方民族考古》1987年第1辑。
［19］ 李学勤：《商代青铜鼍鼓的考察》，《湖南文物》1988年第3辑。
［20］ 刘雨：《西周金文中的祭祖礼》，《考古学报》1989年第4期。
［21］ 李学勤：《商文化怎样传入四川》，《中国文物报》1989年7月21日。
［22］ 何驽：《略谈原始宗教中的转生媒介》，《中国文物报》1989年11月17日。
［23］ 陈公柔、张长寿：《殷周青铜容器上兽面纹的断代研究》，《考古学报》1990年第2期。
［24］ 吴汝柞：《太湖文化区史前时期的墓葬》，《文物》1990年第2期。
［25］ 徐良高：《商周青铜器“人兽母题”纹饰考释》，《考古》1991年第5期。
［26］ 李零：《湖北荆门“兵避太岁”戈》，《文物天地》1992年第3期。
［27］ 罗红侠：《周原出土的人物形象文物》，《文博》1993年第6期。
［28］ 王厚宇：《淮阴高庄墓刻纹铜器上的神人怪兽图像》，《东南文化》1994年第4期。
［29］ 沈融：《一组外流中国青铜兵器评述》，《中原文物》1995年第2期。
［30］ 张忠培：《良渚文化的年代和其所处社会阶段》，《文物》1995年第5期。
［31］ 李家浩：《再论“兵避太岁”戈》，《考古与文物》1996年第4期。
［32］ 徐良高：《从商周人像艺术看中国古代无偶像崇拜传统》，《考古求知集》，中国社会科学出版社，1997年。
［33］ 施劲松：《论带虎食人母题的商周青铜器》，《考古》1998年第3期。
［34］ 王龙正、姜涛、娄金山：《匍鸭铜盉与頫聘礼》，《文物》1998年第4期。
［35］ 谢崇安：《兽面纹与神圣王权——先秦艺术与中国文明起源研究之一》，《广西民族学院学报》（哲学社会科学版）1998年第2期。
［36］ 谢崇安：《人兽母题与神权政治——先秦艺术与中国文明起源研究之二》，《广西民族学院学报》（哲学社会科学版）1998年第3期。
［37］ 谢崇安：《人鸟合一玉饰与君权神授——先秦艺术与中国文明起源研究之三》，《广西民族学院学报》（哲学社会科学版）1998年第4期。
［38］ 赵辉：《良渚文化的若干特殊性——论一处中国史前文明的衰落原因》，《良渚文化研究——纪念良渚文化发现六十周年国际学术讨论会文集》，科

学出版社，1999年。

[39] 张春水：《浅谈商周青铜器风格与思想意识演变》，《三代文明研究》编辑委员会：《三代文明研究》（一），科学出版社，1999年。

[40] 俞伟超：《“神面卣”上的人格化“天帝”图像》，《古代文明研究通讯》2000年第4期。

[41] 王立：《中国文学中的主题与母题》，《浙江学刊》2000年第4期。

[42] 曹砚农：《“虎食人卣”辩》，《中国文物报》2000年11月8日。

[43] 曹砚农：《甲骨卜辞与“原始思维”—兼答（关于“虎食人卣”的定名）一文》，《中国文物报》2001年9月14日。

[44] 林河：《“虎食人卣”是“人虎交欢”的误读》，《寻根》2001年第2期。

[45] 李心峰：《中国三代艺术的意义》，《文艺研究》2001年第4期。

[46] 高西省：《论西周时期“人兽母题”青铜器》，《中原文物》2002年第1期。

[47] 杨文胜：《青铜纹饰上的先秦观念演变》，《中州学刊》2002年第5期。

[48] 杨文胜：《物化于商周青铜器造型与纹饰上的先秦思想观念及其转变》，《洛阳大学学报》2002年第3期。

[49] 曹柯平：《中国洪水后人类再生神话类型学研究》，扬州大学2003年博士学位论文。

[50] 陈宗花：《“郑卫之音”问题研究综述》，《郑州大学学报》（哲学社会科学版）2003年第36卷第4期。

[51] 殷晓蕾：《图腾崇拜与原始岩画中的生命意识》，《广西艺术学院学报》2004年第4期。

[52] 张方：《先秦两汉“天人合一”观述论》，陕西师范大学硕士论文，2004年。

[53] 包桂英：《论北方系青铜器动物纹饰与北方民族审美文化》，内蒙古师范大学硕士论文，2005年。

[54] 张明华：《可能被误读了的先秦龙、虎食人纹》，《中国文物报》2004年11月12日。

[55] 王震中：《试论商代“虎食人卣”类铜器题材的含义》，《中国古代文明的探索》，云南人民出版社，2005年。

[56] 陈建宪：《论中国洪水故事圈——关于568篇异文的结构分析》，华中师范大学2005年博士学位论文。

[57] 王宪昭：《中国北方民族神话人兽婚母题探微》，《民族文学研究》2005年第1期。

[58] 陈声波：《良渚文化“神徽”与商代美术中的人兽母题》，《南京艺术学院学报》（美术与设计版）2005年第3期。

[59] 晁福林：《先秦时期“德”观念的起源和发展》，《中国社会科学》2005年第4期。
[60] 萧兵：《中国上古文物中人与动物的关系——评张光直教授“动物伙伴”之泛萨满理论》，《社会科学》2006年第1期。
[61] 李玉洁：《中国古代的礼器组合制度》，《华夏考古》2006年第4期。
[62] 林鹄：《宗法、婚姻与周代政治——以青铜礼器为视角》，《中国历史文物》2006年第4期。
[63] 杜道明：《论商代“神人以和”的审美风尚》，《广西教育学院学报》2007年第6期。
[64] 汤威、张巍：《郑州商城“人兽母题”陶片图案复原及相关问题探讨》，《中国历史文物》2008年第1期。
[65] 高良：《夏代青铜器的审美特征》，《湖北师范学院学报》2008年第4期。
[66] 郑威：《两周之际高等贵族墓青铜礼器组合新探》，《考古》2009年第3期。
[67] 谢耀亭：《从青铜器纹饰看商周文化剧变——商周青铜器纹饰变化再探》，《兰州学刊》2009年第9期。
[68] 吴伟华：《从青铜器纹饰看商代晚期宗教崇拜对象地位的转变》，《山东艺术学院学报》2010 年第1期。
[69] 杨远：《浅谈商周青铜器上的人物形象》，《四川文物》2010年第6期。
[70] 徐春苓：《古玉人兽合体造型研考》，《中原文物》2011年第6期。
[71] 周兴华：《黄河流域岩画与台湾万山岩画初探》，《河洛文化与台湾文化》，河南人民出版社，2011年。
[72] 邢文：《商“乐”与周“易”：商、周艺术与宗教及商、周文化关系》，《民族艺术》2011年第3期。
[73] 邢文：《人、兽母题：史前至汉代陶石金帛所见人、兽母题的分类》，《民族艺术》2011年第4期。
[74] 徐春苓：《古玉人兽合体造型研考》，《中原文物》2011年第6期。
[75] 牛镭：《夏周商的青铜器美学研究》，西北大学硕士毕业论文，2011年。
[76] 叶培新：《中国神话人兽婚母题研究》，中南民族大学硕士学位论文，2012年。
[77] 刘远富、王悦婧：《商周人兽母题青铜器的文化功能试析》，《安徽文学》2014年第11期。
[78] 赵文治：《商代青铜器主要动物纹饰地位的演变及其原因探析》，西北大学硕士毕业论文，2014年。
[79] 周博：《浅析商周青铜器动物雕塑的造型特征及演变》，北京服装学院硕士毕业论文，2014年。

［80］ 邹朋：《原始崇高美》，贵州大学硕士论文，2015年。

［81］ 〔美〕巫鸿：《一组早期的玉石雕刻》，《美术研究》1979年第1期。

［82］ 〔美〕张光直：《商周青铜器上的动物纹样》，《考古与文物》1981年第2期

［83］ 〔美〕张光直：《谈“琮”及其在中国历史上的意义》，《文物有考古论集》，文物出版社，1986年。

［84］ 〔美〕张光直：《濮阳三蹻与中国古代美术上的人兽母题》，《文物》1988年第11期。

［85］ 〔美〕罗卜特 · 贝特立著，王宁译、彭劲松校：《中国长江中游地区的商代青铜礼器》，《南方文物》1995年第1期。

［86］ 〔美〕罗泰：《略谈中国青铜时代的人物表现及其历史意义》，河南省文物考古研究所：《华夏文明的形成与发展》，大象出版社，2003年。

后　　记

学术之路，甘苦艰辛。研探数载，今暂告段落，愧知未及奥义，然结经年心血，聊以敝帚自珍。幸拜恩师张懋镕先生门下，先生治学，潜精积思，磨砺刻厉。蒙先生不弃，悉心栽培，循循善诱，殷盼之心，昭昭可感，加之撷集众多前辈同侪之斐然巧思、妙论华章，荣享诸位尊亲高朋之悉心呵护、赤诚关慰，方得初成拙作，今思倍感恩怀，特此衷心致谢！

卢　昉

丙申年冬于西安